Ewald Pfleger

Andy Zahradnik

Live is Life
Mein Leben mit einem Welthit

Ewald Pfleger
Andy Zahradnik

Mein Leben mit einem Welthit

ueberreuter

Danke, dass Sie sich für unser Buch entschieden haben!
Sie wollen über unser Programm auf dem Laufenden bleiben sowie über Neuigkeiten und Gewinnspiele informiert werden?
Folgen Sie uns auf Social Media oder abonnieren Sie unseren Newsletter.

1. Auflage 2025
© 2025 Carl Ueberreuter Verlag GmbH
Frankgasse 4 | 1090 Wien
produktsicherheit@ueberreuter.at
ISBN 978-3-8000-7888-2

Covergestaltung: Saskia Beck | s-stern.com
Coverfoto: Atelier Christian Jungwirth
Vorsatz: Franz Simoner
Nachsatz: Dietmar Lipkovich
Satz: Lisa Wilfinger | Carl Ueberreuter Verlag
Lektorat: Marina Hofinger | Andrea Wendl
Druck und Bindung: Imprint d.o.o. | Ljubljana, Slowenien

www.ueberrreuter.at

Inhalt

Das Knistern vor dem Intro

Selbstredend, das Intro gehört Ewald Pfleger, dem Musiker und Autobiografen dieses Werks. Ich für meinen Teil darf Ewald durch sein Buch begleiten, und bevor hier nun bald im Intro die Musik ertönt, erlaube ich mir, noch einige Zeilen voranzuschicken.

Wir, also Ewald und ich, kennen uns seit den späten 1970er-Jahren, und wir beide sind nun seit bald fünfzig Jahren Teil des österreichischen Musikgeschäfts. Ewald als Musiker der Band Opus, ich ein Vierteljahrhundert lang auf der anderen Seite des Tisches, zuerst bei Plattenfirmen, dann bei Medien wie Print und TV und ebenso lange als Buchautor. Damals junge Buam, denen die Welt offenstand, heute glückliche Boomer. Nun kam einer zum anderen.

Schreiben ist vielfach eine einsame Angelegenheit, und gemeinsam ist man halt bei einem Projekt wie dem unseren auch weniger allein. Ewald, der Autor, und ich, ein Begleiter seines Tuns, der sich bewusst vor das Intro setzt. Also so wie die Nadel, die sich langsam auf die Platte senkt und die Rille sucht, auf der dann das Intro zu hören sein wird.

Das Knistern vor dem Hit!

„Live Is Life" – der Song, der in Ewald Pflegers Leben die Weichen gestellt hat, ist – no na – ein Teil des Titels, und in diesem Zusammenhang darf ich mich auch entsprechend outen. Immer schon, also seit ich schreiberisch tätig bin, kam ich jedes Mal ins Schleudern, ob bei dem Opus-Hit zuerst das V und dann das F stehen soll, oder umgekehrt. In der Prä-Google-Ära habe ich immer mühsam die Single hervorgekramt, um am Cover nachzulesen. Mit Google dann habe ich stets die Erfahrung gemacht, dass sich auch da niemand sicher sein kann, wie es nun wirklich läuft mit dem V und dem F. Zig Varianten wirft die Maschine aus.

Neuerdings reden ja alle von der g'scheiten KI. Also fragte ich diese einmal und das kam dabei heraus: *„Life Is Life" ist ein bekannter Song der österreichischen Band Opus aus dem Jahr 1985. Der Titel „Life Is Live" könnte sich auf eine Live-Aufnahme oder ein Live-Konzert dieses Songs beziehen. Im Englischen bedeutet „life" das „Leben" im Sinne von Existenz, während „live" sich auf etwas bezieht, das gerade passiert oder in Echtzeit stattfindet, wie eine Live-Übertragung oder ein Live-Konzert.*

Na dann. Geben wir der KI noch einige Jahre Zeit, die wir hier nicht aufwenden können. Aber wir haben den Autor, den Songwriter, und der bietet nun über viele Buchseiten Geschichten aus seinem Leben und erzählt auch über seine Sicht der Dinge, also wie es ihm mit der V-oder-F-Frage so geht. Seit Jahren, übrigens. In diesem Sinne viel Freude am Lesen, und Sie werden sehen, dass sich irgendwann dabei der Ohrwurm, dieses Nana-Nanana, einschleicht und nicht aus dem Kopf zu kriegen ist. Ich weiß es, denn mir geht's genauso.

Ihr Andy Zahradnik

Nachsatz: Bald ist uns der inflationär vorkommende ausgeschriebene Songtitel beim Schreiben ein wenig zu viel geworden. Statt „Live Is Life" haben wir deshalb im Buch an vielen Stellen das Kürzel „L=L" eingesetzt, so wie das Ewald seit Jahren praktiziert. Was zuerst als Insider gedacht war, haben wir dann so stehen lassen. Und nun, Vorhang auf für ein Leben mit einem Welthit.

Intro

„Live Is Life", „Life Is Live" oder „Life Is Life"?

Servus zusammen. Am 6. Mai feiere ich meinen Siebziger, auch mit diesem Buch, das ich vor einem Jahr zu schreiben begonnen habe und mir selbst zum Geschenk mache. Ich möchte euch gern einladen, mit mir eine virtuelle Reise zu unternehmen, die mein ganzes bisheriges Leben mit vielen wichtigen Stationen umfasst. Aber alles ist unmöglich aufzuschreiben, dafür ist der Platz nicht da, und vieles ist natürlich nur aus meiner Sichtweise geschrieben. Obwohl ich meine Opus-Freunde und -Kollegen und meine Family – Andrea und Paul – bei vielen Details befragen konnte. Herwig, Kusche, Mucky und Erich sind bei einigen Rückblicken helfend eingesprungen und per Zitat im Text erkennbar gemacht. „With A Little Help From My Friends", wie schon Ringo mit den Beatles sang!

Trotzdem sind natürlich die Geschichten, die wir zum Beispiel mit Opus erlebt haben, aus meinem Blickwinkel erzählt und werden keineswegs einer Vollständigkeit gerecht! Denn ich bin zuallererst Musiker. Ich schreibe Songs seit meiner Jugend und hier mein erstes und wahrscheinlich einziges Buch. Darüber, über die Songs und meine Musik natürlich, wird auf den folgenden Seiten noch viel zu lesen sein.

Ich möchte mich in diesem Buch bei vielen Freunden und Wegbegleitern, die in den Geschichten namentlich vorkommen, aber den meisten Lesern wohl unbekannt sind, für ihre Unterstützung bedanken, aber auch bei jenen, die aus Platzgründen nicht genannt sind, obwohl sie in meinem Leben ebenso wichtig sind.

Songs, Liedstücke, beginnen mit einem Intro. Selbst in der Klassik gibt es diese Introduction, die Einführung in das, was dann danach kommt. Es liegt auf der Hand, dass ich meiner Autobiografie ein Intro davorsetze. Auch aus einem ganz bestimmten Grund, denn nun habe ich auch hier die Gelegenheit, etwas zu erklären, wovon ich anfangs nie ausgegangen wäre, was mich jedoch seit vier Jahrzehnten regelmäßig beschäftigt. Andererseits ist es ja auch sehr lustig, zu sehen, dass dieser Umstand einer der Gründe ist, warum das Lied so lange schon im Gespräch bleibt: Es geht um die bereits erwähnte richtige Schreibweise jenes Hits, der seit 1984 mein Leben und das der Bandmitglieder von Opus nachhaltig prägt. Es geht um das Lied, dessen Titel sich vorne drauf am Buchdeckel findet:

„Live Is Life"!

In drei Wörtern zusammengefasst geht es darin sinngemäß darum, dass für eine Band, für Musikerinnen und Musiker, das Live-Spielen das wahre Leben bedeutet. Auf der Bühne, vor Publikum. Live Is Life. So weit, so klar, und für uns ist das auch logisch gewesen. Könnte man meinen. In Wahrheit kämpfe ich mit nicht gerade wenigen unterschiedlichen Schreibweisen. Eine Lächerlichkeit? Mag sein, dass das auf den ersten Blick so wirkt, aber es geht dabei unter anderem auch um das Urheberrecht, obwohl wir alle Schreibweisen angemeldet haben! Als Songschreiber wünscht man sich, dass der Titel auch richtig geschrieben wird. Eben auch, um den Sinn beizubehalten.

So geht es mir seit mehr als vierzig Jahren, wiewohl ich es immer schon als Nebensache, von der lustigen Seite, gesehen habe, denn ärgern musste ich mich darüber noch nie. Ich selbst werde nicht umsonst von meinen Freunden „Sunny" gerufen – ein positiv denkender Mensch, der lieber lacht, als grantig ist.

Vielleicht reicht es einfach aus, sich selbst klarzumachen, dass ein Riesenhit ein Riesenhit bleibt, ganz egal, wie und in welcher Schreibweise er daherkommt. Das Wichtigste ist doch wohl, dass alle, die es wollen, laut mitsingen können.

Dass sich das Live und das darauffolgende Life auch bei entsprechend richtiger Aussprache sehr wohl unterscheiden, durften wir in den USA bei einem Auftritt in der weltweit ausgestrahlten Chartshow *Solid Gold* mit Dionne Warwick und Ray Parker Jr. eindrucksvoll erfahren. Dionne und Ray hatten uns wie folgt anmoderiert: „*They had number one hits in almost every corner of the world, here comes Opus with Liiive Is Lifffe*".

Das „Live" klang bei Dionne ganz stimmhaft und weich, Leeeiiive mit einem langen ei, und das „Life" mit einem kurzen ei sehr kräftig: Leifffff! Da war uns klar, dass auch die Aussprache beim Singen im Englischen eine größere Rolle spielt, als wir dachten!

However, später im Buch erzähle ich noch mehr von unserer USA-Reise und den Paramount-Studios, aus denen die Show weltweit übertragen wurde, denn jetzt will ich euch lieber alle einladen, euch gemeinsam mit mir an meine ersten siebzig Jahre (ihr erkennt in mir den immer positiv denkenden Menschen) zu erinnern.

Im Übrigen: In nahezu meinem ganzen Leben habe ich Menschen mit *du* angesprochen und ebenso kam es zurück. Ausnahmen gab es wenige, nur manchmal halt, wenn es ums Geschäft ging, aber das Du war mir immer sympathischer. Ich finde, es menschelt einfach mehr. Gern halte ich das hier auch so. Also, servus und willkommen in einem Leben, wo Live wahrlich Life ist!

From the beginning

Als in Ollersdorf Beat und Pop einzogen

Ollersdorf, Burgenland. The Roaring Sixties.
Sie gehörte bei uns daheim zum täglichen Ritual, diese mit großmütterlicher Liebe, aber doch nachdrücklich ausgesprochene Bitte: „Nicht so laut, Ewald!" Meine Oma Paula hörte sehr gern Musik aus dem Philips-Radio, welches bei uns oben auf der Kredenz stand. Aber lieber ihre Lieblingslieder auf Regional, wie die „Elisabeth Serenade", als meine Popsongs auf Ö3. In Wahrheit aber kam sie nicht dagegen an. Ich wollte die *Beatles* hören, Oma eher nicht. Irgendwann einigten wir uns auf eine gewisse Lautstärke. Um des lieben Friedens willen, denn im Grunde verstand ich mich sehr gut mit unserer Paula, die für uns fünf Kinder alles tat und abwechselnd mit meiner Mutter Zita für uns kochte. Und mit Oma gab es nie auch nur den Hauch einer Meinungsverschiedenheit. Im Gegenteil, ich liebte sie – so wie meine ganze Familie – innig, und Oma durfte für mich alles, sogar die Musik der *Beatles* nicht mögen.

Unsere Musikgeschmäcker lagen einfach naturgemäß auseinander. Das war wohl in fast allen Familien so, als in den 1960er-Jahren der Pop und die Rockmusik Einzug in die Wohn- und Kinderzimmer hielten. Es konnte für uns heranwachsenden Beatniks einfach nie laut genug sein, bis das Kommando „Dreh bitte leiser!" den Spaß wieder einschränkte.

Als Sohn von musikalischen Eltern war ich schon als kleiner Bub umgeben von Musik, von Vaters Blasmusik, Mamas Kirchenchor und den Weihnachtsliedern am Heiligen Abend. Bald aber wurde ich vom Radio verführt, wo ab 1967 auf der durch die damalige Rundfunkreform neu zu findenden Frequenz von Ö3 englische und amerikanische

Popmusik rauf und runter lief. Im Gasthaus stand eine Musicbox und beim jährlichen Ollersdorfer Waldfest standen Beatbands auf der Bühne.

The Earls aus St. Michael spielten da viele dieser Sixties-Hits, und der kleine Ewald stand direkt vor dem Gitarristen und träumte davon, selbst einmal da oben zu stehen. Zu spielen. Zu singen. Aber es sollte noch einige Jahre dauern, bis dieser Traum anfing, in Erfüllung zu gehen!

Die Hits der *Beatles, Stones, Bee Gees, Hollies, Beach Boys* oder *Manfred Mann* wurden sonntags ab 20 Uhr in der *Disc Parade*, dem Vorläufer der Ö3-Hitparade, auf Ö3 präsentiert. Mein Bruder Kurt und ich, wir kippten beide voll in diese musikalische Welt. Die Bands, die Hits, die inspirierten uns sehr. Vater Franz teilte unsere Begeisterung nicht. Er hätte uns lieber später als Musikanten in seiner Blaskapelle gesehen, aber das war nicht unser Plan. Bereits mit zwölf Jahren stand für mich fest, dass ich einmal solche Songs, so wie sie da aus dem Radio kamen, selbst komponieren und spielen würde! Blues, Pop und Rock statt Blechmusik.

Also wünschte ich mir zu Weihnachten eine Gitarre, eine simple „Wanderklampfe", wie die akustische Westerngitarre damals auch genannt wurde, um die ersten Akkorde zu lernen.

Aber es gab keine Gitarre. Mein Vater schenkte mir ein Akkordeon, mit dem ich dann in der Hauptschule erstmals nach Noten spielen lernte. Unser Musiklehrer Franz Bachkönig, der Papa von Walter, dem späteren Opus-Kollegen, nahm mich unter seine Fittiche. Er tat sein Bestes, doch musikalisch trieb mich anderes an.

Ich bin ein Kind der Musik der 1960er Jahre. Bands wie die *Beatles*, die *Rolling Stones* oder die *Animals*, sie schickten ihre frischen Töne und Texte bis zu uns. Was da geschah, war ein enormer Umbruch im Leben der Generationen. Wir, die Nachkriegskinder, wollten unsere eigene kulturelle Identität. Das war für unsere Eltern und Großeltern nicht leicht zu verstehen, aber für uns war klar: Die dunklen Zeiten sind endgültig vorbei. Stattdessen Frieden und Liebe. Woodstock und alles, was dazugehörte. Abgemildert aber doch, erklang es nicht nur in unserem Radio, sondern stand bereits mitten in unserem Leben und klopfte dann und wann an die Tür.

Die Pflegers, Zita und Franz mit den Kindern Jimmy, Sonja, Hannelore, Kurt und mir. Aufgenommen etwa 1964, und ich bin der rechts außen – der Älteste der fünf Kinder.

Immer wenn mein Cousin Gerhard Bischof aus Wien bei uns zu Besuch war, hatte er seine Westerngitarre mit im Gepäck und brachte mir auf der die ersten Griffe bei. Gerhard war ein besessener Beatles-Fan und spielte in Wien in einer Band, die sich nach dem genialen Beatles-Album „St. Peppers Lonely Hearts Club Band" benannte und auch bei uns, in Ollersdorf, ein Gastspiel gab. Später, als sie sich schon aufgelöst hatten, erstand ich einiges von ihrem Equipment, denn ich hatte bereits meine erste Band gegründet: *Smiling*. Doch dazu später mehr.

Mit Gerhard verband mich die Liebe zur Musik der *Beatles*, die er als die beste Band der Welt bezeichnete, was ich so auch gern unterstreiche. Die *Beatles* waren in den Sixties eine der wichtigsten Bands für mich, aber auch aus den USA kamen Acts wie die *Beach Boys, Simon & Garfunkel, CCR* und später *Santana* hervor, die ich allesamt liebte.

Schon bald wurde ich jedoch durch Rockbands wie *Jethro Tull* vom Pop der 60er-Jahre abgenabelt – unvergesslich mein allererstes Rockkonzert in der Wiener Stadthalle. Es kam die Zeit der großartigen Gruppen wie *Deep Purple, Led Zeppelin, Cream, Toto, Supertramp, Genesis* oder *Manfred Mann's Earthband*.

All diese Supergruppen und ihre Musik motivierten mich, endlich eine eigene Band zu gründen, und die ersten Ideen dazu entstanden innerhalb meiner Family, gemeinsam mit meinen vier Geschwistern. Bei uns waren alle sehr musikalisch und der Traum einer Geschwister-Band lag nahe, zumal ich mich sehr gut mit ihnen verstand. Trotzdem kam es manchmal zu Streitereien, wo Paula mir den Rat gab: „Ewald, du bist der G'scheitere, und der G'scheitere gibt nach!" Der Anfang meiner „diplomatischen" Verhaltensweise, was sich im Laufe der Zeit als Segen herausstellen sollte.

Kurt begann seine Profimusiker-Karriere mit der Klarinette und wurde später auf der Musik-Uni Wien zum klassisch ausgebildeten Fagottisten. Er spielte unter anderem im Radio-Symphonieorchester (RSO) in Wien, wie seine Frau Maria, meine Schwägerin, und unterrichtete des Weiteren in Oberschützen, der Expositur der Musik-Uni Graz.

Meine Schwester Lore sang Jahrzehnte im Ollersdorfer Dreigesang. Unter anderem trat sie bei Franz Poschs ORF-TV-Sendung *Mei liabste Weis* auf, und auch heute noch singt sie im Kirchenchor.

Bruder Jimmy ist begeisterter Fan von *Max Raabe* und singt mit großer Begeisterung viele seiner Songs bei Familienfesten und den runden Geburtstagen aller Geschwister, die immer groß gefeiert werden.

Sonja, die Fünfte im Bunde, hat keine musikalische Karriere eingeschlagen, wäre aber sicher als Sängerin in der Geschwisterband zum Zuge gekommen. Die *Kelly Family* auf burgenländisch? Wer weiß schon, was draus hätte werden können. Jedenfalls kam es anders: Ich entschied mich dazu, ins Kinderdorf Pöttsching zu gehen.

Eine Entscheidung, die ich nie bereuen sollte, vielmehr wurden in Pöttsching die Weichen für mein weiteres Leben gestellt. Aber dazu mehr im nächsten Kapitel.

„SMILING"

Die jüngste Band Österreichs **oder**
Das Kinderdorf rockt!

1968 war das Jahr der Studentenrevolten in Paris, Frankfurt und Berlin. Die Jugend rebellierte, ging gegen den Krieg in Vietnam auf die Straßen und wehrte sich gegen die Überbleibsel aus den dunklen Jahren. Sogar in Wien spielte sich an der Uni einiges ab, aber ich bekam davon nichts mit. Es hätte mich wahrscheinlich auch nicht interessiert. Wie auch, ich war ein Kind und bei mir nahm der Lebensweg gerade eine Abzweigung, die mich nach Pöttsching führte, eine Marktgemeinde im Burgenland, in der Nähe von Mattersburg.

Im wilden Jahr 1968 wurde dort ein Kinderdorf eröffnet. Als unser Bürgermeister Wilhelm Holper meine Mutter fragte, ob ich nicht in das Programm für Begabtenförderung eintreten möge, musste ich nicht allzu lange überlegen: Ich war 13 und sah die Möglichkeit, aus unserem kleinen Ort im Südburgenland wegzukommen und die Welt kennenzulernen. Ich wollte raus aus der Enge. Wenn ich englische Popmusik hörte, bekam ich Fernweh. Von klein an liebte ich es, unterwegs zu sein, die Nase im Fahrtwind und die Ohren auf englische Songs ausgerichtet. Ausflüge, Kurzurlaube zur Sommerfrische, wie es damals hieß. Mit den *Roten Falken*, der Kinderorganisation der SPÖ, ging es nach Seeboden, nach Sauerbrunn oder ins Zeltlager bei der Burg Schlaining. Bis heute liebe ich es, mit der Band oder mit meiner Musik auf Tour zu gehen. Ein Musikant muss raus ins Land! Oder noch besser: in die Welt!

Bei mir hat sich all das und viel mehr erfüllt! Es ging um Begabtenförderung und dafür wurde diese Einrichtung gegründet. Wir alle – ein paar Ausnahmen gab es – waren keine sozial verwahrlosten Kinder, sondern stammten aus intakten, oft kinderreichen Familien. Vielfach ging es jedoch darum, dass das Einkommen des Vaters – der seinerzeit in den meisten Fällen derjenige war, der Geld verdienen musste – es schwierig machte, allen Kindern eine adäquate Ausbildung, sprich einen Besuch des Gymnasiums oder ein späteres Studium an der Universität, zu ermöglichen, und da sprang das Kinderdorf unterstützend zur Seite. Mein Aufenthalt war für meine Eltern, bis auf das bisschen Taschengeld, das sie mir zusteckten, umsonst, was auch eine Entlastung für meinen Vater Franz bedeutete, der als Tischlergeselle mit einem Lohn von nur etwa 1.200 Schilling im Monat eine achtköpfige Familie erhalten musste.

Das erste von mir selbst in der Dunkelkammer entwickelte Foto, das ich vom Kinderdorf nach Hause schickte.

Ab 1968 verbrachte ich daher fünf Jahre im Kinderdorf Pöttsching. Diese Zeit war prägend für mein weiteres Leben. Wahrscheinlich wäre vieles für mich nicht so gelaufen, wenn es Pöttsching nicht gegeben hätte.

Unser Kinderdorf bestand damals aus sieben Wohnhäusern, vier Buben- sowie drei Mädel-Häusern und einem Haupthaus, der Zentrale mit der Küche, dem großen Speisesaal, der Bibliothek und den Büros der Heimleitung. Die Häuser umrandeten sternförmig den großen Dorfplatz, auf dem diverse Veranstaltungen stattfanden. Südlich davon waren Grünflächen und ein riesiges Schwimmbad samt Spielplatz und Lagerfeuerstelle.

Und noch etwas gab es da: einen Musikraum, in dem ein großer Flügel stand!

Dieser Flügel war für mich mehr als nur ein Instrument. Das Spielen darauf holte mich von einer Welt in eine andere. In meine eigene Welt. So auch 1973, als ich gerade für die Matura streberte. Ich benutzte diesen Flügel, wann immer mir zwischendurch der Kopf rauchte. Und ich spielte darauf bereits eigene Kompositionen oder bekannte Songs wie „Killing Me Softly", „You're So Vain" und viele mehr.

Doch so toll alles angelegt war und so nett ich auch aufgenommen wurde, so hatte ich anfangs schon Anpassungsschwierigkeiten. Ich war ein 13-jähriger Bub, der sich plötzlich in einer neuen, für ihn ungewohnten Umgebung unter fremden Menschen wiederfand. Kurzum: Ich hatte Heimweh! Doch das verflog bald. Im 1er-Haus, in dem ich wohnte, fand ich bald Freunde, die ähnliche Vorlieben wie ich hatten, und wir wurden uns schnell darüber einig, dass wir den Hobbykeller zum Musikraum umfunktionieren würden. Statt Laubsäge Guitars and Drums. Oder was wir halt so in die Finger bekamen, um Musik machen zu können. Kurzum: Wir gründeten eine Band!

Wir spielten, was angesagt war und was uns gefiel:

Unsere ersten Songs waren „Proud Mary" von *CCR* und „Mendocino" vom *Sir Douglas Quintet*, gespielt mit zwei Wandergitarren, einer Melodica und ein paar leeren Waschpulvertrommeln als Drums-Ersatz.

Die Besetzung war: Rene Tischina als Sänger, Walter „Zwag" Prchal und ich an den Gitarren, Ali Wentseis am Bass, Walter Deutsch blies die Melodica und spielte später das Keyboard (1972 ersetzte ihn mein Klassenkollege Max Höller) und Sepp Fangl versuchte sich als Schlagzeuger, was ihm dann ganz gut gelang. Der ein paar Jahre später bei uns im 1er-Haus eingezogene Pius Strobl, heute einer der hohen ORF-Manager, hätte sich auf unserem Schlagzeugsessel auch recht bald sehr wohlgefühlt, aber der Platz war, wie bereits erwähnt, besetzt. Wenn ich Pius heute treffe, erzählt er gern diese Geschichte und meint dabei schmunzelnd, dass ich seine Karriere bei Opus verhindert hätte! Ja, Live is Life – oder manchmal auch nicht …

Smiling 1970 – gleich in der vollen Mannstärke als Sextett angetreten: von oben nach unten: Walter Prchal (Gitarre), Walter Deutsch (Keyboard), ich (Gitarre), Ali Wentseis (Bass), Rene Tischina (Gesang) und Sepp Fangl (Schlagzeug).

Jedenfalls gibt es Kreuzungen im Leben, an denen man rein intuitiv einen Weg einschlägt. Ohne groß darüber nachzudenken. Einfach losgehen. Die Band und der Hobbyraum, das war so eine Kreuzung. Es hätte ja auch die Laubsäge werden können! – Wurde es aber nicht, und so war klar, wo dieser Weg später weiter hinführen würde. Nämlich direkt in die entsprechende Schule.

Aber bevor ich im Herbst 1969 ins Musisch-pädagogische Realgymnasium Wiener Neustadt eintrat, absolvierte ich 1968 noch die vierte Klasse in der Hauptschule Neudörfl, gleich neben dem Martini-Hof gelegen, wo ich später, so um 1972, das eindrucksvolle Konzert von *Gipsy Love* erlebte, Österreichs legendärer Rockband mit den Ausnahmemusikern Karl Ratzer, Harri Stojka und Peter Wolf.

In einem Neudörfler Café besuchten wir '68 oder '69 mit unserem Kinderdorf-Erzieher Ferry einen Fünfuhrtee, wo die lokale Beatband *Meadows* aufspielte. Ferrys Beisein war wichtig, denn wir durften nur mit dem Erzieher bis 19 Uhr ausbleiben, ansonsten drohte ja der „moralische Verfall". Wer weiß, was wir sonst angestellt hätten, womit wir konfrontiert worden wären, denn 1968 und 1969 galten ja als Jahre der Jugendrevolte … Lange Haare, Hippies, Gammler. Ferry war die vom Kinderdorf mitgeschickte Brandmauer gegen diese „schädlichen Einflüsse", und er war wunderbar, hatte Verständnis für uns, und allesamt sind wir dann auch wertvolle Mitglieder der Gesellschaft geworden. Sag ich mal so.

So hockten wir mit heißen Ohren im Café in Neudörfl. Dort geigten die *Meadows* auf, gaben *Beatles-, Stones-* und Hitparaden-Songs zum Besten, und wir standen sprachlos da, waren auf der Stelle angefixt. Selbst einmal solche Auftritte zu machen, war ab da das große Ziel.

Und das war weiters auch Motivation und Ansporn für mich, selbst das Komponieren und Texten in Angriff zu nehmen, wobei sich in den Sommerferien bald die ersten Ergebnisse einstellten.

Ich verbrachte sie wieder zu Hause in Ollersdorf, lag nach dem (ich gestehe: Schwarz-) Fischen viel am Strembach unten in der Blumenwiese und meine Tagträume drehten sich um eigene Songs und natürlich

Bühnenauftritte. In meiner Fantasie nahmen die Dinge Gestalt an. Text. Musik. Publikum. Ich sah es direkt vor mir und es fühlte sich großartig an.

Meine ersten Eigenkompositionen hießen „Play It Again" und „Bangladesh", inspiriert von Reggae-Ikone Jimmy Cliff und seinem Hit „Vietnam". Der Song behandelt bekannterweise den Krieg in Vietnam, der uns, obwohl er weit weg stattfand, immer wieder auch ins Gedächtnis gerufen wurde. Es gab einige Pop- und Rocksongs, die den Vietnamkrieg thematisierten und so auch den Weg zu uns nach Europa fanden. Auf den Straßen wurde demonstriert, aber im Kinderdorf merkten wir nur wenig davon und doch war da eine bestimmte Art der Inspiration. Es war nicht nur Musik der Unterhaltung wegen, vieles davon hatte mehr, enthielt Botschaften, auch wenn ich sie nicht unmittelbar gleich erkennen konnte. Die Musik dieser Jahre zog uns in ihren Bann, doch der Weg zu eigenen Konzerten mit eigener Musik sollte noch ein sehr weiter sein und erst mit Opus Wirklichkeit werden. Vorerst hieß es, richtig viel mit den Kollegen zu proben, Lieder nachzuspielen, in Erfahrung zu bringen, wie man richtige Popsongs komponiert, arrangiert und vor allem gut spielt, singt und interpretiert!

Sehr inspirierend waren auch die Lagerfeuerabende, bei denen uns einer der Erzieher, Karl Rosenlechner, mit seiner Wandergitarre die ersten Protest-Songs oder Lieder von Bob Dylan und *Simon & Garfunkel* beibrachte: „We Shall Overcome", „Blowin' In The Wind" oder „Hava Nagila" sangen wir immer wieder mit Begeisterung, und besonders beeindruckend für mich war das Abschlusslied „Auld Lang Syne", ein altes schottisches Volkslied, das wir auch schon bei den *Roten Falken* immer auf Deutsch sangen – „Ein schöner Tag zu Ende geht, die Sterne sind erwacht, wir reichen uns die Hände nun und sagen Gute Nacht".

Noch mehr beeinflusst und Wege aufgezeigt hat uns unser eigener, fürs 1er-Haus verantwortliche Erzieher, der bereits erwähnte Ferdinand „Ferry" Tieber. Er war ein sehr liebenswerter Mensch, der uns manchmal sehr konsequent die Grenzen aufzeigen musste, uns aber immer wieder unterstützte. Man konnte mit ihm viel unternehmen, denn er lag auf unserer Wellenlänge. Auch Dinge, die offiziell nicht möglich waren, gingen mit Ferry. Er war auch ein Förderer unserer musikalischen Unternehmungen, unserer Band. Und er bemerkte, dass ich der war, der dabei am meisten interessiert und motiviert war. Er erkannte den leidenschaftlichen Musiker in mir. Ferry war es auch, der mir seinen für uns konzipierten Bandnamen vorschlug:

„SMILING"!

Smiling – das klang nach jugendlicher Frische, nach Aufbruchsstimmung und Freude.

Der Name war perfekt, Schritt eins war getan. Schritt zwei war die Suche nach einem Manager, und in dieser Rolle hatte sich auch unser Ferry gesehen. Das war für alle von uns sehr okay, denn wir selbst hatten uns ohnehin noch keinen Namen überlegt und er als unser Manager war mehr als ideal, wo er ja sowieso ständig mit uns zusammen war und wir ihn sehr schätzten!

Wir bauten den Keller (Mit Tageslicht! Ich betone das extra, da die meisten Bands Proberäume hatten, die stickig, dunkel und so gar nicht einladend waren) im 1er-Haus nun endgültig zu einem Proberaum für unsere Band um, besorgten uns haufenweise Eierkartons, mit denen die Wände tapeziert wurden, um eine angenehmere Akustik zu schaffen. So machten es viele angehende Bands und wir nun auch.

Mithilfe von Ferry, unserem Erzieher und Neo-Manager, bekamen wir von der Heimleitung ein Budget zum Kauf von Instrumenten und Anlagen zur Verfügung gestellt. Damit besorgten wir uns Schlagzeug, Keyboard, eine Gesangsanlage von *Dynacord*, Austrovox-Verstärker und noch diverses anderes, was eine anständige Band ausmacht. Die vorhin erwähnte Band *Meadows* aus Neudörfl mit Sigi Leyrer (Keyboard) und Reinhard Thiess (Gesang) beschenkte uns zudem mit einem E-Bass und zwei E-Gitarren, einer *Höfner Galaxie 176 Deluxe* (spielte ich auch noch bei Opus) und einer *Hagström*. Zusätzlich Mikrofone, Mic-Stands, Kabel und vieles mehr. Das volle Programm.

Das war eine wunderbare Aktion, die uns damals so viel Freude gebracht und bei mir die Schienen in die Zukunft gelegt hat. Eine eigene Band. Alles genau so, wie ich es mir auf der Blumenwiese im warmen Ollersdorfer Sommer erträumt habe.

Heute noch habe ich Kontakt zu Sigi, der ins gleiche Gymnasium in Wiener Neustadt ging, allerdings ein paar Jahrgänge über mir.

Sein Sohn, Christian Leyrer, ist mittlerweile ein guter Freund geworden, der als Mitarbeiter von *Barracuda Music* auch für das eine oder andere Konzert von uns verantwortlich ist!

SMILING - 1969 am Dorfplatz dezent im Hintergrund, aber die ersten Fans groovten sich schon ein.

Nach etlichen internen Auftritten im Kinderdorf kam es am 25. Oktober 1970 zur ersten Außer-Haus-Livepremiere von *Smiling* im Gasthaus Halper in Stöttera, einer kleinen Gemeinde in der Region Mattersburg, und unter der Patronanz von Landeshauptmann Kery. Das war schon was, wenn der Landeschef seinen Segen gab.

Bereits am Nachmittag kam ein Team des ORF-TV aus Wien ins Kinderdorf, um einen Kultur-Beitrag über die „jüngste Band Österreichs" für die *Zeit im Bild* um 19.30 Uhr zu machen. Nur zur Klarstellung für unsere Leser außerhalb des Landes: Die *Zeit im Bild* (ZiB) ist die *Tagesschau* Österreichs. Prime Time! Da hockt das halbe Land vor dem Fernseher.

Wir spielten live „Bye Bye Love" von *Simon & Garfunkel*. Ein Song, der bereits 1957 für die *Everly Brothers* das Tor zur Karriere aufstieß. Im großen Saal des Haupthauses geigten wir vor den versammelten Kindern auf, die gespannt zusahen. Dieser Beitrag, der noch am gleichen Abend ausgestrahlt wurde, ist auch auf unserem Opus-YouTube-Channel zu sehen.

Danach ging es weiter nach Stöttera, wo wir zuerst recht nervös unsere Instrumente und die Anlage checkten. Das Lampenfieber verflog zwar mit zunehmender Spieldauer, trotzdem blieb eine gewisse Anspannung. Nie zuvor spielten wir vor so vielen Leuten. Aber alles ging gut. Das zahlreich erschienene Publikum bejubelte unseren ersten öffentlichen Auftritt, mein Cousin Gerhard kam extra mit seiner Familie aus Wien angereist, Landeshauptmann Theodor Kery hielt eine Einleitungsrede und steckte auch noch einige hundert Schilling in die Spendenbox. Unsere Live-Premiere war somit ein voller Erfolg. Das und gleich auch ein Beitrag in der ZiB. Manager Ferry hatte einen Superjob gemacht und Geld gab's auch fürs Kinderdorf.

Die Karriere von *Smiling* lief von 1970 bis 1973 und beschränkte sich auf vielleicht zwanzig oder dreißig Auftritte außerhalb des Kinderdorfes. Bemerkenswert war jener im Zuge eines Ferienlagers im slowenischen Bled, das damals noch Teil Jugoslawiens war, vor etwa 5.000 Kindern. Dann das Open Air am Dach des Freibades von Gresten im niederösterreichischen Mostviertel und etliche Gigs im Burgenland. Besonders erwähnenswert für mich waren dabei die beiden Auftritte in meiner Heimatgemeinde Ollersdorf. Mein Heimspiel. Ich wollte meine Familie, die Verwandten und Freunde beeindrucken – ob das gelang? Ich weiß es bis heute nicht.

Was wir dem Kinderdorf noch zu verdanken hatten, war eine bestimmte Form der Freiheit. Wir wurden selten eingeschränkt und konnten unsere Persönlichkeiten entwickeln, ohne auf Konventionen großartig Rücksicht nehmen zu müssen. In der Schule waren wir daher auch die Exoten, oft mit der wenig schmeichelhaften Bezeichnung *Gammler* versehen. Lange Haare, poppige Kleidung, Glockenhosen, und schon schwang da immer der Geruch von faul und aufsässig mit. Beides traf auf uns nicht zu. Mit Drogen oder Alkohol hatten wir schon gar nichts am Hut.

Trotz alledem, in der Schule waren wir verschrien, was uns aber auch eine gewisse Aura der Lässigkeit bescherte. Einmal, 1971, stimmten wir in einer Chemiestunde „Da Hofa" von Wolfgang Ambros an, und die ganze Klasse sang mit, alle konnten den kompletten Text.

„Da Hofa", das war Popmusik in unserer Sprache. In unserem Dialekt. Das war unsere Musik, die nur wir Jungen verstanden, und die Alten schüttelten die Köpfe. Wolfgang Ambros, gemeinsam mit dem Texter Joesi Prokopetz, die prägten damals eine ganze Generation Heranwachsender. Endlich war da was, das aus Österreich kam und eigenständig klang.

Wir, die *Outsider*, ähnlich wie die Truppe, die im Musical *Hair* auftrat und das Jahrzehnt des Wassermanns besang, also die Ära der Freiheit! Skurril hingegen war, dass uns die Leitung des Kinderdorfes den Besuch der Show in der Wiener Stadthalle nicht erlaubte. Grund dafür war nicht etwa, weil der amerikanische Hippiekult nicht ganz in die österreichische Lebenswelt dieser Jahre passte, sondern weil sich da auch einige der Sänger und Schauspieler ihrer Kleider entledigten und nackt auftraten. Man erinnere sich nur an die berühmten Szenen der Festival-Doku über *Woodstock*. Ein Haufen nackter Hippies wuzelte sich im Gatsch. Die hatten ihren Spaß. Wir durften keine Nackerten in *Hair* sehen, aus moralischen Gründen, wir hätten wohl auf ewig Schaden nehmen können … Das endgültige Abgleiten in Love, Peace und was auch immer noch damit verbunden war, blieb uns also verwehrt. Hippies wurden wir nicht, was wir aber waren: jugendliche Tramps, unterwegs auf unserem Lebensweg. Der Sonne entgegen. Ich, der im Zeichen des Stiers Geborene, brauchte keinen Wassermann, um meiner Leidenschaft zu folgen!

Mit *Smiling* lief es dann irgendwann wie mit vielen Bands: Wir trennten uns nach der Schulzeit. Nach der Matura ging jeder von uns seinen eigenen Weg. Aus uns Kindern waren junge Erwachsene geworden, und gern denke ich an die Zeit zurück, über der das Wort „Unbeschwertheit" schwebt.

Abenteuer hatten wir im Kinderdorf einige erlebt: Zweimal starteten wir ein Schwarzfischen, sogar mit Ferry, unserem Erzieher! Fast das ganze 1er-Haus fuhr des Nachts zu einem Karpfenteich außerhalb von Deutschkreuz und brachte drei, vier prächtige Karpfen nach Hause. Blöd war nur, dass ich im Finstern im Schlamm meine Schuhe verloren hatte … Doch der Kinderdorf-Koch bereitete die Karpfen hervorragend zu und wir Jungs im 1er-Haus fanden am nächsten Tag auf unseren Tellern ein Spezialmenü vor. Das zweite Mal hatten wir – diesmal die ganze Smiling-Band – an der Erlauf, vor dem Heimathaus von unserem Gitarristen Zwag, kein Glück beim Fischen. Kaum hatte er mit meiner Rolle den Köder im Wasser versenkt, kam die Gendarmerie daher. Mit Blaulicht! Was folgte, war nicht lustig. Ich, und zwar nur ich – die anderen kamen ungeschoren davon – fasste eine einjährige Jugendstrafe aus! Ich war des Verbrechens des Verleihens der Rolle schuldig. Quasi der Bereitstellung der Tatwaffe, ohne die die Untat nicht möglich gewesen wäre. Meine Eltern mussten deswegen zur Verhandlung nach Eisenstadt fahren. Die waren, gelinde ausgedrückt, darüber nicht sehr glücklich. Aber es musste wohl so kommen, denn ich spielte damals ein riskantes Spiel. Über Jahre. Daheim fischte ich im Strembach Weißfische und Forellen und wurde dabei nie erwischt. An der Erlauf war dann Schluss mit lustig. Jugendstrafe wegen Schwarz-fischens.

Die Strafe wurde aber nach drei Jahren wegen meiner Unbeschol-tenheit getilgt. Heute muss ich darüber schmunzeln, aber damals war mir nicht zum Lachen zumute.

Meine schönsten Erinnerungen an das Kinderdorf Pöttsching sind die Ferienreisen ins Ausland, auf die meine Geschwister ein bisschen nei-disch waren: Anfangs, nach dem ersten Schuljahr, ging es in den Ferien ins oberösterreichische Traunviertel, nach Windischgarsten. 1970, im Jahr danach, waren wir in Bled am See, im heutigen Slowenien, und an-schließend am Meer in Kroatien, zu der Zeit war das noch Jugoslawien.

1971 fuhren wir dann in den rumänischen Badeort Mamaia am Schwarzen Meer, mit Besuch in der Hauptstadt Bukarest, wo wir, ob unserer langen Mähnen, von hunderten Menschen wie Außerirdische angestarrt wurden. Damals war Rumänien noch Teil des sogenannten Ostblocks und lag hinter dem Eisernen Vorhang, dieser nahezu un-überwindbaren und menschenverachtenden Grenze. 1972 folgte dann unsere Abschlussreise, die uns nach Luxemburg führte. Da war auch mein Bruder Kurt mit dabei.

Dem Kinderdorf und seinen engagierten Mitarbeitern habe ich viel zu verdanken. Die Weichen, die damals gestellt wurden, haben meine Zukunft mehr als nur beeinflusst.

Und diese Zukunft, die kam mit Riesenschritten!

Die Gründung
von Opus 1973

Juli 1973. Ich war 18 Jahre jung, die glitzernden 70er-Jahre lagen vor mir und die schöne und vor allem prägende Zeit der Kindheit ging zu Ende. Pöttsching blieb für mich unvergessen, aber fortan ging es schnurstracks in die Zukunft, und die klang spannend. Das Musisch-pädagogische Realgymnasium in Wiener Neustadt verließ ich auch nach vier Jahren mit dem Maturazeugnis in der Tasche, und so ging es erstmal für mich wieder zurück in die alte Heimat, nach Ollersdorf. Ferien waren angesagt.

Es sprach sich herum, dass ich wieder daheim sei, und so meldeten sich bald einige Musiker aus der Umgebung bei mir. Sie suchten Verstärkung für ihre Tanzband, aber ich lehnte jedes Mal ab, denn ich wollte wieder eine eigene Band haben. Eine, die ein Programm mit Eigenkompositionen zum Ziel hatte, und da kam schließlich Ulli Holper ins Spiel, meine Cousine zweiten Grades. Sie war zu Besuch und wir redeten, eh klar, über Musik, und dabei erwähnte sie eine neue Band in Stegersbach, die einen Gitarristen suchte.

Das klang schon vielversprechender als das Angebot der Tanzbands und keine zwei Wochen später besuchten Ulli und ich Walter Bachkönig, Kurt René Plisnier und Peter Stipsits im Keller des Wohnhauses meines ehemaligen Musik- und Zeichenlehrers Franz Bachkönig.

Die Jungs spielten mit Begeisterung genau das, was mir musikalisch vorschwebte. Deep-Purple-Titel und auch die *Beatles* wurden gecovert, und das machte auf mich einen insgesamt guten Eindruck. Ihr Gitarrist war kurz zuvor ausgestiegen und schnell kam das Angebot zu einer gemeinsamen Probe. Walter drückte mir eine Musikkassette in die Hand und wir erinnern uns an dieser Stelle an die kleinen Tonbänder, die sich gern im Kassettenrekorder verwursteln, woraufhin

der Bandsalat dann mühsam mittels Bleistift aufgespult werden musste. Eine Fingerübung, die in unserer Generation wohl die allermeisten
beherrschten. Jedenfalls waren auf dieser Kassette ein paar Titel, die
ich anhören und für eine erste gemeinsame Session vorbereiten sollte.

Ich lernte die Songs „Smoke On The Water", „Highway Star" und
„Ain't She Sweet" samt den entsprechenden Soli dazu ein, und mit meiner weißen Höfner-E-Gitarre, die ich noch aus Smiling-Zeiten besaß,
stand ich bald darauf vor dem Proberaum auf der Matte.

Hier bin ich! Der neue Gitarrist!

Dieses erste Mal verlief sehr stimmig, vielleicht von meiner Seite
nicht ganz perfekt, aber die Chemie passte und nach diesem gelungenen Einstieg war ich fix dabei – dachte ich zumindest!

Walter jedoch, der brauchte quälend lange, bis er mir zusagen konnte, ein Mitglied seiner Band zu sein. Vielleicht lag das auch daran, dass
Ollersdorf für die Stegersbacher eher ein Vorort war (damals war Stegersbach bereits eine Marktgemeinde und etwa dreimal so groß wie
Ollersdorf) und wir Ollersdorfer die Stegersbacher für ein wenig hoch-
näsig hielten. Keine Ahnung, was ihn umtrieb, aber am Ende war das
beim Musizieren selbst nie ein Thema gewesen. Im Gegenteil: Die Zu-
sammenkünfte, die immer mehr wurden, liefen sehr freundschaftlich
und kumpelhaft ab. Von Anfang an war bei allen vieren ein verbinden-
des Feeling für Rockmusik vorhanden gewesen, welchem wir mit einem gewissen Selbstverständnis bei unseren ersten Sessions freien
Lauf ließen. Heißt konkret: Wir drückten ordentlich drauf!

Walter, als ehemaliger Sängerknabe, war unser erster Sänger und
Bassist, der ab und zu bei hohen Tönen ins Falsett auswich. Was nicht
unbedingt dem rockigen Sound der gespielten Songs (etwa von *Deep
Purple*) entsprach, aber eben seine Interpretation darstellte und auch
nicht unspannend klang. Er war auch derjenige, der die Band gründete,
und – jetzt haltet euch an – ein persönliches Treffen mit den *Beatles*
vorweisen konnte!

Es passierte in einem Hotel in Singapur, wo die Sängerknaben und die
Beatles zeitgleich auf Tour im gleichen Hotel abgestiegen waren. Das

war die Chance auf ein Autogramm und Walter holte sich die Unterschriften von allen vier! Nicht lange war er im Besitz dieser Kostbarkeit, denn der Sängerknabe hatte es zu Geld gemacht und verkauft! O Gott, was hätte ich nicht alles gegeben, um es auch nur ein einziges Mal in der Hand halten zu können. 1973 waren die *Beatles* ja bereits seit drei Jahren Geschichte, also die Chance auf mein Fab-Four-Autogramm war somit für ewig dahin.

Für unsere Band hingegen galt das Motto „Mutig in die neuen Zeiten". Der mittlerweile leider bereits verstorbene, doch dazumal höchst motivierte Peter hatte einen ziemlich ungehobelten Stil an den Drums, was durchaus, wenn auch unperfekt, unseren Rock'n'Roll-Ansprüchen gerecht wurde. Kusche auf seiner Farfisa-Orgel brachte schon recht professionelles Musizieren in die Band. Er lernte in der Musikschule diverse klassische Stücke nach Noten zu spielen und sein Einfluss manifestierte sich in seinen wie auch unseren Bearbeitungen von Wolfgang Amadeus Mozarts „Alla Turka" oder der „Kleinen Nachtmusik", später dann beim „Säbeltanz" von Aram Chatschaturjan oder bei „America" von Leonard Bernstein.

Die Jam-Sessions im Bachkönig'schen Keller waren auch Treffpunkt von Freunden der Musiker, die allesamt (bis auf meine Cousine Ulli und Pepi Tury) aus Stegersbach kamen. Es war eine Clique, die der entstehenden Band treu zu allen Auftritten folgte: Fabo, er ging mit Kusche (und Mucky) ins Fürstenfelder Gymnasium, war unser erster Roadie und wurde später Richter in Graz. Er ist auch heute noch immer bei diversen Feierlichkeiten sowie dem jährlichen Burgenländer Schiwochenende in Schladming dabei.

Abi war derjenige, der unseren ersten Bandbus – zur Überraschung seines Vaters – sponserte und tolle Partys veranstaltete.

Franz Karl träumte mit uns schon von Beginn an von unserem internationalen Durchbruch und unterstützte uns bei jeder Gelegenheit.

Karl Kottas war einer der treuen Fans der ersten Stunde und ging in die Opus-History ein, als er mit seinem VW-Käfer etwas zu schnell vom Bachkönig-Haus weg einen Telefonmast rammte. Die Band saß mit im Käfer, aber Gott sei Dank kam niemand zu Schaden, außer meine Höfner-Gitarre, deren Hals sich nach hinten bog. Sie konnte noch repariert werden, denn ich verkaufte sie später an einen sehr talentierten Opus-Fan und Gitarristen namens Klaus Ambrosch aus Fürstenfeld!

Alex, ein großer Rockfan, legte später auch als DJ im legendären *Kamakura* in Bad Tatzmannsdorf Platten auf, wurde ebenfalls treuer Roadie und für Jahre unser Lichttechniker!

Ebenso unser Freund Pepi Tury aus Olbendorf, der unser langjähriger Mann am Mischpult werden sollte!

1973 – im Keller von Walter Bachkönig mit Stiwi – von links nach rechts: Kurt René Plisnier (Kusche), Walter Bachkönig, Peter Stipsits und ich.

Wir probten im Keller viel und intensiv. Es klang immer besser und so begannen wir, nach Auftrittsmöglichkeiten Ausschau zu halten. Und die stellten sich ein. Einer dieser ersten Gigs war auf einem Traktoranhänger im Stegersbacher Reitstall, eingeladen von Kusches Onkel. Ein weiterer bei einem Bandwettbewerb im steirischen Knittelfeld, veranstaltet von Vojo Radkovic, wo wir mit unserer Version von „Highway Star" bereits einen vorderen Platz belegten! Radkovic war ein weit über die Grenzen der Steiermark bekannter Journalist und Autor, der von 1970 bis 2013 als Kulturveranstalter tätig war. Er organisierte rund 5.000 Shows, darunter mit Weltstars wie *AC/DC, Metallica,* Joe Cocker, Tina Turner, *Dire Straits* und nahezu allen Austropop-Stars. Leider verstarb Vojo im September 2024 plötzlich und unerwartet. Die Steiermark verlor mit ihm einen Kult-Kulturarbeiter und wir einen frühen Förderer. Er wurde 76 Jahre alt.

Den Auftritt in Knittelfeld im Sommer 1973 absolvierten wir schon unter dem Namen Opus! Nach mehreren Diskussionen über einen passenden Bandnamen kam Walters Schwester Edith bei einem Gartenfest mit dem Vorschlag, uns „Opus" zu nennen. Zum einen hatte das lateinische „Werk" direkt mit den Rock-Versionen unserer Klassik-Covers zu tun, und zum anderen war er kurz, prägnant und einprägsam in großen Lettern auf Plakate zu drucken.

Die Argumente überzeugten, der Name gefiel uns allen und die Katze war aus dem Sack! Opus war geboren!

Zu dieser Zeit war ich bereits auf Zimmersuche in Wien, weil ich vorhatte, dort auf die Uni zu gehen. Und in Wien, Alser Straße 9, gab es damals bereits das *For Music*, ein legendäres Musikhaus, wo ich immer wieder vorbeischaute. Dessen Eigentümer, „Mr. For Music" Dietmar Lausegger, lachte laut auf, als er den Namen meiner Band hörte. „Opus! Na, dann wird's ja bald eine Band mit dem Namen ‚Köchelverzeichnis' geben!"

Die gab's nie, eh klar, jedoch Opus war zur Welt gekommen. Gigs waren noch Mangelware, aber wir wollten und sollten uns verbessern. Nachdem Kusche und Walter mit Stiwi übereinkamen, die Band zu verlassen, kam Günter „Mucky" Grasmuck, ein Klassenkollege von Kusche im Fürstenfelder Gymnasium, als sein Nachfolger in die Band. Mucky hatte zwar erst zwei Jahre vorher mit dem Schlagzeugspielen begonnen, aber er war sehr ehrgeizig und von Beginn weg deutlich besser als sein Vorgänger. Beim Treffen der Burgenländisch-Amerikanischen Freundschaft im Festzelt und dann im Kastell-Keller von Stegersbach hatte Mucky im Frühjahr 1974 seine Bühnenpremiere. Hier spielten wir auch bereits die ersten Eigenkompositionen „Opus Null" – meine Vertonung eines Erich-Kästner-Gedichtes war meine erste Komposition für Opus – oder „Opiat" von Kusche. Viele ehemalige Burgenländer, die in den Zwischenkriegsjahren nach Amerika ausgewandert waren, kamen zu diesen Veranstaltungen zurück in die alte Heimat und waren erste Reihe fußfrei mit dabei, als wir Opusse in die Gänge kamen. Wir ahnten zu diesem Zeitpunkt noch nicht, dass wir Jahre später mit unserer Musik zu ihnen über den Atlantik unterwegs sein würden.

Das Austria Rock Festival in Pinkafeld

Pinkafeld, die burgenländische Stadtgemeinde im Bezirk Oberwart, hat, das kann man nicht deutlich genug unterstreichen, einen wesentlichen Beitrag zur Entwicklung der heimischen Rockmusik beigetragen und Opus war da federführend mit dabei. Aber alles der Reihe nach.

Vorweg ist zu sagen, dass sich ab Ende der 1960er-Jahre das Gebiet Südburgenland/Oststeiermark zu einem frühen österreichischen Rock'n'Roll-Biotop entwickelt hatte. Die Gründe dafür waren vielfältig, aber in erster Linie war man hier beeinflusst von den internationalen Acts, und daraus strickte man seine eigenen musikalischen Geschichten. Rock, Pop, Blues, … Die Kreativität blühte und trieb ihre Zweige in alle musikalischen Richtungen. Sehr viel dazu beigetragen hatte auch, dass in nahezu jedem Ort Spielstätten vorhanden waren.

Am Wochenende gab es jede Menge Gigs. In Gasthäusern, Diskotheken, selten aber doch auch in Kulturzentren, traten vor allem lokale burgenländische und steirische Bands auf. Die Protagonisten waren unter anderem *The Jets* und *Kixx* (aus dem Oberwarter Raum), *Magic 69*, *Music Machine*, *Mashuun*, *Jessica* (stammten aus Fürstenfeld und Umgebung) oder *Freak Out* (aus Knittelfeld mit Robby Musenbichler). Sie und viele mehr legten die Grundsteine zu dem, was später „steirische Szene" genannt und österreichweit eine Erfolgsgeschichte wurde.

Dabei spielte auch eine wesentliche Rolle, dass die Bands vom Land, also auch wir, meist viel mehr zusammenhielten als Bands, die aus der großen Stadt kamen. Man kannte sich untereinander gut und es ging familiärer zu. Natürlich kamen auch Grazer Gruppen wie *Turning Point*, *Hide & Seek*, oder *Mephisto* zu vielen Gigs in dieser süd-österreichischen Rockszenerie, und alle diese Bands sangen englisch, das taten auch wir …

Mit Mucky bei einem seiner ersten Auftritte in Fürstenfeld 1974.

Man war weit von Wien entfernt, wo vor allem ab den frühen 1970er-Jahren der Dialekt-Pop, die Liedermacher, erfolgreich wurden, was überschaubaren Einfluss auf den Süden des Landes hatte. Bei uns dominierte Englisch und daraus entwickelte sich das, was sich à la longue erfolgreich als Gegenpol zur Wiener Szene behauptete.

Einer der Hot-Spots damals war die Pinkafelder Martinihalle, wo in den 70ern immer wieder Rockkonzerte mit angesagten Acts stattfanden. Ich kann mich gut an Gigs von *Uriah Heep* oder Manfred Mann erinnern. Auch Klaus Doldinger trat da zweimal auf und Opus durfte im Herbst 1980 zur Premiere des neuen Bassisten Niki Gruber im Vorprogramm spielen. Die Halle war stets gut besucht. Das Problem für uns war, dass österreichische Bands selten über das Vorprogramm hinauskamen, das gefiel uns gar nicht und so riskierten wir, einen eigenen Österreich-Konzertabend zu organisieren, denn immerhin hatten wir uns bereits einen gewissen Namen erarbeitet und das förderte auch unser Selbstbewusstsein.

Mit dabei waren *ACID* aus Wien – Herbert Novacek am Bass, Rudi Staeger an den Drums und Peter Koller als Gitarrist, dann *Magic 69*, unsere Freunde und Vorbilder aus der Steiermark, und wir, Opus, damals noch ohne Herwig am Mikro.

Bereits beim ersten Mal 1977 war der Abend ein großer Erfolg und das motivierte uns dazu, den nächsten Schritt zu setzen. Wir dachten daran, ein Festival ins Leben zu rufen. Und zwar eines nur mit österreichischen Gruppen. Ihnen die Chance zu geben, vor großem Publikum aufzutreten.

Die Stadt Pinkafeld ist etwa gleich weit von Graz und Wien, den größten Städten des Landes, entfernt und schien uns somit als Austragungsort ideal gelegen.

Ein Wochenendtermin sollte es sein, und als Kusche dann Pfingsten vorschlug, waren wir alle sehr einverstanden. Beim Namen wollten wir weg vom üblichen Austropop-Begriff, also erfanden wir das *Austria Rock Festival (ARF)*, eine eigene Kreation, die den Rock, den Rock'n'Roll, betonen sollte. 1978 war es dann so weit. Das erste Austro-Rock-Festival wurde aus der Taufe gehoben!

Die gesamte Planung, Organisation und Durchführung eines Festivals ist mit sehr viel eigenem Engagement, Risiko und immenser Arbeit verbunden. Doch die Idee beflügelte uns, und so gingen wir in die Vorbereitungen und begannen als Erstes mit der Planung des Programms. Das Um und Auf eines Rockevents!

Das erste Festival, 1978, sollte über zwei Tage laufen und an jedem Spieltag wollten wir einen Top-Headliner engagieren. Ab 1979 waren es dann drei Festivaltage und immer galt: Super Headliner müssen her!

1978 schlug ich zum Beispiel Wolfgang Ambros vor, der damals bereits mit Band auftrat und sicher für entsprechenden Ansturm von Fans sorgen würde. Nachdem ich in Wien studierte, wollte ich ihn persönlich einladen, um ihm von unserem Vorhaben zu erzählen und zu überzeugen. Seine Telefonnummer bekam ich von den beiden *For-Music*-Chefs Walter „Junker" Babich und Dietmar Lausegger, und tatsächlich erwischte ich ihn eines Tages und es kam zu einem Treffen im Club-Café *Chattanooga* am Graben im 1. Wiener Bezirk. Dieses erste Zusammentreffen mit Wolfgang war nicht so easy, wie die Freundschaft, die dann später entstand. Denn er kannte mich ja nicht. Für ihn war ich ein unbekannter Gitarrist von einer ebenso unbekannten Band vom Land und er war dementsprechend – wie es halt seine Art ist – skeptisch. Also fragte er nach einer längeren Wartezeit meinerseits „Wos wüsst du? – Ein Festival in Pinkafeld? Wo is des?" und „Des wird jo nix …" Doch ich ließ mich nicht abwimmeln und schließlich stimmte er zu und wir hatten unseren Headliner. Mithilfe von „Junker", der die ganze Wiener Szene persönlich kannte, fixierten wir auch die *Hallucination Company* von Wickerl Adam mit dem damaligen Bassisten Hans Hölzel alias *Falco* und Kurt Hauensteins *Supermax* als Headliner für den zweiten Tag. Die Schienen waren gelegt und der Zug nahm Fahrt auf.

Mit dem kleinen 850er-Fiat von Andrea – meiner zukünftigen Ehefrau, aber dazu kommen wir noch – fuhr ich Wolfgang nach dem Soundcheck ins *Hotel Zentral* am Hauptplatz von Pinkafeld. Bei seiner späteren Rückkehr in die Halle ließ Kusches damalige Freundin Maria ihn bei der Ticketkontrolle nicht hinein, auf sein „Ich bin Wolfgang Ambros" antwortete sie: „Des kann jeder sagn!" Er war aber nicht jeder und er stand dann natürlich auf der Bühne und sein Auftritt mit seiner Band, der *No. 1 vom Wienerwald*, gilt bis heute als „legendär". Ebenso Eindruck hinterließen *Clockwork* aus Vorarlberg mit Reinhold Bilgeri als Sänger. Die „Westcoast"-Musiker aus dem Ländle hatten alle Haarmatten bis zur Brust, als sie aus einer schwarzen Stretch-Limo ausstiegen, die auf dem Schotter der Martinihalle vorfuhr!

Überhaupt war schon das erste Festival 1978 ein großer Erfolg gewesen, wir konnten mit über 4.000 zahlenden Besuchern an zwei Tagen auch finanziell reüssieren und beschlossen, im Folgejahr auf drei Tage auszuweiten.

Hier einige Anekdoten aus fünf Jahren ARF:

Gotthard Rieger, der Rock-Spezialist und ehemalige Wecker-Mann von Ö3 mit seiner rauchigen Stimme war unser Moderator von 1980 bis 1982, die ersten beiden Festivals, 1978 und 1979, moderierte Vojo Radkovic von der Zeitung *Neue Zeit* (Graz).

1979 – Pinkafeld und das *Austria Rock Festival*: von der Idee zur Legende.

Am letzten Tag des Festivals hatte Gotthard dann meist keine Stimme mehr, dabei war und ist Gotthard ein Rock-Bühnentier der alten Schule, den nichts so schnell umhaute. Legendär waren seine „Botendienste" für den Auftritt von Karl Ratzer beim *ARF '81*: Eine Stunde vor seinem Gig überbrachte Gotthard einen Wunsch von Karl in unser Minibüro: Er, also Karl, spiele nur, wenn er ein bestimmtes, nennen wir es hier *Mittel zur Stimulation*, ein „Marschierpulver" bekäme, worauf wir antworteten: „Sorry, aber so etwas haben wir hier nicht." Eine halbe Stunde später erschien Gotthard wieder in der Bürotür: „Karl will dann zumindest eine ‚Zirkus-Zigarette', sonst geht er nicht auf die Bühne!" Wir konnten wieder nicht weiterhelfen. Erneut ein Sorry: „Keine lustigen Zigaretten im Angebot." Ein paar Minuten vor dem Gig konnten wir ihm helfen, auf die österreichische Weise und mit einem burgenländischen Qualitätsprodukt: Es reichte dann auch ein Doppelliter Rot auf der Bühne und Karl bot einen vielumjubelten Solo-Gig auf seiner Gitarre!

Junker alias Walter Babich von *For Music* stellte jedes Mal, bei allen fünf Festivals, die P. A. *(Hinweis: P. A. steht für Public Address System, also die Tonanlage)* sowie die Lichtanlage. Er und seine Wiener Mannschaft brachten einerseits den typischen Grant und die bekannte Wiener Überheblichkeit mit ins beschauliche Südburgenland, aber nachdem alles vorbei war, beim Abbau, sorgten seine Schmähs und Witze im wienerischen Dialekt für Lachen ohne Ende.

Wie bereits erwähnt, waren die Vorbereitungen der Festivals jedes Mal eine Riesenarbeit. Da waren die bürokratischen Aufgaben als Veranstalter. Plakate. Promotion. Die Verhandlungen mit der Stadt Pinkafeld als Besitzer der Martinihalle und dann natürlich die Engagements der Bands und das Akquirieren von Sponsoren und Unterstützern. Von *Wrangler-Jeans*, dem damaligen Schallplattenversandhändlern *Meki* und *Hannibal*, Plattenfirmen wie *Bellaphon*, *GIG-Records*, *Phonogram* oder *Echo-Zyx*, bis hin zu den Printmedien wie *Kurier*, *Kronen Zeitung*, *Kleine Zeitung*, *NZ* und der Jugendzeitschrift *Rennbahnexpress* von Wolfgang Fellner hatten wir jedes Jahr gewichtige Firmen- und Medienbegleitung. Damit war in erster Linie ich beschäftigt. Ich war das Scharnier zwischen dem Festival und den Medien. Ein Job, bei dem ich viel gelernt habe.

Das beeindruckte auch den Herausgeber Wolfgang Fellner. Vor allem, weil ich in den genannten Tageszeitungen – ohne einen einzigen Schilling zu bezahlen – ganzseitige Ankündigungen und auch Nachberichte bekam. Fellner wollte mich als Marketing-Boss für den *Rennbahnexpress* verpflichten, was ich aber dankend ablehnte.

Mein Berufsziel war es, Musiker zu sein und Erfolg mit Opus zu haben. Also war ich frech und fragte, wie es mit einer Opus-Titelseite vom RE-Express aussehe. Er sagte spontan: „Okay, wenn ihr Nummer eins in der Hitparade seid" – ergänzte und verbesserte aber sofort: „bei Nummer eins in Single und den LP-Charts (!) bekommt ihr die Titelseite – versprochen!" Sein Versprechen – im Februar 1985 waren wir mit „L=L" wochenlang sowohl mit der Single als auch mit dem Album an der Chartspitze – löste er nie ein ...

Das *ARF* wurde jedes Jahr erfolgreicher, zuletzt hatten wir 1982 über 3.000 Tickets täglich an drei Tagen verkauft. Es war hauptsächlich für Rock-Fans aus der Osthälfte unseres Landes, die unsere eigenen österreichischen Bands liebten, ein jährlicher Pflichttermin. Aber auch für einige, die dazu noch Camping und Lagerfeuer mochten, eine willkommene Gelegenheit, sich diverses, vor Ort befindliches potenzielles Brennmaterial wie Holzzäune, ja sogar Eingangstüren, wie jene der WCs der Martinihalle, abzumontieren und zu verheizen.

Einmal reichte es mir und ich nahm einem Fan, der eine ausgehängte Klotür zum großen Lagerfeuer am Vorplatz schleppte, die Tür ab und schleifte ihn zum Wachzimmer der örtlichen Gendarmarie. Ich schilderte dem Beamten die Sachlage, aber der wollte nur einen Ausweis von mir, den ich nicht mithatte. Ich musste den Burschen auslassen und zog unverrichteter Dinge wieder ab, zurück zum Festival.

Später erfuhr ich einen möglichen Grund für die ablehnende Haltung des Beamten: Der Bursche war der Sohn des Bürgermeisters …

Nachdem betrunkene Rockfans immer mehr Wirbel in die Stadt brachten, diese Vorfälle zunahmen und die angeblichen Beschwerden der Bevölkerung sich häuften, entschieden die Ortschefs nach dem fünften *ARF* 1982, die Weiterführung des Festivals zu untersagen. Wir waren raus! Doch rückblickend gesehen, haben wir eine Menge über das Rockgeschäft in Österreich gelernt. Es war eine Erfahrung für die gesamte weitere Karriere von Opus. Christoph Amann, damals Manager der Band *Welcome* (heute ist er in der Formel 1 tätig) übernahm das *ARF* von uns und führte es ab 1983 noch ein paar Jahre in der Steiermark, in Zeltweg und Voitsberg, weiter durch.

Das Who's Who der Austro-Szene war in Pinkafeld mit dabei. Hier ein Auszug:

Wilfried, Reinhold Bilgeri, Wolfgang Ambros, *EAV*, Falco (als Mitglied der *Hallucination Company* und *Drahdiwaberl*), Boris Bukowski mit *Magic 69*, Karl Ratzer, Harri Stojka, *Minisex*, *Bluespumpm*, *No Bros* – sie traten mehrmals in Pinkafeld auf – auch Georg Danzer, *S.T.S.*, Ulli Bäer, Sigi Maron, *Supermax*, *Mojo Blues Band* und viele andere waren in den fünf Jahren *ARF* in Pinkafeld auf der Bühne.

S.T.S. beim *ARF '79*, von l.: Günter „Timen" Timischl, Schiffkowitz und Gert Steinbäcker.

Wie bereits erwähnt, waren das Burgenland und die Steiermark seit den 1960er-Jahren pop- und rockmusikalisch sehr eigenständig unterwegs. Das lag vor allem auch daran, dass Wien damals weit entfernt war. Sowohl über den Semmering als auch über den Wechsel führten nur Bundesstraßen, nicht so wie heute Autobahnen, wo du in knappen zwei Stunden in Graz bist. In der Steiermark und auch im Südburgenland spielten Bands wie *Turning Point* und *Magic 69* englische und amerikanische Rockmusik, und die setzten die Samen für die wachsende steirische Szene. Diese Entwicklung brachte später in den 1980er-Jahren zahlreiche Austro-Stars hervor und trug viel zum großen Erfolg des Austropop bei. Vor allem hervorzuheben ist die Kontinuität, die bei uns gelebt wurde. Zahlreiche „unserer" Bands existierten über Jahre oder spielen sogar bis heute zusammen und finden ihr Publikum.

„*Etwas, was uns Opusse bei den Wiener Bands im Zusammenhang mit unserem Festival immer wieder auch aufgefallen war, ist, dass die immer wieder mit neuen Besetzungen und Bandnamen bei uns auftraten. Vielleicht hat das auch etwas damit zu tun, wie bei uns die Band zur Gemeinschaft herangewachsen war*", erinnert sich Kusche heute. Zusammen leben, zusammen musizieren! Nachsatz: „*Wir Bands vom Land hatten nicht die Möglichkeit, die Besetzung oft zu verändern. So viele Musiker gab es nicht in der näheren Umgebung, also mussten wir an uns arbeiten, bis es passte, und das führt am Ende zu Kontinuität.*"

Opus-Kommune Rötz 15

Nach dem großen Erfolg mit dem ersten *Austria Rock Festival* in Pinkafeld zu Pfingsten 1978 ging eine Phase zu Ende. Wir beendeten die Proben in Fürstenfeld und schlugen ein neues Kapitel der Opus-Geschichte auf. Meine Kollegen und ich träumten von einer Karriere als Musiker. Kusche, Mucky, Hans und Walter gingen auf die Musik-Hochschule in Graz, um ihre Instrumente da zu studieren, und ich sollte von Wien nach Graz übersiedeln.

Durch den kommerziellen Erfolg des *ARF* blieb uns auch budgetär ein entsprechender Spielraum, und so konnte ich mir mein erstes eigenes Auto leisten, einen übertragenen in Gelb gehaltenen VW Golf.

Der VW Golf erleichterte mir das Leben auch in einer besonderen Weise. Autostoppen war von nun an Geschichte. Nicht mehr an der Bundesstraße stehen und den Daumen rausstrecken, nicht mehr auf die Fahrpläne des Busunternehmens Dr. Richard angewiesen sein. Die Autobahn, die von Wien über den Wechsel, dieses Mittelgebirge, welches am Weg zwischen Wien und Graz liegt, führt, die gab es damals noch nicht. Die Fahrt mit dem Linienbus war immer wieder eine Herausforderung. Jede Menge Kurven, und die Busfahrer hatten offenbar große Freude daran, aus ihrem Gefährt rauszuholen, was ging. Wenn er dann bei uns in Ollersdorf an der Haltestelle hielt, war ich jedes Mal froh, aus der Kiste aussteigen zu können. Wie auch immer, trotzdem war der Dr.-Richard-Bus jahrzehntelang die einzige Möglichkeit für uns, zwischen Ollersdorf und Wien zu pendeln. Und Pendler gab es genug, denn viele Burgenländer fuhren zur Arbeit nach Wien. Ich kann mich gut erinnern, wie einmal meine Mutter im Bus saß und ich, es war ungefähr auf der Höhe von Wiener Neustadt, an der Straße stand und autostoppte. Sie machte den Fahrer aufmerksam, der hielt auf offener Strecke an und nahm mich mit. Damals war das möglich, heute undenkbar.

Etwa 1979 auf der Stiege von Rötz 15: von links nach rechts: Kusche, Herwig, Mucky, Walter, ich und Hans Palier.

Aber zurück zu meinem Golf: Dieser war für mich ein Segen und für die Fahrt nach Graz perfekt. Ich konnte mehr Zeug mitnehmen. Mit Gitarrenkoffern im Bus zu reisen ist nicht wirklich lustig.

Den Ausschlag für einen Umzug von Wien nach Graz hatte durchaus auch der Unterschied zwischen den beiden Städten gegeben: Graz war und ist wesentlich kleiner und hat viel weniger Verkehr sowie weniger Stress, dadurch kamen mir die Menschen auch entspannter vor. Und ich sag's auch gern: Alles in allem war es in Graz auch freundlicher als in Wien. Ich zog somit sehr gern in die steirische Metropole! Unser Umzug nach Graz hatte aber nichts damit zu tun, dass die Steiermark viele gute Musiker und Persönlichkeiten hervorbrachte und die Chancen für eine Karriere dort größer gewesen wären. Es ist nur ein Gerücht, dass wir deswegen in die Steiermark zogen!

Vielmehr planten wir, gemeinsam ein Haus zu mieten, in dem wir wohnen und proben konnten. Das hieß für mich, meine Zelte in Wien abzubrechen, mein Geografie- und Geschichtsstudium dort zu beenden und in Graz zu inskribieren. Ich hatte nie die Absicht, Lehrer zu werden, aber Musik wollte und konnte ich nicht studieren (ich war kein begnadeter Notenleser) also nahm ich die beiden Lieblingsfächer vom MuPäd (dem Musisch-pädagogischen Realgymnasium), weil ich erstens nach der Matura für den nächsten Schritt die Uni Wien als Ziel hatte, und zweitens konnte ich mit dem Stipendium von 3.500 Schilling im Monat mein Leben bestreiten. Das hieß jedes Semester etliche Prüfungen mit 2,5 Notenschnitt abzulegen und das schaffte ich doch über fünf Jahre beziehungsweise zehn Semester hinweg an der Uni Wien.

Eine der wichtigsten Prüfungen, die ich bestand, war die mündliche Prüfung in Geografie bei Professor Fink zur Erreichung des zweiten Studienabschnitts. Professor Fink galt als sehr streng und unerbittlich, was das Weiterkommen bei ihm betraf. Gut und gern die Hälfte der bei ihm Studierenden hat er schon mal ausgesiebt, und so standen die Chancen für mich, nachdem ich bereits zweimal bei ihm durchgefallen war, denkbar schlecht. Beim dritten und letzten Antritt bereitete ich mich nur mit einigen Kapiteln aus seinen Büchern vor. Ich ging also ohne große Erfolgsaussichten hin und bekam tatsächlich als Frage ein Thema aus einem seiner von ihm verfassten Bücher, das ich mir am Vortag angesehen hatte. Meine Antwort war klar und umso mehr war ich verwundert, als er sagte, das sei falsch!

„Aber das steht so in Ihrem Buch, Herr Professor!", sagte ich. „Herr Pfleger, wollen Sie behaupten, ich wisse nicht, was in meinen Büchern steht?", sagte er. „Nein, das nicht, aber in dem Fall irren Sie sich, Herr Professor", antwortete ich. Er ging zum Bücherschrank und holte das genannte Buch heraus, schlug das entsprechende Kapitel auf und musste mit Entsetzen feststellen, dass ich recht hatte …

Ich bekam eine Zwei auf diese wichtige Prüfung, und als ich später auf der Wiener Alser Straße heimging, schwebte ich, begleitet von einem unbeschreiblichen Glücksgefühl, etwa einen Meter über dem Boden. Quasi „Walkin' On Air", und die Idee, daraus einen Song zu machen, lag nahe.

An der Uni in Graz schaute ich nur mehr ein paarmal vorbei – einige Geografiestudenten bewunderten mich und gratulierten mir zum Zweier bei der Fink-Prüfung – aber mein Hauptinteresse galt der Musik und allem, was dazugehörte. Ich liebte das Proben, die Auftritte, den Rummel um das jährliche *Austria Rock Festival* und die Planungen für die Tourneen nach Deutschland. Alles rund um Opus begann sich mehr und mehr zu einem professionellen Musikbetrieb zu entwickeln. Es war klassisches *Learning by Doing*, und alles andere wurde zur Nebensache.

Im Sommer 1978 begannen wir dann mit der Suche nach einem passenden Haus für die geplante Opus-Kommune. In Graz, wo wir anfingen, gab es nichts Entsprechendes für uns, aber fündig wurden wir schließlich in Judendorf-Straßengel, Haus Rötz Nummer 15. Der Ort liegt nur fünf Kilometer nordwestlich von Graz, also in der unmittelbaren Umgebung der Stadt. Perfekt für uns!

Josef Pucher, der Eigentümer, vermietete uns das in den 60ern gebaute Einfamilienhaus mit drei Ebenen: Garage und Kohlenkeller ebenerdig unten, dann Küche, zwei Zimmer, Bad, WC, Vorraum und Speis in der Mitte und oben drei weitere Zimmer. Ideal für eine fünfköpfige Band, für jeden ein Zimmer und die Garage als Proberaum. Wir hatten als Studenten keine hohen Ansprüche bezüglich der Einrichtung. Jeder kümmerte sich um sein Zimmer, ansonsten übernahmen wir das, was schon da war.

Nachdem wir alle dann im Herbst 1978 das Haus in Rötz 15 bezogen hatten, die Musik-Hochschule und die Uni besuchten, wuchs in uns die Überzeugung, einen richtigen Sänger zu suchen. Denn weder Walter noch Hans oder ich waren wirklich gute Stimmakrobaten. Als Erstes fragten wir Günter Timischl, der absagte, und dann seinen Kollegen Gert Steinbäcker, der uns ebenfalls, nicht unerwartet, einen Korb gab. Beide gründeten im gleichen Jahr gemeinsam mit Schiffkowitz *S.T.S.* – der Rest ist Legende!

Aber was konnten wir tun?

Zur damaligen Zeit naheliegend, gaben wir ein Inserat in der *Kleinen Zeitung* auf: „Opus sucht Sänger oder Sängerin."

In Graz wohnte damals bereits Herwig Rüdisser. Geboren und aufgewachsen in Kärnten, der Liebe wegen in der Steiermark gelandet und dort auch musikalisch tätig. Herwigs Freundin, Dagi, stolperte über die Anzeige und machte ihn darauf aufmerksam. Herwigs eigene Band befand sich damals gerade in Auflösung und nach kurzer Überlegung griff er zum Telefonhörer. An viel Reaktion auf unsere Annonce kann ich mich nicht erinnern, aber an diesen Anruf schon. Und zwar so, als ob es gestern gewesen wäre.

Es läutete das Telefon in Rötz 15. Ich hob den Hörer ab und dachte ob der hohen Stimme erst, es ruft ein Mädchen an. Also gut, eine Sängerin. Stand ja auch in der Anzeige. Es dauerte eine Weile, bis ich draufkam, dass da ein Bursch in der Leitung war. Wir luden ihn zu einer gemeinsamen Session ein, die bald darauf stattfinden sollte. Herwig reiste an und kann sich heute noch gut daran erinnern, dass er den Weg nicht fand: *„Es schneite und man konnte keine drei Meter weit sehen. Handys gabs damals nicht und so konnte ich auch nicht anrufen. Mucky kam mir dann entgegen und lotste mich zum Haus."*

Kurzes Kennenlernen und dann mal schauen, wen uns das Winterwetter hier ins Haus geschneit hatte. Herwig trat ans Mikro und gab seine Version von Rod Stewarts „I am Sailing" zum Besten, bei der uns allen die Spucke wegblieb. „Der isses, so eine Stimme braucht unsere Band!", hallte es durch meinen Kopf. Seither ist Herwig Rüdisser die unverwechselbare Stimme von Opus! Und er zog auch bald einmal zu uns ins Haus. Rötz 15 war somit komplett!

An dieser Stelle auch noch etwas dazu, was es hieß, damals Teil einer „Kommune" zu sein. Schon der Name signalisierte Ungeheuerliches, und sofort kamen dabei Bilder auf, wie man sie aus Deutschland kannte. Menschen beiderlei Geschlechts, die sich wild durcheinander belustigten. Alle immer nur nackt unterwegs, dauerbekifft und am Ende der totale moralische Verfall. Zumindest in den Augen der Mehrheitsgesellschaft. Nun, so war das bei uns nicht. Es war eher die homöopathische Ösi-Variante: Ein Haufen junger Musiker feierte und musizierte, lebte gemeinsam unter einem Dach, und auch der gemeinsame Gang zum Wirt des Vertrauens mit Sperrstunden-Überhang, quasi gleich ums Eck, stand auf der Tagesordnung. Also weit entfernt von Sodom und Gomorra, was aber nicht heißt, dass wir alle kreuzbrave

Studenten waren. Es war einfach viel Musik, begleitet von Nebengeräuschen. Halligalli. Durchaus turbulent. Just Guitars, Drums and Keyboards plus dem österreichischen Doppler, samt dem einen oder anderen Krügerl Bier!

Unvergessen war der Moment, als einmal der Nachbar anklopfte und meinte: „Tuts ihr den ganzen Tag nur spielen und nix arbeiten?" Wir waren die Langhaarigen und durchaus arbeitsam, denn Musik war damals schon unsere Arbeit, aber das war nicht allen in Rötz klar. Andererseits sind auch immer wieder Leute aus dem Ort zu uns zum Zuhören ins Haus gekommen. Ich hatte schon das Gefühl, dass die Rötzer uns mochten. Wir waren irgendwie Exoten, aber niemand brauchte sich zu fürchten, dass wegen uns nun alles Wilde, das die Rockmusik so mit sich bringen könnte, über das Dorf hereinbrechen würde. In den Augen der Leute waren wir „Hascher" und wahrscheinlich eh die einzigen Hascher im Landkreis, die ohne Dope auskamen … Dafür gaben wir definitiv kein Geld aus. Vielmehr investierten wir unsere ersten hart verdienten Gagen recht bald in einen Geschirrspüler, denn das Abwaschbecken taugte definitiv nicht als Zwischenlager von benutzten Tellern, Töpfen und Pfannen, und irgendwie schafften es alle Bewohner von Rötz 15, diesen stetig wachsenden Stapel geflissentlich zu ignorieren …

Die Motivation war durch Herwigs Einstieg nun bei allen sehr hoch und wir machten uns umgehend an die Proben für ein Programm, bei dem wir unseren neuen Sänger dem Publikum vorstellen wollten. Ideal erschien uns eine Show im Kulturzentrum Güssing im Burgenland. In der alten Heimat. Dort wo einst alles begann.

Opus 1981 vor dem Haus Rötz 15,
von links: Kusche, ich,
Mucky, Herwig und Niki.

Erstes Opus-Album „Daydreams"

Tagträume

Es gibt einen ultimativen Traum, den jede Band träumt. Zumindest damals war das so, heute haben sich die Parameter im Musikbusiness durch das alles beherrschende Streaming ja komplett verändert, trotzdem ist und bleibt ein Album nahezu immer das große Ziel. Endlich ein eigenes Album mit eigenen Songs!

Doch gehen wir einige Jahre in der Bandgeschichte zurück.

Bereits in Fürstenfeld, in unserem Proberaum, feilten wir an neuen eigenen Kompositionen, um irgendwann einmal ein erstes Album aufnehmen zu können. Wir waren da bereits zu fünft, denn Hans Palier (Gesang und Gitarre) hatte unsere Band auf Empfehlung von Heinz Hegedüs ab 1975 verstärkt. Er war klassischer Gitarrist auf der Konzertgitarre, der sein Studium auf der Musik-Hochschule in Graz mit viel Leidenschaft betrieb. Bei Opus kam mit ihm somit auch noch ein zusätzlicher Leadsänger und Leadgitarrist hinzu, der auch das Repertoire mit US-Westcoast-Songs und eigenen Titeln erweiterte. Alles fügte sich mehr und mehr zusammen, wurde runder, und der Klangkörper entwickelte Authentizität.

In dieser Zeit entstanden Kompositionen von mir wie „The Teacher", „Here Comes The Poet" und „Gut geht es mir", die wir schon in Fürstenfeld als Demos aufgenommen hatten. In Wien setzte ich mich dann mit dem Produzenten René Reitz und Jeff Maxian von *Warner Brothers* in Verbindung, um eventuell Partner für eine Veröffentlichung zu finden. René Reitz war mit Acts wie *Ganymed* und Ulli Bäer erfolgreich, ebenso war er der Erste, der Falco unter Vertrag nahm. Bei meinem Treffen mit René in seinem Studio, in der Wiener Grünentorgasse im

9. Bezirk, bot ich ihm meine Demo-Songs an und er sagte: „Spiel mir doch den deiner Meinung nach besten eurer Titel vor und ich sag dir, was ich davon halte." Ich zögerte etwas, denn na ja, dachte ich, so gaaanz hundertprozentig gelungen fand ich die ersten paar Titel unserer Band ja noch nicht, aber was soll's, jeder fängt mal an und erste Demos heißen nicht umsonst so.

Nach dem Anhören von „The Teacher" war die Rede von sehr ambitioniert gespielt, aber insgesamt noch recht verbesserungswürdig. „Wenn du selbst überzeugt bist, den besten Song zu haben, dann komm wieder" sagte René. Und Jeff Maxian reagierte ähnlich. Mit anderen Worten hieß das: zurück an den Start!

Später, als mit Herwig dann endlich ein richtiger Leadsänger zu uns gestoßen war, da hörte sich die Sache bereits ganz anders an. Schon mit den ersten Demos, die ich 1979 im Probenkeller von Rötz 15 auf einem Teac 4-Spur-Tonbandgerät aufnahm, gelang es uns, bei der Plattenfirma *Phonogram* in Wien einen Vertrag über zwei Alben zu unterschreiben. Horst Bichler, der A&R-Manager (Hinweis: A&R steht für Artist & Repertoire) der Vorläufer-Company von *Polygram*, später *Universal*, war angetan von uns, den damals noch klassisch beeinflussten Opus, und verpflichtete uns. Wir sollten für das Label die Nachfolgerrolle der Linzer Band *Eela Craig* einnehmen. Horsts Frau war für die Grafik zuständig, und sie suchte ein Bild von Kurt Mikula, einem Maler der Wiener Schule, für das Album-Cover aus. Mit dem Werk von Ernst Fuchs – einer der erfolgreichsten Wiener Fantastischen Realisten – für das Cover von „We Are One", dem Gemeinschaftsalbum der *Schick Sisters* mit der Opus Band 2023, schloss sich dann viele Jahre später der Kreis.

Wir waren voll motiviert. Mit einem Deal einer großen Plattenfirma und dem gebuchten Tonstudio in Hilpoltstein (BRD) im Rücken probten wir mehrere Monate intensiv für die baldige Aufnahme-Session in unserem Garagenkeller. Heute könnte man sagen, wir waren damals wahrscheinlich etwas „überprobt". Alles, wirklich alles, wurde von uns bis ins letzte Detail gecheckt und nichts dem Zufall überlassen.

Opus 1980 – Album „Daydreams". Von links nach rechts: Walter Bachkönig, Mucky, ich, Herwig, Kusche, Hans Palier.

Die Silvesterparty in Rötz 15 verlief sehr kurz, denn bereits am 1. Jänner 1980 brachen wir nach Deutschland auf, um mithilfe von Peter Janda als Produzent unser erstes Werk, das Opus „Daydreams" einzuspielen. Die Performance bei diesen ausgefeilten Arrangements war nicht die schlechteste, aber bei der Interpretation wäre mehr möglich gewesen. Zum einen war musikalisch alles, jeder Ton, zu genau geplant, und zum anderen waren da auch die Anspannung und die Nervosität. Wir standen das erste Mal in einem hochprofessionellen Studio und der Druck, die beste Leistung zu bringen, war dementsprechend. Noch dazu übten Hans und Walter in der Pension, wo wir untergebracht waren, selbst nach den anstrengenden Aufnahmen weiter an ihren Klassik-Etüden und boten uns damit das volle Alternativprogramm …

Unterm Strich wurde „Daydreams" ein Achtungserfolg. Es war unser erster profimäßiger Schritt, doch für die Plattenfirma ein unerwarteter Flop. 2.000 verkaufte Alben galten als enttäuschend. So kam es eines Tages nach einem Konzert in Graz mit Vorprogramm Rainhard

Fendrich zum legendären Ausspruch von Annemarie Praschl, die inzwischen von der Promo-Lady zur A&R-Managerin aufgestiegen und somit für eine Folgeproduktion verantwortlich war: „Das zweite Album ist gestrichen, denn a Vertrag is a nur a Papierl!"

Aha, ein Vertrag ist also nur ein Stück Papier?

Und Unterschriften gelten nicht? Das machte uns erstmal sprachlos und dann sehr enttäuscht.

Als Draufgabe sagte dann der Künstler, der an diesem Abend vor uns auf der Bühne stand, backstage noch zu mir: „Ihr solltet Instrumentalmusik machen, das Singen liegt euch nicht, noch dazu auf Englisch!"

Wir haben diesen wohl gut gemeinten Rat nicht ernst genommen, denn singen und englisch, das lief bei uns harmonisch zusammen.

Dennoch verließen Walter und Hans nach „Daydreams" die Band. Der Ausstieg Walters, des Bandgründers, kam für mich unerwartet und tat mir echt leid, aber diese Erfahrung musste ich machen, denn wir waren an einer Wegkreuzung angelangt. Opus ein sinkendes Schiff? Geplatzte Tagträume? Nein. Es war für mich vielmehr ein entscheidender Wegweiser für die weitere musikalische Entwicklung der Band. Es war ein Motivationsschub für das Erreichen der nächsten Ziele, für neue Songideen und die Entwicklung einfacherer Arrangements.

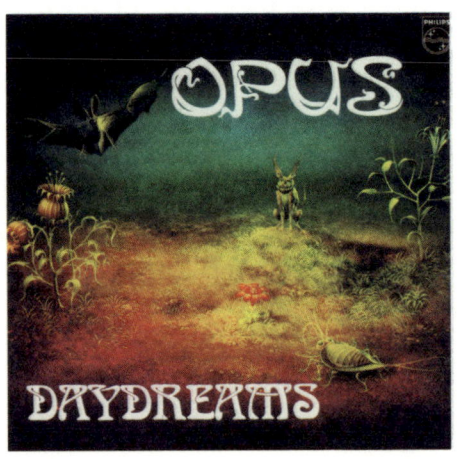

Das Cover von „Daydreams"
mit dem Bild „Grasblumen" von
Kurt Mikula (1964).

Peter Müller und die Glückszahl 11

Peter Müller vorzustellen, ist in Musikerkreisen wie Eulen nach Athen zu tragen, aber trotzdem wollen wir an dieser Stelle gern von jenem Mann schreiben, der die österreichische Musikszene wie kein anderer geprägt und erfolgreich mitgestaltet hat. Peter Müller, Produzent. In seinem Tonstudio, der legendären *Soundmill Vienna*, gingen die Austro-Stars aus und ein. An den Wänden hingen, dicht gedrängt, Rahmen an Rahmen, die Gold- und Platinauszeichnungen. 1971 produzierte er mit Wolfgang Ambros den Riesenhit „Da Hofa" und der Rest ist Geschichte. Müller verstarb im Juni 2021. Das Land, seine Musik sowie seine Künstlerinnen und Künstler haben ihm viel zu verdanken. Auch wir.

Und nun zurück in die ganz frühen 1980er-Jahre.

Nach dem durchwachsenen Erfolg des Albums „Daydreams" und dem gekündigten Vertrag von *Phonogram* war klar: Wir machen auf jeden Fall weiter. Aufgeben war nie eine Option. Daher konzentrierten wir uns wieder auf die Erarbeitung neuer Titel, die in unserer Rötz-15-Garage bereits mit Niki Gruber, dem neuen Bassisten, Stück für Stück entstanden. Niki war wie Herwig über eine Annonce in der *Kleinen Zeitung* auf uns aufmerksam geworden. So wie sieben andere Aspiranten, aber Niki überzeugte beim Casting und war nun Teil der Band.

Zuvor hatte er bereits bei der Grazer Band *Daily Gift* mit Herwig zusammengespielt und brachte ebenfalls sehr tolle, rockige Songs wie „Follow Me" oder „Keep Your Mind" ins Opus-Programm mit ein!

Das Teac 4-Spur-Aufnahmegerät, das wir über Umwege übertragen kauften, lief heiß, die Playbacks von „Eleven", „Flyin' High", „Opus Pocus", „Follow Me", „Keep Your Mind" und „Blue Suede Shoes" spielte ich auf zwei Tracks, um dann die Vocals auf den anderen beiden aufzunehmen.

Peter Müller im Vordergrund an seinen Reglern. Man beachte die 80er-Jahre-Standard-Rockband-Frisur der meisten Beteiligten ...

Als wir mit Herwig unsere Kompositionen auscheckten, probierten wir auch Songs auf Deutsch oder im heimischen Dialekt, doch das Ergebnis überzeugte nicht unbedingt. Da klang immer ein bisschen Herwigs kärntnerische Herkunft durch, deswegen waren wir uns schnell einig, nur englisch zu singen. Die Schlussfolgerung war, dass wir abseits vom Austropop, der ja eindeutig vom Dialekt dominiert war, eine der wenigen österreichischen Acts waren, die die Chance hatten, auch im nicht deutschsprachigen Ausland Erfolg zu haben. Das Ziel war also zumindest einen internationalen Hit zu schaffen!

Als wir die neuen Demos fertig und auf Kassette überspielt hatten, hörten wir von mehreren Seiten, dass Peter Müller ein passender Produzent für uns sei. Peter hatte gerade in seinem Studio *Soundmill Vienna* Alben mit Franz Morak und André Heller produziert und schon große Erfolge in der Austropop-Szene zu verzeichnen. Allen voran durch Wolfgang Ambros, Georg Danzer, *Turning Point*, Wilfried, *Die Schmetterlinge* und *Waterloo & Robinson* mit Christian Kolonovits' Song „Hollywood", die er Großteils auf unserer Teac recordet hatte. Später arbeitete er unter anderem mit Karl Ratzer, Rainhard Fendrich, *S.T.S.*,

EAV, Stefanie Werger und Boris Bukowski. Peter Müller war einer der „Erfinder" des Sounds des Austropop!

Wir fuhren also nach Wien. Im 23. Bezirk war Peter in seiner Hitfabrik *Soundmill Vienna* zugange und als wir dort ankamen, sprach er die Qualität unserer Demos an, war erstaunt über den professionellen Sound und meinte: „Was soll ich denn da noch verbessern können?" Gut, es war ja auf der von ihm gekauften Bandmaschine aufgenommen, aber ja, wir waren damals schon auch begeisterte Tüftler an den Reglern und waren nicht gleich mit dem ersten Resultat zufrieden.

Was wir wollten, wo uns Peter helfen sollte, war, dass er sein G'spür für gute Musik, für gelungene Melodien und Arrangements sowie seine Erfahrung beim Engineering und Produzieren einbrachte. Offenbar hatten wir einen guten Eindruck bei ihm hinterlassen, denn bereits am übernächsten Tag lag ein unterschriftsreifer längerfristiger Vertrag bei uns im Postkasten. Bingo! Peter Müller nahm uns unter seine Fittiche, das tat schon mal gut.

Wir hatten ein gutes Gefühl und ebenso fanden wir uns bei ihm sehr gut aufgehoben. Der Vertrag, der auch die Verlagsrechte aller von ihm produzierten Titel betraf, die er in seiner *Edition Soundmill* mit dem *Gottfried Indra Verlag* teilte, ging somit von uns unterschrieben zurück nach Wien.

Die Aufnahmen liefen unter der Führung von Peter entsprechend unproblematisch ab. Seine Ideen, die er mehr oder weniger bei jedem Song einbrachte, führten zu einer gewissen Magie – einer emotionalen Grundstimmung, die schon beim Einspielen der Playbacks sehr wichtig zu erreichen war! Auch bei den Aufnahmen der Vocals, der Chöre und vor allem der Leadvocals, also der Gesangsstimme, war seine langjährige Erfahrung goldwert!

Auf „Eleven" befindet sich auch der Song „Opus Pocus", dessen Rhythmik eine gewisse Verwandtschaft mit „L=L" hat. Wir spielten Peter Müller den Song vor, er gefiel ihm sehr gut. Nur die Rhythmik der Toms taugte ihm nicht. Zumindest nicht so, wie er es am Demo hörte. Mucky erinnert sich genau an diese Aufnahme-Session im Studio: *„Wir*

haben den ganzen Tag am Schlagzeug herumgewerkelt. Bass Drum, Toms, …
immer wieder aufs Neue probiert und umstrukturiert. Es war ein ewiges
Hin und Her, bis Peter zufrieden war – und auch wir waren happy. End-
lich. Das Ding wurde aufgenommen. An diesem Tag war Peter Wolf, der in
L.A. lebende Top-Producer aus Österreich, bei Müller im Studio. Müller hat
Wolf ,Opus Pocus' vorgespielt und der meinte nur: ,Der Song gefällt mir, nur
die Tom-Figuren sind … na ja…'" Auch gut, wir mussten und konnten
damit leben. Dass sich damals der „L=L"-Rhythmus in den Genen von
„Opus Pocus" bereits abgezeichnet hat, darf vielleicht auch als Wink
des Schicksals gesehen werden.

Peter Müller hatte damals schon ein ausgezeichnetes Netzwerk in
der Musik- und Medienszene, so besuchten uns immer wieder ein-
flussreiche Leute wie Hans Leitinger (Ö3) oder Walter Gröbchen (Ö3
Musicbox) im Studio. Gotthard Rieger spielte unsere ersten Mixe im
Ö3-Wecker, was uns ein Millionenpublikum im Radio zur besten Sen-
dezeit bescherte. Nicht zuletzt war ja auch Ingrid, Peters Freundin und
die Ex-Frau des damaligen Ö3-Chefs Rudi Klausnitzer, die gute Seele
im *Soundmill*. Die richtigen Kräfte fanden sich zusammen und eines
ergab das andere.

Wer auch immer wieder im Studio vorbeikam, war Markus Spiegel,
seines Zeichens der Entdecker von Falco und unter anderem Plattenchef von Karl Ratzer und Besitzer von *GiG-Records*. Markus Spiegel
sollte viele Jahre später auch noch landesweite Popularität als gestren-
ger Juror der TV-Show *Starmania* erlangen. Spiegel verfolgte mit großem professionellen Interesse die Entwicklung unserer Aufnahmen,
und gemeinsam fabulierten wir von Erfolgen mit dem Album „Opus
Eleven" in Japan. Sobald es so weit war und unsere finalen Mixe beendet waren, sprang er aber überraschenderweise ab. Wir unterschrieben somit nicht bei *GiG-Records* sondern schlossen einen über drei Alben laufenden Vertrag mit Franz Josef Wallner, dem Geschäftsführer
des ältesten österreichischen Independent-Labels, der *Musica*, ab.

„Eleven", das Album mit dem großartigen Cover, bekannt auch als
„die Platte mit dem Biss", und noch großartigerem Opus-Logo aus der

Grafik-Kreativwerkstatt von Richie Donhauser, präsentierten wir zum Titel passend am 11. November 1981 in der Wiener Schottenpassage. Nicht als Faschingsgag, sondern ernst gemeint und offenbar mit hellseherischen Fähigkeiten ausgestattet, überreichte uns der Verleger Gottfried Indra schon mal prophylaktisch eine Goldene Schallplatte. Die Richtige, wenn man so will, bekamen wir für 25.000 verkaufte Einheiten drei Jahre später in die Hand gedrückt.

Die Ziffer 11 entwickelte sich für uns zur Glückszahl. Der Albumtitel und der gleichnamige Song waren unser Durchbruch in Österreich.

Damals gab es hierzulande noch das Rundfunkmonopol. Es gab keine Privatradios im Land und nur einen einzigen Popsender: Ö3, und der sendete landesweit. Das heißt, von Ost bis West und von Nord bis Süd waren unsere Songs mehrmals am Tag zu hören. „Eleven" und „Flyin' High" wurden Hits, „Keep Your Mind" und „Opus Pocus" liefen ebenfalls in Rotation im Radio. Der Opus-Zug nahm Fahrt auf und das Austropop-Land Österreich hatte eine amtliche Melodic-Rock-Band vorzuweisen, mit Songs in englischer Sprache.

Gut kann ich mich auch an Folgendes erinnern: Eine sehr populäre Radiosendung auf Ö3 war das „Hitpanorama". Von 11.05 bis 12.00 Uhr wurden durchgehend Hits gespielt. Internationale Top-Hits und dazwischen auch österreichische Titel.

Am 11. November wurde damals um 11 Uhr unser „Eleven" gespielt. Radiopremiere! Was für ein geiles Gefühl.

Kusche leistete damals, 1982, seinen Zivildienst bei der Post ab: *„Im Paketverteilzentrum. Da lief dauernd das Radio. Ö3. Es war ein krasses Feeling, Packerl schleppen und dabei Eleven hören."* Und Eleven lief oft. Es hatte starkes Airplay und hob die Band auf die nächste Stufe der Karriereleiter.

Mit dem Erfolg kamen die ersten Auszeichnungen: 1982 wurde uns in der Wiener Stadthalle der österreichische Journalistenpreis, ein Vorläufer des heutigen *Amadeus Austrian Music Award*, für das beste Album des Jahres überreicht. Ihr könnt euch gar nicht vorstellen, wie gut sich das anfühlte, nachdem wir die Empfehlung erhalten hatten, lieber

Instrumentalmusik zu machen und das Singen bleiben zu lassen, oder nachdem wir zu hören bekamen, dass Verträge eh „nur ein Papierl" seien. Dennoch eine solche Auszeichnung entgegennehmen zu können, das bestätigte uns schon sehr! Wie gut es war, dass wir auf uns selbst gehört hatten. Aber *c'est la vie*, meine Lieben! Opus waren auf Schiene und der Zug fuhr weiter. Das Ausland zeigte bereits Interesse, das amerikanische Label *RCA*, immerhin die Plattenfirma, bei der Elvis Presley alle großen Hits ablieferte, veröffentlichte „Eleven" in Deutschland und unterstützte damit unsere ersten Clubtourneen, die ich allein, mit etwas Hilfe von Günther Schönberger (*EAV*), organisierte.

Auf Tour ging es mit einem umgebauten Omnibus der Band *Flimp* aus Ternitz. Hinter dem Steuer ihr Fahrer Robert, auch genannt „The Helldriver". So fuhren wir auf Tour und hatten Gigs im *Top Ten Club* auf der Reeperbahn in Hamburg, wo auch schon die *Beatles* auftraten, im *Quartier Latin* in Berlin, im *Auenland* bei Kiel, im *Domizil* in München, später auch im *Sugar Shack*, der legendären Rock-Disco, sowie im Frankfurter *Batschkapp*. Weiters spielten wir auch in Stuttgart und Hannover. Mit dabei im Tourbus waren nicht nur unsere Techniker wie Mr. Spock, Schlugsi und Plisi, sondern auch Kurt Gober (*KGB* und Motorboot, mehr dazu später) begleitete uns auf dieser ersten Deutschlandtour, die uns meist durch schlecht besuchte Clubs führte. Aber das tat nicht weh, denn wir wussten, dass Deutschland eine andere Nummer ist und nichts über Nacht geschieht. Vielmehr bezeichnend war ein Ausspruch eines Clubbesitzers, der uns in seinem ziemlich leeren Club in der Nähe von Hannover Folgendes mit auf den Weg gab: „Vielen Dank für euer gewaltiges Konzert bei mir, nächstes Mal spielt ihr sicherlich in ausverkauften Hallen …" Und wie recht der Mann behalten sollte!

Ein überwältigendes Gefühl und soundtechnisch auch gut gelungen war unser tatsächlicher „Live"-Auftritt mit „Flyin' High" in Mainz bei Blacky Fuchsbergers *Auf los geht's los* in der Eurovisions-Sendung des ZDF/ORF/SRG, die über zwanzig Millionen Zuschauer in Österreich, der Schweiz und der BRD vor die Fernsehschirme holte.

Weshalb ich das „tatsächlich live spielen" so unterstreiche? Weil es bei Fernsehshows zumeist üblich ist, Voll- oder zumindest Halb-Playback zu performen.

Damals gab's aber auch sowohl in Deutschland wie auch in Österreich noch keine Konkurrenz für die Öffentlich-Rechtlichen, also kein Privat-Fernsehen, was automatisch die Quoten hochhielt.

Wo Licht ist, ist jedoch auch Schatten: Auf der Heimfahrt von Wien zurück in die Steiermark gab es plötzlich auftretendes Blitzeis und so kam es auf der Wechsel-Bundesstraße zu einem Auffahrunfall. Ich brach mir dabei den Knöchel und lag eine Woche im Oberwarter Krankenhaus.

Die darauffolgende Österreich-Tour musste ich auf einem Barhocker sitzend bewältigen, was mir glaube ich recht gut gelang.

Im Spital kam ich endlich dazu, ein Buch über die *Rolling Stones* zu lesen, und dabei entdeckte ich einige Parallelen zu unserer Band-Besetzung:

1. Der typische Sänger einer Band ist der Texter der Songs und kommt zu den Proben meist zu spät.
2. Der Drummer ist immer pünktlich und als Erster bei den Proben.
3. Der Keyboarder ist der Finanzchef der Band – den aber gab's bei den Stones gar nicht.
4. Der Bassist ist manchmal traurig, weil er nicht so wie der Gitarrist sechs, sondern nur vier Saiten zur Verfügung hat.
5. Und der Gitarrist ist auch meistens der Songwriter.

So viel Ähnlichkeit mit den *Rolling Stones*, die ja nicht unbedingt unsere Vorbilder waren, das hätte ich mir eigentlich vorher nicht gedacht.

Erinnern wir uns daran, wie es ist, wenn man einen Stein ins Wasser wirft. Es entsteht die erste kreisförmige Welle, dann die nächste und der Kreis wird immer größer. So lief das auch bei uns. Unser Erfolg zog immer weitere Kreise und wanderte über Österreich hinaus. Aus Mailand meldeten sich die Brüder Michelangelo und Carmelo La Bionda. Sie hatten mit dem Italo-Dance-Pop-Song „One For Me, One For You" einst einen Riesenhit in den internationalen Charts.

Die beiden La Biondas fuhren auf „Flyin' High" voll ab und gaben unserer Karriere in Italien einen großen Schub. Sie unterstützten uns mit einem eigenen Videodreh in München und Mailand, TV-Auftritten, Tour-Gigs und auch unserem ersten Auftritt in der Arena von Verona beim TV-Event *Festivalbar* im September 1983. „Flyin' High" – Der Song, sein Text, der Spirit, der da drin steckt … Hoch hinaus! Tatsächlich stieg unser Projekt auf dem, was man die Erfolgsleiter nennt, sukzessive immer höher hinauf.

An dieser Stelle möchte ich nochmal an meine Zeit im Kinderdorf erinnern. Dort wurde der Grundstein für alles gelegt, was danach folgte, was mir möglich gemacht wurde. Unser weiterer Erfolg brachte natürlich auch eine entsprechende Veränderung am Bankkonto mit sich und wir begannen, Geld zu verdienen. Doch in all den Jahren, die danach folgten, kam ich nie auf die Idee, in irgendeiner Weise aus steuerlichen Gründen das Land zu verlassen. Ich war dem Kinderdorf dankbar, habe von der Begabtenförderung profitiert, durch die Unterstützung und Leistung des Staates Österreich konnte ich studieren und mir war klar, dass es nicht nur eine Pflicht, sondern auch ein Bedürfnis war und ist, etwas zurückgeben zu können. Es war für mich daher immer okay, hier in unserem Land auch Steuern zu zahlen.

Etwa 1982 mit neuer
Minipli-Frisur.

Mit KGB an der Spitze der Charts

Es war ein Wortspiel, welches damals, in den 1980er-Jahren, auf den ersten Blick eine wesentlich größere Bedeutung hatte als heute. Der KGB, auf Russisch hier nicht wirklich les- und darstellbar, war auf Deutsch das „Komitee für Staatssicherheit". Hinter dem Kürzel steckten der In- und Auslandsgeheimdienst und die Geheimpolizei der damaligen Sowjetunion. Europa befand sich nach wie vor im Kalten Krieg, und mit dem KGB wollte man lieber nichts zu tun haben. Oder zumindest nicht mit diesem KGB. Mit der *Kurt Gober Band* schon!

Aber der Reihe nach.

Anfang der 1980er-Jahre meldete sich Kurt Gober, ein Musiker-Kollege aus der alten Heimat, dem Südburgenland, bei mir, um uns zu einer Aufnahme zu überreden. Ich sollte produzieren, wir sagten zu und hatten schließlich viel Spaß beim Erarbeiten seiner witzigen Lieder. Die ersten Songs, die wir aufnahmen, hießen „Take it auf die leichte Schulter/Rien nöö waa plüü", doch die rissen erst einmal niemanden so richtig vom Hocker.

Aber schon bei der zweiten Single, die wir mit ihm produzierten, kam es zum Durchbruch. Das Lied „Es war nix" war ursprünglich als Persiflage auf die Wunschsendungen im Regional-Radio gedacht, wo man zum Beispiel der Oma ein Lied zum Geburtstag widmen und Wünsche überbringen konnte.

Die Produktion von „Es war nix" passierte bereits im *Soundmill Vienna* mit Christian Seitz als Ton-Engineer. Gotthard Rieger mit seiner sonoren Stimme sprach einen entsprechenden Regional-Text über das Intro des Liedes, was aber so niemals an die Öffentlichkeit gelangte, denn als wir den Song Joe Artner, damals der Promoter bei der Plattenfirma *EMI Austria*, vorspielten, meinte der nur: „Wollt ihr einen

Nummer-1-Hit haben, dann lasst das gesprochene Intro weg!" Künstler und Produzenten ließen sich nicht lange überreden. Wir vertrauten Joe Artners Rat, denn der Mann war ein absoluter Profi in seinem Fach und tatsächlich: Am 3. Juni 1984 erreichte „Es war nix" die Spitze der Ö3-Hitparade! Es war somit nicht „nix", sondern die Nummer eins in Österreich! Auf jeden Fall hatte das Kürzel *KGB* in Österreich auf einen Schlag eine viel sympathischere Bedeutung bekommen. Die *Kurt Gober Band* – Musik als Antwort auf Repression. Super!

Das war der Durchbruch für unsere Freunde, für diese und nicht für den KGB in Österreich, und schon kam auch das Fernsehen und die ersten Konzerte fanden statt.

KGB, die *Kurt Gober Band* mit Andi Fabianek (Bass), Werni Radl (Gitarre), Willi Paar (Drums), Kurt Gober (Gesang, Gitarre) und ab und zu auch Johnny Silberschneider als Akteur, war mit Opus auch bei einigen Auftritten im Vorprogramm unterwegs. Einer der Höhepunkte kam dann später mit Andi und Kurt bei der englischen Version von „Motorboot" (die englischen Lyrics kamen übrigens von Kurt „Kusche" Plisnier) in Liebenau (Graz) beim großen *Opus & Freunde Open Air*.

Sehr abenteuerlich kam es zur zweiten KGB-Top-Single ein paar Monate später. Wir hatten mit Joe Artner einen Nachfolgehit bereits ausgesucht, „Ich denk nur an dich" war fertig aufgenommen und gemixt, alles war für die Veröffentlichung vorbereitet und Joe fuhr irgendwohin, weit weg ins Ausland auf Urlaub. Währenddessen kam es zu einer feuchtfröhlichen Stammtischrunde mit Andi, Herwig, Kusche, Plisi, Kurt und mir beim GÜ, unserem Wirt in Judendorf, ums Eck von Rötz 15. Es wurden Witze erzählt und wir lachten viel, als Kurt in die Runde fragte: „Kennt ihr den Unterschied zwischen Ost- und Weststeirer? – Nein? – Der eine sagt Moootorboot und der andere Motooorboot!" Herwig begann gleich im Stil eines Rock'n'Rollers zu grooven und sang vor, „Moootorboot, Moootorboot – Motooorboot", und bald sang die ganze Runde. „Das muss die nächste Single sein – und die wird wieder die Nummer 1!", war der Tenor aller Freunde, inklusive meiner Wenigkeit.

Opus & Kurt Gober 2021 bei dessen Geburtstagsfest in seinem Heimatort Strem. Von links: Herwig, ich, Kurt Gober, Carl Peyer, Kusche, Johannes Silberschneider & Mucky.

In Kürze hatten wir zusammen eine erste Strophe getextet und ich sagte zu Kurt: *„Mach doch noch einen Vers und eine Bridge dazu und wir nehmen das gleich morgen als Demo in Rötz 15 auf.“* Als alter Beach-Boys-Fan schlug ich vor, das ganze Lied a cappella umzusetzen, also nur zu singen, was alle ebenso gut fanden. Jetzt war noch die Plattenfirma umzustimmen und für das neue Projekt zu begeistern! Regina Peterseil, die Assistentin von Joe Artner bei der *EMI* war sofort überzeugt vom Hitpotenzial des Songs, übernahm in Abwesenheit ihres Chefs die Verantwortung und buchte für uns Ernie Seuberths Studio in Wien (das *Soundmill* war gerade besetzt). Regina Peterseil wagte einen Seiltanz ohne Netz, denn eines war klar: Es hätte sie sicher den Job gekostet, wenn „Motorboot“ nicht am 23. September 1984 auch die #1 der österreichischen Charts erreicht hätte. Noch heute sind wir mit Andi Fabianek als Techniker und Kurt Gober mit seinen Handpan Steel Drums eng verbunden. Wir machen gemeinsame Auftritte, auch Tourneen, und mit dabei ist mein Sohn Paul und der Autor Uli Brée.

Und was den anderen KGB betrifft, also den sowjetischen, da bin ich mir sehr sicher, dass der uns sowieso auch am Radar hatte, denn Moskau sollte für uns Opusse auch noch eine wichtige Rolle spielen. Aber dazu später.

Live Is Life – Part I

Die Entstehung

Peter Müller hatte mit uns nun drei gelungene Alben produziert, „Eleven", „Opusition" und „Up And Down", und mit diesen drei Longplays war unser Vertrag mit ihm erfüllt. Ein weiteres war somit nicht ausgemacht. Aber Kusche meinte, es sei doch eine runde Geschichte, diese Phase mit einem Live-Album zu beschließen. Eine gute Idee, wie wir fanden, und so gingen wir daran, in unserer ursprünglichen Heimat im Südburgenland ein Open Air auf die Beine zu stellen. Keyboarder Kusche erinnert sich: *„Das Album, welches bei dieser Show entstehen sollte, schenkten wir quasi Peter Müller. Auch als Dank dafür, was wir in der Zeit unserer vertraglichen Zusammenarbeit alles gemeinsam erreicht haben."*

Dieses vertragsfreie Album sollte sich im Laufe der Zeit auch noch als finanzieller Segen für uns erweisen, denn damit war auch ein freiwilliger Verzicht Müllers auf die Verlagsrechte, den Titelsong des geplanten Albums betreffend, verbunden. Und der Titelsong hieß? Genau: „Live Is Life!" Doch dazu später mehr.

Wie auch immer, nun galt es, die ganze Geschichte auf Schiene zu bringen. Dazu muss man wissen, dass jedes Jahr meist im Spätsommer (und auch heute noch in Oberwart) die „Inform" stattfindet, eine große Wirtschaftsmesse für die ganze Region, mit vielen Veranstaltungen, auch Konzerten im anliegenden Stadion.

Johann Hausner, der seit geraumer Zeit unser Manager war und in Österreich bereits als eine Legende in dem Business galt, da er unter anderem auch Wolfgang Ambros vertrat, war eine der ersten Adressen für ein Unterfangen dieser Art.

Unser Johann nahm somit gleich einmal mit den örtlichen Veranstaltern die Organisation in die Hand und fixierte unser Open Air, an dem die Aufnahmen der Live-Platte stattfinden sollten, am letzten Messetag, am Sonntag, dem 2. September 1984.

Geld für die Überdachung der Live-Bühne im Fußballstadion hatten wir nicht, also mussten wir auf schönes Wetter hoffen, und wenn es so etwas wie das Glück der Tüchtigen gibt, dann war uns das dann auch hold. Es wurde ein sonniger Spätsommertag mit idealen Bedingungen für uns und das zahlreich erschienene Publikum.

In der Vorbereitung für diese Live-Recording-Session überlegten wir uns die Songs, die für uns infrage kämen. Es sollten die besten und wichtigsten sein, die Essenz unserer bisherigen Live-Karriere, die wir bringen wollten.

Ich warf ein, dass es sinnvoll wäre, auch ein, zwei neue Titel zu bringen. Erstens für unsere Fans, das Publikum, das immer treu unsere Gigs besuchte, und zweitens für die Radio-Promotion. Ich dachte daran, einen Song zu kreieren, der für unsere Musik und Live-Auftritte stehen konnte. Also um Opus als Liveband auch im Radioprogramm zu verankern. Damit waren alle einverstanden und somit lag es an mir, so ein Lied zu erschaffen.

Ich hatte eine Idee und wollte etwas Spezielles probieren, nämlich das Feeling eines Live-Konzerts in eine neue Komposition einzubauen, wobei das Publikum immer wieder zum Mitsingen animiert wird.

Jeder kennt diese Situation, egal ob das bei Sting oder *Queen* ist, wenn ein Slogan wie „He-he-jo-he-jo" vorgesungen wird und ein euphorisches Publikum singt das sehr inbrünstig nach. Interaktion mit den Menschen.

Das braucht natürlich sehr einfache Vorgaben, simple Textphrasen und Melodien, die ja von möglichst vielen Menschen verstanden und nachgesungen werden können. Und einen speziellen Groove – ich hatte schon als Bub die Idee, den Rhythmus eines fahrenden Zugs für einen eigenen Song zu verwenden: Dadu Badum, Dadu Badum, Dadu Badum … – dazu ein Drum Beat mit Four-on-the-Floor von Bassdrum und Snare, das hat selbst *Pink Floyd* bei „Another Brick In The Wall" zu einem Riesenhit verholfen!

In dieser Zeit hörte ich in Peter Müllers *Soundmill Studio* auch erstmals den von ihm produzierten Hit „Fürstenfeld" von *S. T. S.*, und das noch lange vor der eigentlichen Veröffentlichung. Ich war begeistert von der Songidee, dem Dreigesang und der einsetzenden und durchspielenden Viertel-Bassdrum. Diese Drums gemeinsam mit der vom Zug-Rhythmus inspirierten TomTom-Intro-Idee wollte ich kombinieren! So begann ich eine groovige Melodie inklusive Mitsing-Refrain zu entwerfen, die diese Parameter als Ingredienzien enthalten sollte.

Es war im Sommer 1984. Meine Frau Andrea und ich planten unseren Urlaub in Ibiza anzutreten. Vor dem Abflug vom Flughafen Wien waren wir noch in Ernie Seuberths Studio, wo wir „Motorboot" mit *KGB* aufnahmen. Dass ich damit als Producer und Mitautor bereits hintereinander die zweite Nummer 1 in den österreichischen Charts schaffen würde, wusste ich da noch nicht. Das nur am Rande.

Jedenfalls traten Andrea und ich einen zweiwöchigen entspannten Urlaub an. Mit dabei im Gepäck auch meine Ovation-Gitarre.

Die Cala Vadella Bucht liegt im Südwesten von Ibiza und der *Club Aquarium*, den es heute noch gibt, ist rund zehn Minuten zu Fuß vom Meer entfernt. Wir gingen jeden Tag zum Strand ins fast schon kitschig-schöne Meer baden, schnorcheln und Windsurfen. Aber wir lagen halt auch viel einfach nur in der Sonne und da fand ich genug Zeit und Muße, meine neue Komposition weiterzuentwickeln.

Die Melodie war bereits fast fertig und ich begann den Text zu fixieren. Vom Album-Konzept-Titel „Opus Live" kam ich auf das stärkere „Live Is Live", denn eine Verdopplung ist immer gut, siehe „Time After Time", „Day By Day" oder „Black Is Black".

Bei den Lyrics versuchte ich die Symbiose einer grandios agierenden Band und eines ebenso begeisterten Publikums einzufangen – die Power überträgt sich von der Bühne zu den Menschen im Publikum und kommt von dort dann noch stärker zurück, was sich wiederum zu Höhepunkten aufschaukelt.

Übrigens: Die Zeile *„When everyone gives everything and every song everybody sings"* wurde bei den beiden Open Airs zwei Jahre später, im

Februar 1986 in Viña del Mar in Chile, tatsächlich Realität, als insgesamt 30.000 Menschen an beiden Abenden in der Arena versuchten, alle unsere Songs mitzusingen!

Nachdem ich am Strand keine Gitarre mithatte, musste ich das, was ich im Kopf weiterentwickelte, dann im Hotelzimmer in die Realität übertragen. So hatte ich dann am Ende des Urlaubs einen nahezu fertigen Song, den ich nach der Rückkehr nach Österreich als Demo einspielte.

Mit einem Drumcomputer entwarf ich den Beat plus die „Da du Ba dum"-Tom-Phrase, spielte Bass und Off-Beat-Gitarre dazu und sang den neu geschaffenen Text mit der vorgesehenen Melodie. Mit diesem fertigen Demo ging es in die nächste, die entscheidende Phase: Wie werden meine Freunde, meine Kollegen, auf die neue Komposition reagieren?

Ich war überrascht. Die erwartete Ablehnung blieb aus. Die Jungs brachen zwar nicht in überbordende Euphorie aus, doch bereits bei der ersten Probe fing Mucky mit meiner Tom-Phrase an, spielte sie aber in seiner Swing-Groove und variierte diese dann sehr abwechslungsreich, aber stimmig im Verlauf der Teile.

Herwig machte sehr wichtige Korrekturen bei einigen Textphrasen und beim Rhythmus der „L=L"-Melodie, Kusche gefiel auch meine Schreibweise des Titels. Meine Erklärung dazu war, dass „Live Is Life" bedeuten soll, dass wir als Band – jeder von uns, die wir Musiker mit Leib und Seele sind – es als unser Leben sehen, live zu spielen und auf der Bühne zu stehen!

Das Ergebnis der ersten Proben überzeugte mich nicht wirklich, aber ich hatte alles soweit ich konnte vorbereitet, und da musste ich nun durch. Auch bei der darauffolgenden Generalprobe auf der steirischen Burg St. Gallen konnten mich unsere Performance und die Reaktion der paar hundert Leute, die in der Location Platz fanden, nicht wirklich hoffnungsfroh stimmen. Die Euphorie, die mir aufgrund des neuen Songs, den niemand kannte, vorschwebte, blieb aus. Obwohl Herwig in seiner Rolle als Rampensau sein Bestes gab, waren wir eine

Woche vor dem Aufnahmetermin in Oberwart nicht wirklich optimistisch, was die geplante Titelnummer betraf.

So war es dann vorerst auch keine große Überraschung mehr, dass der von uns sehr geschätzte Produzent, Peter Müller, nach der Live-Aufnahme am 2. September meinte, er selbst brauche „L=L" nicht auf dem Album. Dabei war am Ende gerade er es, der mit seinem entscheidenden Eingreifen verantwortlich für unseren Hit war.

Die Geschichte ist ja wohl bekannt, aber hier im Detail nochmals für alle aus erster Hand: Für die Recording-Session in einem Mobile-Studio hinter der Bühne wurde damals eine übliche 24-Spur-Tonbandmaschine verwendet, wo auf ein fettes Zwei-Zoll-Band mit einer Kapazität von einer Stunde Laufzeit aufgenommen wurde. Nachdem gerade nach einer Stunde „L=L" auf der Setlist stand, war es eigentlich zu erwarten, dass ausgerechnet hier, an dieser Stelle, das Band auslief. So veranlasste Peter seinen Assistenten Christian Seitz, auf die Bühne zu laufen, um uns auszurichten: „Wenn ihr den neuen Song auch auf der LP haben wollt, müsst ihr ihn bei den Zugaben nochmals spielen." Das war's, das war der Schlüssel zum Erfolg, denn erstens war am Ende des Konzerts die Stimmung am Höhepunkt und zweitens kannten die Hardcore-Fans den neuen Mitsing-Song bereits und so kam es zu einer Sternstunde für Opus, natürlich auch für mich und die österreichische Musikszene – zur Geburt eines Welthits!

2. September 1984 bei der Live-Aufnahme von „Live Is Life" im Oberwarter Stadion.

Live Is Life – Part II

Die ersten Reaktionen

Als ich die erste Mehrspur-Aufnahme des Songs in Heimo Knoppers Studio in Graz hörte (mein eigenes, das *Recorder Studio*, wurde erst 1993 eröffnet), war ich positiv überrascht von der Energie, der Kraft, die unser Titelsong ausstrahlte. Ich konnte mir sehr gut vorstellen, dass der fertige Mix unserer geplanten Mitsing-Hymne schon sehr nahekam!

Herwig war mit seiner Vocal-Darbietung nicht ganz glücklich, da er am Ende des Konzertabends bei den Zugaben schon etwas ausgepowert war, was man aber meiner Meinung nach nicht hörte.

Der End-Mix des gesamten Albums fand dann in der *Soundmill Vienna* von Peter Müller statt. Ich war, so wie bei den anderen Alben auch, beim Mix aller Titel dabei, und bei „L=L", als die gröbste Arbeit getan war, verließ Peter tatsächlich die Regie und meinte: „Du weißt eh genau, was du willst, mach's selber fertig!"

Es war für mich kein Problem, den Mix allein zu beenden, da ich schon den Roughmix in Graz recht ansprechend schaffte und außerdem wusste, dass Peter den Titel eigentlich nicht mochte.

Das ging so weit, dass er zusammen mit seinem Verleger Gottfried Indra beim Album-Meeting meinte, die Verlagsrechte von „L=L" sollten wir behalten, auf den Titel könne er sehr gern verzichten! Er gefiel ihm einfach nicht und daher hatte er auch kein Interesse daran. Und Gottfried setzte dann mit seinem mittlerweile legendären Sager noch eins drauf: „Für den Song, einen Live-Titel, fahr ich nicht von Langenzersdorf ins Funkhaus nach Wien, in die Argentinierstraße zu Ö3!" – Das sind laut heutigem Navi tatsächlich 27 Minuten für 27 Kilometer …

An dieser Stelle sei nochmal in Erinnerung gerufen, dass wir das Album mit Peter quasi im vertragsfreien Zustand produzierten und die

Verlagsrechte noch frei verfügbar waren. Verlagsrechte? Ja, die sind wichtig, denn die berühren Text und Musik, also die Urheberrechte, und wenn die bei einem Musikverleger verlegt sind, dann behält sich der Verlag für seine Tätigkeiten, also Administration und was auch immer die damit tun, seinen Anteil ein. Ist kein Verleger beteiligt, dann bedeutet das hundert Prozent der Urhebereinkünfte für den Texter und den Komponisten. Also immer wenn der Titel irgendwo in den Medien läuft oder von anderen Bands nachgespielt wird, dann tangiert das das Urheberrecht und es ist Zahltag angesagt. Haloiti! Hier hat uns das Leben ein unbezahlbares Geschenk gemacht! Denn auch meine Opus-Kollegen sind bei der Komposition beteiligt. Aber dazu später!

Das klingt heute unglaublich und schon etwas irre, war aber durchaus auch die damalige Meinung von einzelnen A&Rs, das sind die Leute bei den Plattenfirmen, die entscheiden, ob und was unter Vertrag genommen wird. Auch bei den Plattenbossen erlebten wir keine Begeisterung: Von der *EMI Köln* kam eine Absage mit etwa der Argumentation, ein Live-Titel habe keine Erfolgsaussichten. *EMI-Austria* A&R Chef Joe Artner rahmte sich später diese Absage ein und hängte sie in seinem Büro an die Wand!

Anders reagierte Franz Josef Wallner, Plattenchef der *Musica*, der ja unsere drei Studio-Alben „Eleven", „Opusition" und „Up And Down" in Österreich veröffentlicht hatte: *„Herr Pfleger, ich sage Ihnen eines, bei ‚Eleven' haben wir für Gold in Österreich (stand damals für 25.000 verkaufte Tonträger) drei Jahre gebraucht – bei „L=L" brauchen wir keine drei Monate!"*

Und wie recht er hatte, denn in den ersten drei Monaten gab es bereits Platin für die Single und das Album.

Musica hatte ja nur die Rechte für Österreich, deswegen schlug Johann Hausner einen Deal mit Wolfgang Arming, dem Chef von der *Polygram* vor, dass der die Rechte fürs Ausland – mit einigen Ausnahmen – bekommen sollte.

So kam es im November 1984 zu einer skurrilen Live-Präsentation in der *Szene Wien*, wo die zwei Plattenchefs das Album „Live Is Life" mit einem Opus-Kurzauftritt und bemerkenswerten Ansprachen präsentierten! Viele Radio-, TV- und Medienleute waren mit dabei und tatsächlich spielte Ö3 sogar ohne Hilfe des Verlegers Gottfried Indra den Titelsong im Powerplay. Es dauerte nicht lange und im Jänner 1985 waren wir die Nummer 1 in den österreichischen Charts. Mit der Single und dem Album. Spätestens jetzt war es wichtig, zu dem Song auch ein Video drehen zu lassen. In den 80er-Jahren boomte Musikvideo-TV. *MTV*, später dann *Viva* stellten den Musikmarkt auf den Kopf. „Money For Nothing" und „Video Killed The Radio Star" läuteten eine neue Ära im Musikbusiness ein. Und ohne Video warst du als Band einfach nicht mit dabei.

Wir kontaktierten Anders Stenmo, den Drummer der *EAV*, der kurz vorher ein geiles „Mulatschag"-Video mit Stefan Webers *Drahdiwaberl* gedreht hatte.

Er präsentierte uns die lässigen Ideen mit der Country-Band und den wilden Rockern – beide sollten wir selbst darstellen – die obwohl anfangs gegen uns, sich dann von uns und der euphorischen „L=L"-Stimmung mitreißen ließen. Gute Idee, aber Videodrehs waren damals sauteuer und unseres sollte 100.000 Schilling kosten. Geld, das wir so nicht herumliegen hatten. Also schauten wir uns nach potenten Mäzenen um und ob vielleicht jemand bereit sein würde, für die Verlagsrechte (!) des Songs das doch „teure" Video zu finanzieren. Und wieder hatten wir Glück, denn niemand wollte auch nur irgendetwas riskieren.

Einer derjenigen, die wir fragten, war der mittlerweile leider bereits verstorbene Horst Bichler mit seinem *Meltemi Verlag*, der auch *KGBs* „Motorboot" vertritt. Gott sei Dank hat auch er damals abgewunken und die Rechte blieben somit bei uns.

Wenn ich denke, welche Einnahmen uns seither entgangen wären, so können wir sehr, sehr froh sein, dass damals niemand dieses Investment richtig einschätzen konnte und wir von Anfang an alle Urheber- und Verlagsrechte unseres Hits behielten!

Also griffen wir tief in die Kassa und bezahlten die Aufnahmen in der Wiener Arena selbst. Anders Stenmo brachte auch etliche Rocker-

Utensilien von Stefan Weber mit, der sich halblustig darüber mokierte, dass er „in London teuer für Drahdiwaberl einkaufte" und wir die Nutznießer seiner Einkäufe waren.

Über Ö3 riefen wir die Fans auf, zahlreich in die längliche Halle der Arena zu kommen, und sie kamen. Einige hundert Eingefleischte drehten und sangen den ganzen Tag lang mit uns „Nana Nanana". Die Fans haben nach den langen Publikumsszenen noch vor Mitternacht die Halle verlassen, während wir diverse Takes bis Sonnenaufgang zu Ende drehten. Der fertige Videoclip kam sowohl bei der Öffentlichkeit als auch bei den TV-Stationen sehr gut an. Damals zahlten ORF, ZDF, ARD und Co noch Tausende Schilling pro TV-Einsatz für die Sende-rechte, und so kam einiges von dem, was wir investiert hatten, wieder retour. Übrigens: Auch beim „Fake Or True"-Clip, einem Remake des „L=L"-Videos, das wir mit Hansi Steinegger 2020 in Graz drehten, hat uns die Tochter des mittlerweile verstorbenen Stefan Webers alle diese Rocker-Gegenstände wieder geborgt.

Mit Anders Stenmo (ganz links) und Günter Timischl (Mitte) beim „L=L"-Videodreh Anfang Jänner 1985 in der Wiener Arena.

Live Is Life – Part III

Der Welthit

Nach sieben Wochen auf Platz 1 der österreichischen Charts trafen immer wieder neue Informationen ein, die uns zeigten, dass sich da was in Bewegung gesetzt hatte, etwas, das gerade dabei war, sich über die Landesgrenzen auszubreiten.

Zum Beispiel meldeten sich viele deutsche, allen voran die bayrischen Radiostationen, dass sie schon dringend auf die Bestückung von „Live Is Life" durch die *Polygram* warteten, da das Powerplay von Ö3 auch beim deutschen Nachbarn durchdrang und dort Spuren hinterließ. Die Bayern hatten schon sehr viele Anrufe und Wünsche von Hörern bekommen. Sie wollten das, was sie da im Skiurlaub in Österreich gehört hatten, auch auf B3 hören. Und, was man auch nicht vergessen darf, damals war unser Ö3 in Bayern ein gern gehörter Sender und bis tief ins Nachbarland hinein zu empfangen.

Eine wichtige Einladung erreichte uns aus Holland. Die neue, von *TopPop TV* europaweit ausgestrahlte Chartshow wollte Opus und „Live Is Life" als erster Sender international im Fernsehen präsentieren.

TopPop war die erste große Hitsendung, die per Satellit übertragen wurde und in der die Eurocharts wöchentlich zu sehen waren. Also ein Knaller, und die lange ersehnte Gelegenheit, mit unserem Hit bei einer großen internationalen TV-Show dabei zu sein, wurde endlich wahr.

Das war am 18. März 1985 und bei den Proben in Hilversum erreichte uns auch – sehr passend – die Nachricht vom Einstieg in den deutschen Single-Charts: Von 13 auf 7 und in der dritten Woche waren wir bereits an der Spitze zu finden.

Dann ging es Schlag auf Schlag. Die Konzerte unserer schon länger geplanten nächsten BRD-Tour waren schnell ausverkauft. Im *Quartier*

Latin in Berlin, wo wir einige Jahre zuvor keine fünfzig Besucher hatten, waren es jetzt fast tausend.

Nach der „Eroberung" der deutschen Fans, der Nummer 1 in den Charts und einigen fetten TV-Shows (Thomas Gottschalks *Na sowas!* und wieder *Auf los geht's los* mit Blacky Fuchsberger) kam der Mai 1985. In diesem Monat allein flogen wir sechsmal zu TV-Shows nach Paris und erreichten auch dort sehr schnell die Spitze der Charts. Auf Platz 2 lag außerdem eine Coverversion unseres Songs, gesungen von *Stargo* aus Italien.

Diese Reisen nach Paris im Mai 1985 liefen fast immer gleich ab. In der Früh um 6 Uhr Abflug vom Grazer Flughafen, meist über Frankfurt nach Paris-Charles-de-Gaulle, abgeholt von Pierre, unserem Fahrer von der Plattenfirma. Am Nachmittag war die Probe im Fernsehstudio und abends um 20.15 Uhr die Show zur besten Fernsehzeit im Hauptabendprogramm. Danach zeigte uns unser Johann den magischen Platz am Montmartre und bestellte den für ihn besten französischen Rotwein, Châteauneuf-du-Pape, den wir uns danach immer gern in Frankreich gegönnt haben. Es waren die wunderbaren Seiten des Erfolges und wir haben sie in vollen Zügen genossen. Manchmal war es auch skurril. Bei der Käseplatte, die wir noch nach Mitternacht bestellten, schlief Johann nicht selten mit der Gabel im Mund ein …

Zum Schlafen blieb für uns nur wenig Zeit und so ging es hundemüde bereits am nächsten Tag wieder zurück in die Heimat. Diese vielen Fernseh-Promotiontermine machten sich für uns und die Plattenfirma bezahlt, denn der Absatz unserer Platten ging durch die Decke. Insgesamt verkauften wir in Frankreich sowie in der BRD knapp unter einer Million physischer Vinyl-Singles. Leider war in beiden Ländern eine Million verkaufter Stück für den Erhalt einer Platin-Auszeichnung notwendig. So war es „nur" Gold, aber das glänzte für uns wie Platin. Im Übrigen sind das alles Zahlen, von denen man heute, vierzig Jahre später, nicht mal mehr zu träumen wagt.

Und weiter ging's quer durch Europa. Einmal via Privatflieger nach Spa in Belgien. Auch wieder zu einer großen Fernseh-Show, wo wir für den Hinflug wegen starkem Gegenwind insgesamt viereinhalb Stunden brauchten und dabei ordentlich durchgeschüttelt wurden.

Ebenfalls per Flugzeug waren wir für eine TV-Aufzeichnung bei RTL in Luxemburg unterwegs und beim Rückflug kamen wir in ein heftiges Gewitter, bei dem ein Blitz im Flugzeug einschlug und den Flieger mit uns drin zig Meter nach unten warf. Zum Glück ist außer einem in die Hose gerutschten Herz nichts passiert. Seither schnalle ich mich auch beim kürzesten Flug immer an.

Wer eine Reise tut, der hat was zu erzählen, und wer, so wie wir, viele Reisen machte, der kann noch viel mehr erzählen, denn es kamen immer intensivere Zeiten auf uns zu. Im Ausland und bei uns daheim.

Am 29. Juni war das *Opus & Freunde* Open Air im Liebenauer Stadion geplant, wo auch „L=L" als mittlerweile Nummer-1-Hit gemeinsam mit großem Publikum gefeiert werden sollte. DoRo, Rudi Dolezal und Hannes Rossacher, die beiden erfolgreichen österreichischen Filmemacher und Musikvideospezialisten, die für eine Reihe der absoluten Superstars weltweit arbeiteten, sollten das Konzert für den ORF aufzeichnen. Wir hatten eine große Anzahl von Freunden aus der österreichischen Musikszene eingeladen und das bedeutete viel Vorbereitungsarbeit und Proben. So ist das, wenn man im Musikgeschäft in der Oberliga angekommen ist. Alles dreht sich, alles bewegt sich, man ist angesagt und wird im Strudel der Ereignisse mitgerissen.

Im Herbst 1984 waren wir zu Gast beim *Euro Radio Rock-Festival* in Erlangen, nahe Nürnberg. Die komplette Show wurde im Radio übertragen. Da geschah etwas, das mit Sicherheit einen Fixplatz in der Ö3-Geschichte einnehmen darf: Der Sender verschob die Nachrichten, weil wir auf der Bühne spielten und überzogen! Dass Ö3, der einstige Monopolfunk einer österreichischen Band den Vortritt gegenüber den heiligen Nachrichten lässt, werden wir wohl nie wieder erleben. Peter Müller war damals jedenfalls von den Socken. Er hat uns am nächsten Tag im Hotel angerufen und sagte nur: „Stellt euch vor, die haben sogar die Nachrichten wegen euch verschoben!" Zehn Jahre später hatten wir beim Sender dann keine guten Karten mehr. Nicht nur wir, sondern so gut wie alle österreichischen Acts. Aber das ist eine andere Geschichte.

Zu verdanken haben wir das alles diesem einen Lied. Bis heute prägt es unser Opus-Leben, bis heute ist es weltweit noch immer erfolgreich unterwegs. Aus allen Ecken der Welt schallt es nach wie vor „Live Is Life". Heute, in der Zeit der Streaming-Ökonomie, lässt sich die Nutzung von Musiktiteln messen. Früher, wenn eine Platte verkauft wurde, wusste man nicht, wie oft der Käufer diese anschließend dann gespielt, also das Lied gehört hat. Das kann einmal gewesen sein oder zigfach. Jetzt sind die Ergebnisse klarer und siehe da, gestreamt wird „L=L" nach wie vor ohne Ende.

In Zahlen gegossen heißt das, dass die am häufigsten gestreamten Versionen des Songs (Stand Herbst 2024) hunderte Millionen Zugriffe auf Spotify, YouTube, TikTok und den vielen anderen Streamingportalen verzeichnen. Mittlerweile ist es möglich, die immensen Zuwächse über das Portal unserer österreichischen digitalen Vertriebscompany *Rebeat* aus Tulln (!) täglich zu verfolgen.

Man könnte sagen, der Song ist ein Evergreen, also einer, der mich vermutlich um einiges überleben wird. Man kann sich vorstellen, wie so ein Lied das Leben seines Urhebers verändert. Und noch etwas fällt mir dabei immer ein. Der Grundrhythmus, die Inspiration dafür, das waren wie bereits erwähnt die Eisenbahnschwellen und das Geräusch, wenn der Zug da drüber rauscht. Und genau auf diesen Schwellen und Schienen hat sich der „L=L"-Zug mit uns in Bewegung gesetzt. Viele Kilometer und viele Stationen lagen hinter uns und noch viele mehr vor uns.

Und: Wir hatten plötzlich auch viele neue Freunde. Viele, die bei Medien tätig waren, und man glaubt gar nicht, wie oft wir gehört haben: „Ich habe euch als Erster im Radio gespielt, ins Fernsehen gebracht, darüber geschrieben, gepusht, und dann ist es zum Hit geworden." Sie haben es ermöglicht! Durch sie ist es losgegangen! Der Hit hatte plötzlich viele Väter. Wir bedankten uns immer höflich. Wir waren ja gut erzogen.

Wir waren nun mit einem absoluten Mitsing-Hit rund um den Globus erfolgreich und Erfolg bedeutet auch immer, dass, wenn er richtig fett ist, der Moment kommt, wo die Dinge beginnen, sich zu polarisieren. Die einen mögen es, die anderen nicht. Die Pop- und Rockgeschichte ist voll mit Pros und Kontras. Immerhin lässt sich über nichts so emotional diskutieren, wie über Musikgeschmäcker. Opus ist als Melodic-Rockband gestartet und hat sich über Jahre ein rockbegeistertes Publikum erspielt. Und manche konnten offensichtlich mit dem kommerziellen Schunkelcharakter des Songs nichts anfangen. Für gewisse Rockfans und speziell für eingefleischte Rocker ist ihre Musik, sind ihre Bands, etwas nahezu religiös Behaftetes, was bedeutet, dass derartige kommerzielle Einflüsse dabei in allen Fällen vor der Tür bleiben müssen. Mucky erinnert sich: *„Da sind schon auch die Pfirsiche und manch anderes auf die Becken geflogen."* *„Wir waren in einer Schublade gelandet, aus der wir nicht mehr rauskamen"*, so Kusche, *„und unvergessen ist auch, wie Stefan Raab ein Cover der BRAVO in die TV-Kamera hielt. Vorn drauf Opus. Kommentar von Raab: ‚Der Schrecken hat ein Gesicht.' Na Bumm. Aber gut, es kam, wie es kam, und am Ende war es gut. Mucky bringt's auf den Punkt, wenn er sagt: ‚Live is Life hat uns den Weg eröffnet, auf der Bühne im Zusammenspiel immer besser zu werden. All die vielen Auftritte hätte es ohne diese Nummer nicht gegeben."*

Goldverleihung in Hamburg. Von links: Uwe Block, Niki, Herwig, Mucky, Peter Müller, Johann Hausner, ich, Kusche, Wolfgang Arming (*Polygram*-Chef Österreich) und Dieter Oehms (*Polygram*-Chef Deutschland).

Für uns war aber klar, dass wir uns immer als Rockband sehen werden. Eine Rockband, die durch einen Hit gut abgesichert weiter ihr Ding machen konnte. Etwas Schöneres konnte man sich nicht wünschen.

Tatsächlich ist ein Song, der immer wieder und überall läuft, auch etwas, das Menschen gehörig auf die Nerven gehen kann. „Last Christmas" lässt grüßen. Eine lustige Episode erlebten wir in Deutschland. Es war wohl so in der Mitte der 80er-Jahre. Wir drehten mit einem TV-Team einen Beitrag auf einem Rummelplatz. „L=L" – eh klar. So lange wiederholt, bis alles im Kasten war. Als wir fertig waren, kam der Typ vom Autodrom zu uns. „Aha, ihr seid das also. Ihr seid die, die ich ununterbrochen bei mir laufen lassen muss." Betonung auf muss!

Der Mann hatte wohl seine Überdosis „L=L" abbekommen.

Beim Quotenking
Thomas Gottschalk

Zweimal hatten wir mit der Band markante „L=L"-Auftritte in TV-Shows von Thomas Gottschalk. Einmal bei *Na sowas!* in München und einige Jahre später bei *Wetten, dass..?* in Hannover. Dazwischen gab es ein weiteres *Wetten, dass..?*, bei dem Herwig und ich mit dem Allstar-Benefiz-Song „Hand in Hand" in Innsbruck zugange waren.

Die Einladung zu *Na sowas!* im Frühling 1985 überschnitt sich mit dem Start zur Deutschland-Tour im bayerischen Laufen. Das war ziemlich blöd, denn die Promotion dieser populären Sendung wollten wir nutzen. Also mussten wir zaubern. Wir waren die Nummer 1 der deutschen Charts und die Redaktion der Sendung platzierte uns gleich zu Beginn der Show. Um 19.30 Uhr hatten wir unseren Auftritt und draußen wartete schon der Hubschrauber. Direkt vom Fernsehstudio in Unterföhring brachte uns der Heli in einer halben Stunde nach Laufen, wo er am Sportplatz landete. Dort warteten bereits einige hundert Fans, die unseren TV-Auftritt mitverfolgt hatten und uns nach der Landung zur Halle begleiteten.

Es lief alles wie am Schnürchen und am Ende war es ein besonders umjubeltes Konzert zum Tourstart in Deutschland.

Aber noch ein spezieller Umstand machte diesen TV-Event so besonders: Beim Drum-Intro hatten die Fernsehleute passenderweise eine Kamera neben der Bassdrum angebracht und da sahen Millionen von Zuschauern Muckys Adidas-Turnschuhe sehr prominent im Bild. Die Schuhe mit den drei Streifen waren bildschirmfüllend zu sehen und das blieb in der Marketingabteilung von Adidas in Herzogenaurach nicht unbemerkt. Nicht nur dort, denn am nächsten Auftrittsort in Bayern bekamen wir plötzlich unerwarteten Besuch. Die Firma Puma stellte sich vor, verteilte ohne Ende Ausstattungsartikel und wollte uns einen Deal schmackhaft machen. Wir sagten nicht zu, denn eigentlich hatten wir mit der Konkurrenz Adidas gerechnet, die dann tatsächlich auch einen Tag später auftauchten und uns ebenfalls mit Schuhen, Shirts, Hosen und Jacken eindeckten und ebenso mit einem Deal winkten.

Dazu muss man wissen, dass die Chefs von Puma und von Adidas zwei Brüder waren: die Dasslers. Brüder und Erz-Rivalen. Adi Dassler verstarb 1974, Bruder Rudolf im gleichen Jahr. Die Konkurrenz hält bis heute. Und wir waren von beiden umworben, standen also genau mittendrin im Wettbieten. Nach einigem Hin und Her machten wir den Werbedeal dann doch mit Adidas, der etwa über drei Jahre lief.

1994 waren wir erneut bei Thomas Gottschalk zu Gast. *Wetten, dass..?* in Hannover. Dazu sei gesagt, dass damals, in den 80er- und 90er-Jahren, Auftritte bei dieser Show die heißest begehrten Promo-Termine im deutschsprachigen Raum waren. Die Plattenfirmen und Managements rissen sich um diese raren Möglichkeiten, ihre Acts mit einem Schlag einem Millionenpublikum präsentieren zu können. Gottschalk war der Quoten-King und hatte man die neue Single dort am Start, dann konnten anschließend die Plattenpressen heißlaufen.

Unser Auftritt am 28. Mai 1994 war im Vorfeld der Fußball-EM, die damals in Deutschland stattfand, und vor allem als wichtige Pro-motion für unsere „L=L“-Stadium-Medley-Version, veröffentlicht bei *Dino Music*, gedacht. „L=L“ ist ja damals schon von den Fußballplätzen nicht mehr wegzudenken gewesen. Also EM und „L=L“ passten wun-derbar zu *Wetten, dass..?*.

Als Background-Sängerin war damals Shirley Giha aus Haiti Teil unserer Besetzung. In dieser Zeit war sie mit Klaus Eberhartinger von der *EAV* liiert und anscheinend hatte sie deshalb auch schon vorher Kontakt zu Thomas Gottschalk gehabt, dem sie bei der Ankunft gleich einmal um den Hals fiel. Ihm und Günther Jauch, der auch Gast der Sendung war. Nach unserem gelungenen Auftritt mit dem „Live Is Life – Stadium Medley“ und der Verabschiedung im TV saßen wir im Hotel und warteten da auf die Aftershow-Party, die üblicherweise immer nach der Show stattfand. Nur diesmal fehlte offenbar der Sponsor, der üblicherweise alle einlud, oder vielleicht war dem Bürgermeister von Hannover das Geld ausgegangen. Wie auch immer, auf jeden Fall hieß es diesmal: selbst bezahlen! Das aber bekamen Shirley und viele andere, auch wichtige Personen nicht mit – oder sie wollten es nicht wahrhaben …

So dinierten die Moderatoren, viele Gäste, diverse Künstler wie die *Village People* und auch der Schlagerkönig Ralph Siegel à la carte, und alle ließen auch entsprechend Getränke auffahren. Denn sie rechneten damit, dass da irgendwer wie üblich die Rechnung übernahm. Als der Kellner dann um zwei, drei in der Früh sagte, dass da noch viele Speisen und Getränke offen seien, und eine amtliche, entsprechend hohe Rechnung präsentierte, fand sich niemand, der seine Unterschrift daruntersetzen wollte. Ja, auch ich hielt mich bedeckt, denn es klang nach viel. Nur bei Shirley hatte der Kellner Glück. Sie signierte die Rechnung. Keine Ahnung, was die Gute geritten hatte, aber was liegt, das pickt …

Opus mit Thomas Gottschalk 1994 bei *Wetten, dass ..?* in Hannover.

Am nächsten Morgen läutete mein Telefon. Shirley war dran und ihre Stimme signalisierte nichts Gutes: *„Ewald, ich habe ein Problem. Die Hotelleitung möchte von mir einen Betrag von über 9.000 DM."* Ich, noch schlaftrunken, konnte erstmal nicht glauben, dass am Vorabend so viel nicht bezahlt wurde. Was für eine Summe! Shirley darauf: *„Ich hab auch mit Klaus in Kenia telefoniert, der hat gesagt, das hat sicher auch so viel ausgemacht."* Sie erzählte, dass die Telefonrechnungen wegen ihrer regelmäßigen Ferngespräche mit Kenia, wo er den Hauptwohnsitz hat, manchmal 50.000 ÖS im Monat ausmachten. *„Das zahlt für gewöhnlich immer Klaus, aber heute habe ich das Gespräch auf der Hotelrechnung!"*, sagte sie noch. Ja, damals … als Handys für uns alle noch kühne Technikerträume waren, da entpuppten sich Telefone auf Hotelzimmern nicht selten beim Auschecken auf der Rechnung als üble Überraschungen. Und mit einer solchen, also Telefon plus Konsumation, hatte Shirley nun zu kämpfen.

Doch das Problem mit ihrer hohen Rechnung musste irgendwie gelöst werden und Shirley durfte dabei nicht im Regen stehen gelassen werden. So nach dem Motto: „Die Letzte beißen die Hunde." Denn von den meisten, die da eingeladen waren, war sie wohl sicher eine der weniger Begüterten. Gott sei Dank half der Plattenchef von *Dino Music*, der mit der Hotelleitung eine Lösung fand. Ich weiß auch nicht, was es ihn tatsächlich gekostet hat. Lehrreich war es insofern, als dass die Geschichte klar gemacht hat, dass man sich immer vorher Gedanken drüber machen sollte, wer anschließend das Geldbörsel zückt. Shirley hatte jedenfalls eine gehörige Portion Glück gehabt. Sie kam, ohne eine Mark zu zahlen, aus der Nummer raus.

Mit unseren Background-Sängerinnen Shirley Giha und Jacqueline Patricio in den 90ern.

Heimspiel im Stadion Liebenau Opus & Freunde

Live Aid 1985

Am 1. Juli 1983 fand im damaligen Wiener Weststadion – der Heimstätte des *SK Rapid*, auch *Hanappi-Stadion* genannt – das *Ö3 Schulschluss Open Air* statt.

Auf der Bühne standen Wolfgang Ambros, Rainhard Fendrich und auch wir, Opus. 1985 waren wir mit „L=L" bereits nun schon seit Wochen an der Spitze der Charts und der damalige Chef von Ö3, Rudi Klausnitzer, fragte uns im März, ob wir uns wieder vorstellen könnten, ein Open Air gemeinsam mit Austropop-Freunden im Wiener Weststadion zu machen. Das Angebot war eine Ehre für uns, dieses Riesenfestival anzuführen, doch stellten wir eine einzige Bedingung: Das Ganze sollte in Graz stattfinden. Klausnitzer sagte zu und wir begannen umgehend mit den Planungen. Ö3 kümmerte sich um die Werbung, Johann sollte veranstalten und wir fragten bei unseren Freunden an. Die Idee war, mit jedem Stargast jeweils einen Song von uns und einen von ihr oder ihm zu performen. Alle, die wir fragten und einluden, sagten zu!

Zugute kam uns, dass wir durch unser *ARF* in Pinkafeld schon viele der heimischen Superstars persönlich kannten. Wolfgang Ambros, *S.T.S.*, *EAV*, Falco (damals noch mit *Drahdiwaberl*) und vor allem Wilfried waren in Pinkafeld schon dabei und hatten offenbar positive Erfahrungen mit uns gemacht. So hofften wir zumindest.

Es war bekannt, dass es uns immer schon ein Anliegen gewesen war, die österreichische Musikszene zu unterstützen, und als wir sie um ihr gagenfreies Mitwirken in Liebenau baten, waren alle gern dazu bereit.

Es war zudem auch geplant, die Show unter der Regie von DoRo, Rudi Dolezal und Hannes Rossacher, aufzuzeichnen und im ORF-TV eine Woche später zu senden. Inklusive einer Spende von uns in der Höhe von 200.000 Schilling an die Äthiopien-Hilfe von Karlheinz Böhm – *Austria für Afrika*, ein österreichisches Benefizprojekt samt eigenem Song.

Es war ein rundes Paket mit viel Musik und tollem Staraufgebot, alle sollten auch etwas davon haben. Von Promotion bis zur Geldspende.

Es war auch unser erster Live-Auftritt in Österreich mit unserer Chartrakete seit der Aufnahme am 2. September 1984 in Oberwart. Also passte alles. Das Konzept war rund und durchdacht.

Heute, nach so langer Zeit, bin ich noch verwundert, was wir da alles geschafft haben. Wir waren von April bis Anfang Mai auf einer sehr erfolgreichen Deutschland-Tour, dann die vielen TV-Shows, und trotzdem haben wir die Zeit gefunden, die vielen neuen Titel mit den Gästen für das Open Air einzustudieren: „Rock Me Amadeus", „Gezeichnet fürs Leben", „Hand in Hand", „Go Karli Go", „Geh' Opa mach' kan Zirkus" (*EAV*-Version von „Opus Pocus"), „Kalt und Kälter", „Fürstenfeld", „Motorboat" (englische Bandversion mit *KGB*), „Viecher" (Maria Bill), „Südwind" und auch „Warum", der *Austria-für-Afrika*-Song für *Live Aid*, den Rudi Dolezal auch bei der *Live-Aid*-Übertragung am 13. Juli 1985 unterbringen konnte. Im Übrigen befindet sich der Song auch auf der Vierfach-DVD von *Live Aid*. Aber nicht nur das, wir komponierten und probten auch bereits neue Titel für das Nachfolge-Album von „L=L". Geplanter Titel: „Solo". Ab Sommer, an auftrittsfreien Tagen, haben wir bei uns in Rötz 15, im bandeigenen *Rötzywood-Studio*, Tracks eingespielt. Dort, im ersten Stock, hatten wir technisch massiv aufgerüstet und in einen 24-Spur-Otari-Multitrack-Recorder und ein Acousta-Mischpult für ein eigenes professionelles Studio investiert. Finalisiert und gemischt wurde das Album aber doch noch in der *Soundmill* von und mit Peter Müller.

Aber zurück zum Open Air. Für die Proben mit den eingeladenen Künstlern hatten wir ebenso wenig Zeit wie für alles andere in dieser

Periode: In der Garage von Rötz 15 empfingen wir die drei von *S.T.S.*, Wilfried und *KGB*, am 28. Juni, einen Tag vor dem Liebenau-Festival, kam Falco, mit dem wir „Rock Me Amadeus" und „Flyin' High" probten. Als dann Rudi Dolezal samt Kameramann auftauchte, verwandelte sich der bislang so natürliche Hans Hölzel in sein Alter Ego Falco und ließ vor allem beim Interview wieder den Superstar raushängen. Mit der *EAV*, Wolfgang Ambros, Maria Bill und den Allstars probten wir ihre jeweiligen Songs, „L=L" und auch „Warum" – hier zusätzlich mit Peter Cornelius, Ulli Bäer und Hansi Dujmic – von Mittag an auf der Bühne im Stadion.

Rückblickend gesehen war es eigentlich unglaublich, dass das dann auch so gut gelang, wie auf der 2013 erschienenen CD/DVD *Opus & Friends – Graz Liebenau 1985* nachzuhören und zu sehen ist.

Das Konzert selbst war eines der geilsten, welches wir in unserer langen Karriere gegeben haben. Klaus Eberhartinger kündigte uns und alle Gäste sehr originell an, das Publikum im mit 25.000 Tickets ausverkauften Liebenauer Stadion flippte vor allem bei den großen Hits vollkommen aus. Heute noch sprechen mich Menschen auf das Open Air an. Für viele war es ihr erstes großes Rockkonzert und entsprechend groß war der Eindruck, den es hinterließ. Und für die Austroszene war es das größte Live-Event in dieser Hoch-Zeit des Austropop.

Falco war übrigens nicht beim Auftritt von *Austria für Afrika* auf der Bühne, da er mit Wilfried übers Kreuz war. Auch bei der Aftershow-Party im Restaurant *Zur Schmiedn* in St. Peter ließ er sich nicht blicken. Lieber besuchte er seine Neueroberung Isabella im Club *Monte Carlo*. Er hatte sie dort am Vorabend, nach unserer Probe in Rötz 15, kennengelernt.

Der nächste Morgen nach der langen Party war hart. Hart für uns, aber noch härter für Herwig, der mit Freunden und starken Getränken weitergefeiert und nicht geschlafen hatte.

Bei uns musste es aber trotzdem weitergehen. Für Pausen war keine Zeit, also wieder auf und zum nächsten Termin. Ein Flug mit dem Privatflieger stand an. Zuerst ging es nach Zell am See zum Fotoshooting, mit dem Helikopter rauf aufs Kitzsteinhorn und dann sofort wieder zum Weiterflug Richtung St. Gallen in der Schweiz. Dort auf die Bühne beim Open Air vor rund 20.000 Menschen aufgespielt und schließlich wieder heim. Wie gesagt, es ging Schlag auf Schlag, und ja, das schlauchte auch.

Nach der Rückkehr sofort wieder ins Studio, um neue Songs für das nächste Album aufzunehmen. „Solo" ist zwar nicht schlecht gelungen, aber rückblickend gesehen, hätten wir uns einfach mehr Zeit für das wichtige Nachfolgeprojekt nach so einem Welterfolg nehmen sollen! Aber uns fehlte die Zeit. Wir befanden uns mitten in einer sehr intensiven Phase, die uns alles abverlangte. Schon stand wieder etwas am Programm: Das „höchste" Open Air am Kitzsteinhorn (2.450 Meter Seehöhe) am 13. Juli 1985 mit Wolfgang Ambros und der kanadischen Rockerin Lee Aaron war der nächste große Event für uns.

Auf der Bühne im ausverkauften Liebenauer Stadion vor 25.000 begeisterten Fans.

Ich hatte eigens auf Wunsch von Johann einen Titel dafür komponiert: „Rock On The Rocks" hatten wir schon im *Rötzywood-Studio* vorproduziert und mit DoRo dann am Kitzsteinhorn das Live-Video gedreht. Bei diesem Open Air im Schnee lernten wir auch unseren zukünftigen Manager in den USA, Bill Franzblau, kennen, der bereits Verhandlungen in den USA führte.

Live Aid mit dem *Austria-für-Afrika*-Auftritt vom *Opus & Freunde* Open Air war am selben Tag, als wir hoch oben am Berg zugange waren, live bei mehr als einer Milliarde Zuseher weltweit im Fernsehen zu sehen. Aber sogar dafür blieb am Kitzsteinhorn keine Zeit.

Einige Tage später kam dann die Einladung zur berühmten BBC-Chartsendung *Top Of The Pops in UK*, da „L=L" auf der Insel bereits die Plätze hochkletterte. Wir waren die ersten Österreicher, die da Teil der Show waren, allerdings mit der Auflage, dass ein englischer Act als Gegenleistung im ORF auftreten durfte. Wir konnten das gar nicht glauben, als Johann uns das erzählte. Englische Musiker waren ja damals so wie heute immer wieder zu Gast im ORF! Ob dann tatsächlich im Austausch ein englischer Act bei uns auftrat? Keine Ahnung, aber für uns war wichtig, dass wir nach England fliegen! Ins Mutterland der Popmusik! Ihr könnt euch vorstellen, wie es einem da geht!

We're Going to Ibiza

Der Hit kehrt zurück!

Der Opus-Zug entwickelte sich zum Intercity und war unter Voll-
dampf quer durch Europa unterwegs. England, das Land der *Beatles*,
der *Stones* und so vieler anderer Legenden, hatten wir auch bereits er-
obert. Bingo!

So war es, als erster österreichischer Act traten wir bei *Top Of The
Pops*, der legendären BBC-Chartshow, auf und unser amerikanischer
Manager, Bill Franzblau, begann bereits mit unserem Label *Polygram*
die Verhandlungen bezüglich unserer Plattenveröffentlichungen in
den USA zu planen. Unterstützt sollte der Markteinstieg in Amerika
mit einer Tour durch die USA werden. Geplanter Starttermin war der
Frühsommer 1986.

Wir surften ganz oben auf der Erfolgswelle und nichts schien uns
zu stoppen, doch dann, im August 1985, starb der Vater meiner Frau
Andrea. Johann Gurtet verabschiedete sich nach längeren Krankheiten
im Alter von 76 Jahren von dieser Welt und wurde am Friedhof in
Neudau zu Grabe getragen. Es war geplant, vor dem Open Air in Ibiza
noch eine Pressekonferenz abzuhalten, bei der jedoch Andrea und ich
wegen des Begräbnisses nicht teilnahmen. Der gesamte Opus-Tross
war somit schon früher als wir auf der Insel angekommen, denn die
Musiker hatten die Aufgabe, das Konzert bei diesem Pressetermin zu
promoten, und Andrea und ich flogen erst am Tag des Konzerts an.

„Live Is Life" war zu diesem Zeitpunkt die aktuelle Nummer 1 in
Spanien und bilanzierte bei Gold, die Chartnotierung war mit einer
der Gründe, weshalb uns die beiden Veranstalter, zwei Schweizer, für
das Open Air auf dem Gelände einer Pferderennbahn in Ibiza buchten.
Als Headliner. Im Vorprogramm war eine angesagte spanische Band,

die selbst gerade in den nationalen Charts weit vorn war, angekündigt. Ich wusste jedoch nicht, dass noch eine weitere Gruppe im Gespräch war, aber das sollte sich an diesem Tag noch klären.

Als Andrea und ich nachmittags am Konzertgelände ankamen, war bereits der Soundcheck im Gange. Ich klinkte mich ein, der Soundcheck verlief problemlos. Die Jungs hatten die Technik höchst professionell vorbereitet. Anschließend saß ich mit Andrea in der Garderobe, als ein in Weiß gekleideter Mann mit langen Haaren reinkam. Das Gesicht kannte ich sofort, als er mich fragte: „Hi, do you know me?" – „Yes, of course I know you!", sagte ich, denn es war Jimmy Page von *Led Zeppelin*, einer der berühmtesten Gitarristen dieser Welt. Nun kam er mit seinem Problem zu mir, weil er dachte, dass ich, ein Gitarrenkollege, ihm helfen würde. Sein Problem bestand anscheinend darin, dass er mit seiner Allstar-Band vor uns spielen sollte, und das schmeckte ihm offensichtlich gar nicht. „Seine" Band, bestehend aus Sänger Ronnie James Dio, dem *Yes*-Bassisten Chris Squire und Jason Bonham (John Bonhams Sohn) am Schlagzeug, sollte laut Jimmy als Hauptact spielen: „There are more well known stars in my band than in yours", war sein Argument. Wow! Als Rockmusiker hast du gleich einmal intuitiv ein „Bist du deppert!" im Kopf. Das war nüchtern gesagt wahrlich eine sehr prominente Besetzung. Allesamt Legenden. Aber was tun? Ich konnte ja nicht die Reihenfolge des Veranstalters ändern oder Johann, unseren Manager, „overrulen".

Da stand also Jimmy Page vor mir und umgehend hatte ich die Bilder aus meiner frühen Gitarrenzeit im Kopf, als ich als junger Fan seine Licks von „Stairway To Heaven" oder „Whole Lotta Love" nachspielte. Was blieb mir anderes übrig, als ihm zu sagen, dass der Veranstalter offensichtlich Opus als Headliner gebucht habe und ich ihm mit seinem Problem leider auch nicht weiterhelfen könne, weil ich ja schließlich auch nicht für die Organisation zuständig sei. Das war diplomatisch. So wie man sich als Gitarrist halt einem Jimmy Page gegenüber verhält. Der war sichtlich enttäuscht ob meiner ablehnenden Haltung ihm gegenüber, blickte mich grantig an und verließ grußlos die

Garderobe. Auch gut. Zumindest war das geklärt. Die Entscheidung des Veranstalters, die Allstar-Band anfangen zu lassen, stellte sich schlussendlich auch als durchaus sinnvoll heraus, denn ihr Auftritt war nicht wirklich sehr genüsslich. Die Jam-Session der Künstler mit den berühmten Namen, die jedoch (zumindest an diesem Abend) sehr uninspiriert agierten, bekam auch keinen tosenden Applaus. Das war – und das will ich ehrlich zugeben – auch für mich enttäuschend. Aber jeder kann mal einen schlechten Abend haben. Jimmy Page wird trotzdem immer ein Ausnahmekünstler für mich bleiben. Auch wenn ich an das grantige Gesicht denke.

Unser Auftritt dagegen war sehr umjubelt, nicht nur von tausenden Fans, die ja wegen uns gekommen waren, sondern auch von den lokalen Zeitungen und Radiostationen. Keine Frage, „Live Is Life" mussten wir an der Stätte des Entstehens zweimal spielen und das Publikum sang begeistert mit. Heute noch treffe ich Leute, stolze Österreicher, die dieses Open Air miterlebt haben und mir zum Erfolg damals gratulieren.

Leider ging sich ein gemeinsamer Besuch am Strand von Cala Vadella, wo das Lied ein Jahr vorher entstanden war, nicht mehr aus. Wir mussten zu den nächsten Gigs, zu Auftritten in der Arena von Verona und in der Bosporus-Arena von Istanbul. Am Morgen nach dem Open Air saßen wir daher bereits wieder im Flugzeug.

Adiós Ibiza und danke für die Inspiration zu „Live is Life".

Am Flug über Barcelona nach Verona trafen wir auch Jimmy Page von *Led Zeppelin* wieder, der noch immer grantig war und mich keines Blickes würdigte. Das kostete mich allerdings nur ein verschmitztes Lächeln, denn wir Künstler sind doch im Grunde auch immer nur Menschen.

Lateinamerika Part I

Über den Wolken

Mitte der 1980er-Jahre führte der Weg unserer Karriere endgültig bis ganz nach oben und das (fast) weltweit! Nachdem „L=L" in Europa in allen Charts prominent vertreten war, ging es nun für uns auf den amerikanischen Kontinent.

1985 war jenes Jahr, wo Pop- und Rockmusik global ein Statement abseits des üblichen Entertainments setzte. Ich habe dieses Thema ja schon kurz gestreift und möchte hier noch einmal darauf eingehen. Am 13. Juli ging *Live Aid* auf zwei Kontinenten über die Bühne. Es war die wohl größte und erfolgreichste Charity-Show der Musikgeschichte. Ausgehend von Bob Geldofs *Band Aid*-Projekt wurde die Benefizaktion auf eine nächsthöhere Ebene gehoben. London und Philadelphia waren die Spielorte und die TV-Übertragung ein Highlight. Die Liste der Superstars, die sich in den Dienst der guten Sache gestellt hatten, ist legendär. Was uns betrifft und auch ein wenig stolz macht, ist, dass wir mit *Austria für Afrika* und dem Song „Warum" auch mit dabei waren, Initiator war der Regisseur Rudi Dolezal.

Wolfgang Ambros und Rainhard Fendrich haben den Titel geschrieben und neben den beiden standen wir mit Ulli Bäer, Maria Bill, Peter Cornelius, Georg Danzer, *DÖF*, Hansi Dujmic, der *Kurt Gober Band*, André Heller, Hansi Lang, *Minisex*, Tom Petting, den *Schmetterlingen* mit Willi Resetarits, *S.T.S.* und Wilfried auf der Bühne. Alles Weitere ist Austro-Musikgeschichte, aber weshalb ich mich erneut diesem Thema gewidmet habe, lässt sich bei der Aufzählung dieser Besetzung bereits erahnen. Das Ganze ist nun bereits ein Vierteljahrhundert her und nicht gerade wenige dieser Kollegen sind heute nicht mehr unter uns. Was allerdings geblieben ist, das sind die Erinnerungen an diese Künstler, ihre Stimmen, ihre Kreativität und vor allem auch ihre Songs, die sie uns hinterlassen haben. Es sind unvergessliche Werke und nicht minder unvergessliche Acts, die das Potenzial dieses, unseres, Musiklandes Österreich dokumentieren. Ein Potenzial, für welches ich mich seit vielen Jahren immer wieder mit Vehemenz einsetze. Natürlich handle ich mir dabei auch manchmal den „Sturschädel" ein, aber das interessiert mich nicht. Wenn uns auch in Zukunft solche Künstler und Künstlerinnen, solche Songs und Hits in Österreich gelingen sollen, dann dürfen wir das Musikland nicht zu einer Abspielstation internationaler Lieder degradieren, sondern müssen viel mehr dazuschauen, dass wir es wieder zu einer ähnlichen Wahrnehmung unserer heimischen Szene schaffen, wie damals, in den 1980er-Jahren. Denn für uns alle gilt: „Live is Life". Unsere Musik, die Bühne, das ist unser Leben, und von der eigenen Musik lässt es sich nur leben, wenn die Wahrnehmung vorhanden ist. 1985 war das so und darauf waren nicht nur wir stolz, sondern auch im eigenen Land wurden wir dafür gefeiert. Nicht nur als Hit-Lieferanten, sondern auch als musikalische Botschafter des Musiklandes Österreich!

Und in der Tat, wir waren viel unterwegs, damals, 1985.

Über den Wolken, am Weg nach Mexiko und bei dem ewig langen Flug über freies Wasser, kommen einem die unterschiedlichsten Gedanken. Das Wrack der Titanic wurde gerade erst gefunden. So kann's auch gehen. An sich unsinkbar, und dann macht ein Eisberg klar, dass nichts im Leben ewig ist.

Aber wir da hoch oben im azurblauen Himmel durften uns nach Stunden wieder in den Sinkflug begeben. Zwischenlandung in Miami und damit auch unsere ersten Schritte auf amerikanischem Boden. Der erste Eindruck war: Wow! Die Skyline von Miami bis direkt ans Wasser reichend, Palmen, *Miami Vice* ließ grüßen.

Auch unser Hotel lag direkt am Meer. Wir checkten ein und dann nichts wie raus. Die warme Luft Floridas lockte und wir, die gesamte Crew, freuten uns auf ein kaltes Bier, draußen, unter sich sanft im Wind wiegenden Palmen … An der Rezeption wurden wir jäh gestoppt. Besser nicht rausgehen, meinte der Rezeptionist. Zu gefährlich. Wie? Das konnten wir nicht glauben, oder wollten es einfach nicht wahrhaben, und gingen trotzdem ein Stückchen in die Stadt. Downtown Miami. Keine Rede mehr von Glitzerfassade. Die Läden der Geschäfte waren meist alle mit Brettern zugenagelt und eine offene Bar war kaum zu finden.

Ich sprach meinen Gedanken laut aus: „Wo sind wir hier gelandet? Wieder in der UdSSR?" (Dazu, zur anderen Großmacht der damaligen Welt, kommen wir später im Buch noch.) Endlich, die Leuchtreklame einer Bar und wir, die gesamte Mannschaft, elf Mann hoch, gingen hinein … und gleich wieder raus.

Die Blicke, die man uns zuwarf, die sprachen Bände. Yes, wir hatten die falsche Hautfarbe und das spielte offenbar eine gewaltige Rolle. Miami war damals in den 80ern ein wahrlich hartes Pflaster. Die Stadt befand sich mitten im sogenannten „Miami drug war" und dieser hielt sie fest im Griff. In der Serie *Miami Vice*, die damals gerade angesagt war, sieht das alles nach Hochglanz-Action aus. Aber das war es nicht. Vielmehr spiegelte der Film *Scarface* mit Al Pacino die Realität wider. Wir zogen also unverrichteter Dinge wieder ab und gingen zurück ins Hotel. Dort gab es auch dieses typisch amerikanische, eiskalte, leichte Bier. Miami sah uns nur kurz, denn am nächsten Tag ging es bereits weiter nach Mexiko.

Mexiko liegt geografisch in Nordamerika, ist aber das Tor zu Mittel- und Südamerika. Dass wir dort einmal die meisten Fans haben würden, konnte keiner von uns erahnen, ja nicht einmal erträumen. Von Mexiko Richtung Süden entpuppte sich alles überraschend als Opus-Land. Die Mexikaner waren ganz wild auf uns und unser „Live Is Life". Ich werde nie vergessen, wie wir im Dezember 1985 am Flughafen von Mexico City empfangen wurden. Auf jedem Monitor lief unser Video und hunderte Journalisten warteten auf uns bei der vorbereiteten Pressekonferenz. Wir hatten in unserem Team auch einen Dolmetscher dabei, Vishu, ein in Wien wohnender Chilene, der, eh klar, perfekt Spanisch sprach. Er übersetzte die Fragen und dann die Antworten. Das klappte gut.

Eine der bemerkenswertesten Fragen, die uns gestellt wurden, war auf Englisch: „Where the hell is Oberwart?!" Sie bezog sich auf die relativ große Aufschrift auf dem „L=L"-Album- und Single-Label: „Live recorded in Oberwart". Okay, berechtigte Frage. Trotz der engen gemeinsamen Geschichte Österreichs und Mexikos durch Maximilian I., einen einstigen Erzherzog von Österreich. Ein Habsburger, der ein paar Jahre Kaiser von Mexiko war, ehe er nach einem Aufstand, angeführt von Ex-Präsident Benito Juárez, gefangengenommen und 1867 hingerichtet wurde. Diese Geschichte las ich schon als Bub in Karl Mays Abenteuerromanen. Apropos Karl May, dessen spannende Bände verschlang ich mit großer Begeisterung, fast alle und mehrmals. Natürlich auch Winnetou I, II und III. Außerdem, und das hat mit unserer jüngeren Geschichte zu tun, gibt es in Wien den Mexikoplatz, und da wurde, auch just im Jahr 1985, ein Gedenkstein mit folgender Aufschrift enthüllt: *„Mexiko war im März 1938 das einzige Land, das vor dem Völkerbund offiziellen Protest gegen den gewaltsamen Anschluss Österreichs an das nationalsozialistische Deutsche Reich einlegte. Zum Gedenken an diesen Akt hat die Stadt Wien diesem Platz den Namen Mexiko-Platz verliehen.*

Na bitte, wenn das nicht für die besonderen Beziehungen zu Mexiko sprach. Oberwart allerdings mussten wir erklären. Entfernung, Lage, unsere Herkunft und so weiter. Damals mit dem Auto, gut und gern zwei Stunden südlich vom Mexikoplatz. Wie weit sich das dann in den mexikanischen Medien niedergeschlagen hatte, weiß ich nicht, aber wir taten unser Bestes für Oberwart.

Die ersten Auftritte am 30. November und 1. Dezember 1985 in einem Club in Mexico City waren wegen der hohen Ticketpreise nur für elitäre Kreise erschwinglich, deswegen forderten wir ein Konzert für das normale Publikum, welches dann bei unserem zweiten Besuch im Februar 1986 in der Stierkampfarena zustande kam. Unsere hauptsächliche Tätigkeit in der Riesenmetropole waren von früh bis spät Promo-Auftritte in TV-Shows, bei Radiostationen und Interviews, immer wieder Interviews zu geben und noch mehr Interviews. Viele davon Live. Das führte dazu, dass wir den ganzen Tag mit einem VW-

Bus unterwegs waren, während immer mehr Fans, die unsere Live-Interviews verfolgten, uns auf den verstopften Boulevards begleiteten. Vom Frühstücks-TV zur Radiostation, von der Live-Telenovela zum Unplugged-Radio-Gig, weiter zum nächsten Radio-Interview und abends zur großen TV-Gala mit bezaubernden Tänzerinnen und einem sehr euphorischen Publikum. Aus Zeitmangel aßen wir die Mittagspizza im VW-Bus und die Fans schauten uns von draußen zu. Es war ein spektakulärer Opus-Korso, der sich gebildet hatte, und das nahmen wir gern in Kauf. Die Sympathie der Menschen, die Begeisterung, die sie uns entgegenbrachten, hat unseren Künstlerseelen sehr gutgetan. Beklemmend war jedoch, dass vor unserem Besuch am 9. September 1985 Mexico City von einem schlimmen Erdbeben getroffen wurde, welches mehr als 10.000 Opfer forderte. Viele zerstörte Hochhäuser und Straßen zeugten davon und waren bei unseren Besuchen im Dezember und Februar 1986 zu sehen.

Neben unserer Promo-Arbeit blieb doch auch noch ein wenig Zeit, sich außerhalb von TV-Studios und Radiostationen umzusehen, und so besuchten wir die von den Azteken erbaute Sonnen- und Mondpyramide in Teotihuacán, beide befinden sich nahe der Stadt.

Während wir die Sonnenpyramide hinaufstiegen, entdeckte uns ein Rudel junger Leute. Wie sich herausstellte, handelte es sich bei der Gruppe um einen mexikanischen *Beatles*-Fanclub. Also lauter Musikfans. Die fingen spontan an, „Nana Nanana" zu singen, worauf wir gern einstiegen und alle gemeinsam „Live is Life" sangen. Solche Erlebnisse machen einem im Trubel der ganzen Ereignisse immer wieder bewusst, welchen Weg unser Song genommen hat. Von Oberwart bis hinauf auf die Sonnenpyramide. Eigentlich unglaublich. Am letzten Abend gab es zum Abschied eine Einladung unserer Plattenfirma *Polydor* in ein vornehmes Restaurant. Eine Mariachi-Band spielte auf und jeder von uns fünf bekam einen großen, schweren schwarz-silbernen Mariachi-Sombrero geschenkt. Die Dinger mitzunehmen war unmöglich, denn unsere Reise ging ja weiter, also wurde uns versprochen, die Hüte mit der Post nach Österreich zu schicken. Die kamen aber leider nie an.

Nächste Landung

Caracas - Venezuela

3.595 Kilometer Luftlinie liegen zwischen Mexico City und Caracas in Venezuela, dem sechstgrößten Land Südamerikas. Jenes Venezuela, in welches wir damals unterwegs waren, ist mit dem heutigen nicht zu vergleichen. Bis Anfang der 1980er-Jahre war es nahezu eine ruhige Oase in einer Region, die von Diktaturen, Gewalt und Unruhen geplagt wurde. Ungefährlich war es trotzdem nicht, aber im Gegensatz zu anderen Ländern halt noch besser. Der endgültige Abstieg mit Inflation und Wirtschaftschaos erfolgte *peu à peu* ab den späten 80er- und 90er-Jahren.

Bei der Ankunft erwarteten uns schon etliche Leute vom Veranstalter, der gleichzeitig die staatliche Radio- und TV-Gesellschaft war. Ein Medien-Mogul also, der alles unter Kontrolle hatte. Aber ganz wichtig war, dass für jeden von uns elf aus dem Tross bereits ein persönlicher Leibwächter am Flughafen abgestellt war, um uns von der Ankunft bis zum Abflug rund um die Uhr zu beschützen. Die Bodyguards gingen mit uns sogar auf die Toilette und warteten vor der Klotür. Das Land, die Stadt, galten damals bereits als gefährlich, Überfälle, Entführungen und Schießereien waren an der Tagesordnung. Von einem befreundeten Venezolaner, Ismael Barrios, der bei einer Opus-Tour auch als Percussionist mitgespielt hatte, wissen wir, dass es heute nicht besser ist. Seine Mutter, erzählte er, trage immer eine Pistole bei sich …

Die beiden ausverkauften Konzerte in der größten Halle Caracas' fanden am 3. und 4. Dezember 1985 statt. Das *Poliedro de Caracas*, die Konzerthalle mit der außergewöhnlichen Dach-Konstruktion, ist größer als die Wiener Stadthalle und fasst bei Konzerten bis zu 20.000 Besucher. Eric Clapton, *Queen* und viele andere standen seit der Eröffnung 1974 bereits auf dieser Bühne.

In Venezuela mit den Bodyguards im Dezember 1985.

Unsere beiden Auftritte liefen super, die Leute flippten aus, aber am spektakulärsten war wohl, was sich da vor unseren Augen plötzlich abspielte und nach einem Abbruch des ersten Konzerts aussah: Kurz nach Beginn unserer Show wurde mitten im Parterre ein Feuer entzündet! Und kein kleines. Hohe Flammen loderten Richtung Hallendecke! Dann begannen die Einheimischen um das Lagerfeuer zu tanzen. Unpackbar! Uns schoss gleich *Deep Purple* und ihr „Smoke On The Water" durch den Kopf. Wir konnten nicht glauben, was da abging. Plötzlich, so wie es begonnen hatte, war es nach ein paar Schreckminuten wieder vorbei. Das Feuer war aus und unser Konzert ging weiter, als wäre nichts geschehen. Anscheinend war das ganz normal in dieser Halle hier, denn niemand regte sich großartig auf und auch von Panik war nichts zu spüren. Stellt euch das einmal bei uns vor. Da ist vor jedem Konzert eine Begehung mit der Feuerwehr. Der Sicherheit wegen. Wenn du dann sagst: „und hier machen wir ein großes Lagerfeuer, damit die Leute drum herumtanzen können", kannst du gleich einpacken.

Eine knappe Woche waren wir in Caracas und zu den beiden Shows kamen auch TV, Radio, Interviews und weitere Promoaktivitäten. Als wir gefragt wurden, ob wir uns lieber die weltweit größten Wasserfälle, die *Angel Falls*, die knapp tausend Meter im freien Fall im Urwald in die Tiefe donnern, oder einen Badeausflug in die Karibik wünschten, entschieden wir uns für Strand und Meer und flogen auf die Isla de Margarita, eine zu Venezuela gehörende Karibik-Insel. Zu den Wasserfällen konnte man nämlich nur mit einem Boot und die Fahrt dorthin dauerte mindestens einen Tag. Da wir ohnehin immer stressige Termine hatten, kam die Auszeit am Strand gerade recht.

Wir verbrachten somit drei herrliche Badetage auf dieser damals noch paradiesischen Insel, heute sind leider viele der ehemals unberührten Traumstrände vollgestellt mit Hotelkomplexen.

Ausgeruht flogen wir danach wieder zurück nach Caracas, um uns für die Weiterreise nach Schweden bereit zu machen. Vom Sommer mit mehr als 30 Grad schnurstracks hinein in den europäischen Winter. Dort erwarteten uns heftige minus 30 Grad.

Hej, hej! –
willkommen in Schweden!

Wir flogen also direkt in die Tiefkühltruhe. Vom harten Pflaster Venezuelas zu den friedlichen und freundlichen Schweden. Dort grüßen sich alle mit einem schlichten, sympathischen Hej.

Wir waren auf Schweden vorbereitet und so fanden sich in unserem Gepäck auch Winterklamotten, die wir umgehend brauchten, denn als wir am Flughafen von Stockholm landeten, war es Nacht und es schneite. Zur Abholung wurde uns ein Mercedes-Transporter geschickt.

Der Fahrer erwartete uns vor der Ankunftshalle und war adjustiert in Jeans und T-Shirt. Und das bei vollem Winterwetter und minus 1 Grad. Der offenbar kälteunempfindliche Wikinger begrüßte uns mit einem freundlichen „Hej!", verstaute unser Zeug im Auto und chauffierte uns zum Hotel.

Stockholm war enttäuschend, denn wegen zu geringer Ticket-Nachfrage kam das Konzert leider nicht zustande. Die Shows in Strängnäs und Malung hingegen waren fix. Die erste war ein recht guter Erfolg, aber mit der Reaktion der südamerikanischen Fans nicht zu vergleichen. Danach ging es etwa 300 Kilometer weiter nördlich nach Malung.

Bei der Abfahrt am nächsten Morgen war es wolkenlos und eiskalt. Unserem Fahrer, dem kälteresistenten Schweden, war das aber egal, denn er kam im gleichen Outfit. Seinem austrainierten Körper machte die Kälte offenbar nichts aus. Uns drückte er alte Zeitungen in die Hand. Zum Draufsetzen. Das solle die Kälte besser abhalten. Angeblich. Trotzdem war es im wahrsten Sinne des Wortes arschkalt.

Die Schneelandschaft wirkte richtig kitschig. Winterwonderland. Die Äste der Bäume komplett gefroren, denn es wurde immer kälter, und als wir so durch die ewiglangen Waldstraßen Richtung Norden fuhren, zeigte das Thermometer später bereits minus 30 Grad! Zwischendurch musste der Schwede ein paarmal stehen bleiben, um die Dieselleitungen mit einem Bunsenbrenner aufzutauen, weil diese wegen der Eiseskälte einzufrieren drohten! Als wir endlich nach mehr als sechsstündiger Fahrzeit am Auftrittsort ankamen, erfuhren wir, dass unser Truck mit der Anlage aus Österreich kommend ebenfalls mit eingefrorenen Dieselleitungen zu kämpfen hatte und deswegen viel Verspätung haben würde. Nachdem er dann letzten Endes doch noch sein Ziel erreichte, verschob sich der Beginn der Show um etwa zwei Stunden nach hinten. Die tausend Fans mussten, während wir noch Soundcheck machten, draußen in der Kälte vor der Halle warten, bekamen da aber anscheinend sehr viel Alkohol zu trinken, was das Konzert dann auf seine Art wirklich einzigartig machte: Wie eine Masse von Außerirdischen und vollkommen reaktionslos wogte die betrunkene Menge hin und her. Für uns auf der Bühne fühlte es sich in etwa so an wie auf Deck eines Schiffes bei stürmischer See! Und vor allem, im völligen Gegensatz zu den heißblütigen Südamerikanern kam keine Reaktion nach den Songs. Kein Applaus, keine Pfiffe, noch sonst irgendetwas. Stille.

Die Schweden starrten uns nur an und wir auf der Bühne konnten es nicht fassen. Vielleicht waren die ja alle eingefroren, aber mit viel Alk im Leib ist das eher unwahrscheinlich. Hier, in Malung, war alles unglaublich. Das Publikum. Die Stimmung. Die Kälte. Es war so unglaublich kalt, dass ich mir beim Heimmarsch zum nahegelegenen Hotel Erfrierungen an beiden Händen zuzog. Meine österreichischen Wollhandschuhe froren gleich mit ein.

NACHSATZ: Laut Wikipedia zählte Malung im Jahre 2015 exakt 4.927 Einwohner. Gehen wir also davon aus, dass es 1985 ungefähr ähnlich viele gewesen sein mögen, denn von einer drastischen Entvölkerung in den vergangenen Jahrzehnten stand da nichts geschrieben. In Malung hatten wir rund tausend Leute bei unserem spooky Konzert, welches sich heute als einsamer Rekord entpuppt, denn da hatte sich ein gutes Fünftel der Bewohner des Ortes bei uns zum Anschweigen eingefunden. Stellt euch vor, sowas wäre uns in Mexico City gelungen.

Lateinamerika Part II

Bienvenido a Chile

Anfang Februar 1986 entflohen wir dem europäischen Winter erneut Richtung Süden. Am Reiseplan stand als erstes Chile.

Wie gehabt ein Zwischenstopp in Miami, mit den gelernten Erfahrungen vom ersten Trip. Der nächste Flughafen, den wir kennenlernten, war der von Buenos Aires.

Darauf folgte ein eindrucksvoller Flug über die flachen Rinderweiden Argentiniens, der weiterging über die sich steil aufbauenden, fast 7.000 Meter hohen Anden hinüber nach Chile, bis zur Landung in Santiago, der chilenischen Hauptstadt. Ich werde diesen epochalen Eindruck vom Anblick der Anden nie vergessen! Von dort wurden wir weitergebracht nach Viña del Mar, der viertgrößten direkt am Pazifik gelegenen Stadt Chiles.

In Viña del Mar findet seit Jahrzehnten ein sehr prominent besetztes Musikfestival statt, das in ganz Latein- und Mittelamerika sowie in den südlichen Staaten Nordamerikas per TV-Show übertragen wird. Die Quote, die dabei erreicht wird, kann sich mit etwa 400 Millionen Zusehern absolut sehen lassen!

Unmittelbar nach der Ankunft war unser erstes Ziel klar: Wir wollten unbedingt den Pazifik sehen. Da standen wir am Strand, vor uns dieses gigantisch große Meer, und neben uns groovte ein kleiner, zahnloser Indio, der begleitet auf seiner Teufelsgeige unser „Nana Nanana" sang. Was für ein Empfang am anderen Ende der Welt!

Die Auftritte am 9. und 10. Februar in dem wunderbaren und beeindruckenden, direkt am Pazifik gelegenen Quinta Vergara Amphitheater waren, neben Opus & Freunde in Graz Liebenau, die eindrucksvollsten und die geilsten unserer Karriere.

Am ersten Tag trat vor uns die berühmte Drummerin Sheila E. mit ihrer Band auf. Am zweiten Tag war es dann Laura Branigan und Band, und dann, bei unserer Show, da flippten die 30.000 Menschen (an beiden Tagen) im Auditorium völlig aus. Herwig hatte sich für die Shows in Lateinamerika einige Sätze auf Spanisch vorbereitet, um das Publikum direkter einbinden und motivieren zu können, was entsprechend gut angenommen wurde. Die Menschen im Theater versuchten alle Songs mitzusingen und wurden wahrscheinlich auch durch die „L=L"-Liedzeile *„When everyone gives everything and every song everybody sings"* dazu animiert.

Pressekonferenz beim Festival in Viña del Mar (Chile) im Februar 1986, in der Mitte Vishu, unser Dolmetscher.

Offenbar waren alle gut vorbereitet, was ziemlich sicher auch an der hohen Verkaufszahl unserer Musikkassetten in Chile lag. Die Leute sangen die ganze Zeit mit, schmissen vor Begeisterung immer wieder ihre Sitzpolster in die Höhe und rasteten vor allem bei „Live Is Life" vollkommen aus. Herwig nutzte das beim Mitsingpart des Songs insofern aus, als dass er sich auf der Bühne hinschmiss und am Rücken liegend die orgiastischen Fans dirigierte! Und die waren total aus dem Häuschen! Ich glaube, dass diese beiden TV-Live-Konzerte mit Millionen-Publikum, neben Diego Maradonas kunstvollem Gaberln (darüber später noch im Buch), hauptsächlich dafür verantwortlich sind, dass wir in Lateinamerika immer noch so viele Fans haben!

Die positiven Kommentare und vielen Gratulationen von Laura Branigan, Sheila E. und ihren kalifornischen Musikern nach den Shows am Hotelpool nahmen wir dankend entgegen. Es tat uns einfach richtig gut. Allerdings gab es auch einen Kollateralschaden. Am Tag zuvor ignorierte Mucky die im Hotel angebrachten Warnungen, die Zeit am Pool wegen der Intensität der Sonne auf zwanzig Minuten zu beschränken, und fing sich einen Sonnenbrand ein, der sich gewaschen hatte. Die zweite Show hat er deshalb in besonderer Erinnerung.

Mit wenig Schlaf samt Brummschädeln nach einer ausgelassenen After-Show-Party und schönen Erinnerungen an das Erlebte ging es am nächsten Tag weiter nach Guatemala City.

In Guatemala

Nur der Hauch eines Busserls

Februar 1986. Die beiden Festivals in Viña del Mar hatten wir gut hinter uns gebracht, und nun stand Mittelamerika am Reiseplan. Genauer gesagt sollte es nach Guatemala gehen. Doch ganz so einfach lief das nicht. Johann hatte sich, so wie zumeist, wieder als Sparefroh ausgezeichnet, und das hatte feste Auswirkungen auf unsere Reiseroute. Mit viel Akribie suchte er jeweils unter den südamerikanischen Airlines die billigsten aus, was dazu führte, dass wir nicht den direkten Weg nehmen konnten, sondern quasi nicht nur mit der Kirche, sondern mit mehreren Kirchen um die Kreuze geflogen sind: aufsteigen, Landung, umsteigen, aufsteigen, Landung, und so ging das über Bolivien, Peru, Panama und Costa Rica, bis wir schließlich in Guatemala-City ankamen. Nicht witziges Airport-Hopping. Doch so haben wir eine Menge Flughäfen kennengelernt, darunter auch jenen in Lima, Peru.

Wir kamen dort eines Nachmittags an und mussten laut Plan mehrere Stunden auf den Anschlussflug nach Panama City warten.

Flugreisende wissen, was das bedeutet: Der immer wieder hoffnungsvolle Blick rauf auf die Anzeigetafel, und dann rattert genau nur dein Flug, während die anderen sich nicht bewegen. Die Ziffern blättern wie Spielkarten beim Ausgeben vor sich hin und am Ende haben sie dir wieder eine gute Stunde draufgebucht. Nachdem sich die Eincheckzeiten immer erneut nach hinten verschoben haben, suchten wir uns eine Ecke im Wartesaal des Airports und machten es uns dort am Boden so gut es ging bequem. Airport-Hopping schlaucht.

Es dauerte nicht lange und Niki zuckte bald wieder aus. Er beschwerte sich bei Johann, schimpfte über die unsinnige Reiseplanung, aber im

Grunde erreicht man damit auch nichts. Wir anderen hatten uns mit langen Wartezeiten abgefunden und richteten uns zum Schlafen am harten Boden ein. Eine Rockband auf Tour. Das voll erfüllte Klischee. Ab Mitternacht wurde uns dann auch noch das Licht abgedreht, aber an einen erholsamen Schlaf war nicht zu denken. Dösen. Mit schweren Augen wurden Minuten zu Stunden und die Knochen taten weh.

Um fünf Uhr früh, der Morgen war bereits angebrochen, kam es endlich zum Boarding. Das Flugzeug stand eh schon seit zwölf Stunden bereit, aber sonst war tote Hose. Oder besser gesagt keine Hose, die sich blicken ließ und sich dranmachte, das Ding in die Luft zu bringen. Endlich ein Auftritt der Crew. Allen voran der Pilot. Dieser entschuldigte sich wortreich für die Verzögerung und lieferte eine seiner Meinung nach schlüssige Erklärung mit: Man, also er und seine ganze Truppe, sei beim Besuch in der Stadt aufgehalten worden …

Also wie jetzt? Einfach nur die Zeit übersehen, oder was? Echt jetzt? Es ist dieses Schwanken zwischen Ärger und „Es ist eh schon alles wurscht", mit dem du dann in den Flugzeugsessel fällst und einfach nur willst, dass das Ding endlich fliegt.

Und es flog. Nennen wir es unruhig, aber es fühlte sich an, als hätte die Luft, durch die wir flogen, Stufen. Holterdipolter und immer schön angeschnallt bleiben. Irgendwann senkte der Flieger die Nase und endlich setzten wir in Panama City auf. Wir hatten wieder festen Boden unter den Füßen.

Nach der harten Nacht am Flughafenboden sollte uns nun ein Bett in einem direkt am Meer gelegenen Ressort erwarten. Die Vorfreude war entsprechend groß. Endlich ein weiches Bett, Meeresrauschen, eine leichte Brise kam durchs Fenster ins Zimmer und draußen waren schemenhaft am Horizont die Lichter der großen Schiffe zu sehen. Nun, es war doch ein wenig anders.

Ich habe in meinem mittlerweile sieben Jahrzehnte langen Leben nie wieder einen dichteren Nebel erlebt als jenen damals in Panama. Es war, als präsentierte sich uns die Stadt wie durch eine Milchglasscheibe. Die Hand vor den Augen, sie war zu sehen, aber das war es dann auch. Keine Lichter der Schiffe am Horizont, ja nicht einmal die vis-à-vis gelegene Hofseite des Hotels war zu erkennen. Wenn ich heute bei uns im Verkehrsfunk eine Meldung über dichten Nebel höre, dann ist sofort die Erinnerung an Panama wieder da. Kusche sagt heute noch, wenn er sich an Panama erinnert, war es das feuchteste Land, das er je kennengelernt hat.

Aber das Bett im Hotel war gut. Es ließ die Erfahrungen vom Flughafenboden rasch verblassen.

Am nächsten Tag schien die Sonne und wieder ging es in einen anderen Flieger. Der flog mit uns über San José, die Hauptstadt von Costa Rica, und dann endlich weiter nach Guatemala City. Dort wurden wir bereits freundlichst erwartet.

Am Flughafen war ein vielköpfiges, offizielles Komitee der Stadtregierung angetreten, um uns zu begrüßen. Selbst die damalige Miss Guatemala wurde aufgeboten und wir fühlten uns willkommen. Bei den Pressefotos war die schöne Miss zwischen uns natürlich der Blickfang. Die TV-Kameras und Fotografen hatten ihre Bilder und wir eine erfreuliche Abwechslung nach der anstrengenden Reise der letzten Tage.

Der Auftritt in Guatemala City sollte im Rahmen eines Friedensfestivals im Stadion stattfinden. Mit dabei waren einige weltbekannte Acts, darunter die *Miami Sound Machine* mit der Leadsängerin Gloria Estefan, der US-amerikanische Sänger und Songwriter El DeBarge sowie viele weitere. Allesamt Acts, die damals in den Hitparaden vorn mit dabei waren. Das Line-up, also die Liste der auftretenden Künstler und Künstlerinnen, war beeindruckend und konnte sich sehen lassen.

Der ursprüngliche Veranstalter des ganzen Spektakels, der sprang kurz vor dem Festival ab – ja, es heißt nicht umsonst „There is no business like show business" – und so übernahm notgedrungen die Stadtverwaltung Guatemala City die Durchführung. Der Wille war da, aber was fehlte, war die Erfahrung im Veranstaltergeschäft, und so schrammte das Festival erstmal hart an einer Absage vorbei.

Früher, also damals in den 1980er-Jahren, war das Geschäft mit Livemusik eine Art Wildwest-Business. Vor allem in eher exotischeren

Ländern musste man mit allem rechnen. Sicherheitsvorschriften, wie sie heute existieren, gab es selten, und wenn, dann wurde da gern drüber hinweggesehen. Guatemala machte beim erwähnten Friedensfest damals keine Ausnahme, und so blieb uns bei der ersten Begehung der in diesem riesigen Stadion aufgebauten Bühne gleich einmal die Spucke weg: Dieses Konstrukt, genannt Bühne, auf dem wir auftreten sollten, bestand aus Tausenden aufeinandergestapelten Bierkisten. Diese Kisten bildeten eine Landschaft aus drei Bühnenebenen. Eine rote, eine grüne und eine blaue. Alles gebaut aus Bierkisten der größten Bier-Company des Landes, die von einer Frau geführt wurde, von der ihr noch lesen werdet.

Unglaublich! Mount Bierkisteln! Es kam aber noch stärker: Es fehlte auch das Bühnendach. Gut, darüber konnte man hinwegsehen, was sich jedoch als echt lebensgefährlich entpuppte, war die Verkabelung der Elektrik. Zum Teil unisolierte Metalldrähte baumelten im Wind, lagen am Bühnenboden, und wehe, wenn auch nur ein kurzer Regenschauer aufgezogen wäre. Und kurze, heftige Schauer sind dort keine Seltenheit!

Eine Absage schien unvermeidlich und lange wurde mit den Vertretern der Stadt darüber diskutiert, wie es trotzdem möglich wäre, das Festival im wahrsten Sinne des Wortes über die Bühne zu bringen. Wir einigten uns schließlich darauf, nur Playback aufzutreten, also ohne die Instrumente anstecken zu müssen, auf viele der Scheinwerfer zu verzichten, und die offenen, unisolierten Drähte mussten alle entfernt werden.

Für uns hieß das, dass wir unsere Show auf Halb-Playback umstellen mussten. Halb-Playback bedeutet, die Musik kommt vom Band. Die Musiker (schau)spiele(r)n auf den Instrumenten, aber das Publikum hört nur die Vorab-Aufnahme. Lediglich der Gesang wird live gesungen. Bei Fernsehauftritten wird das gern auf diese Art gemacht, und daher hat jeder Act auch Versionen ohne Gesangsspur produziert und aufgenommen. Aber nicht von jedem Lied gibt es Halb-Playback-Varianten, also mussten wir zaubern.

Unsere Techniker bespielten daher ein Tonband mit den instrumentalen Song-Versionen, ausgehend von Vinyl-Alben oder Musik-Kassetten, und zum Teil auch mit den Originalaufnahmen, bei denen wir kein Instrumental hatten. Sie kopierten, editierten und schnipselten an den Songs herum und das Ergebnis war ihnen, bedenkt man die vor Ort herrschenden Umstände, gut gelungen. Auf unsere *Technikbuam* konnten wir uns verlassen, die hatten echt was drauf!

Zum Glück gab es im Reiseplan ein ausreichendes Zeitfenster. Also ein wenig dringend benötigte Auszeit. Da war für uns, die Band, noch ein Dreitagesausflug mit einer österreichischen Delegation vorgesehen, was sich a) für die unter Hochdruck arbeitenden Tontechniker als Segen herausstellte, und während die Buam die Tapes bearbeiteten, durften wir b) ein wenig Land und Leute kennenlernen. Wann kommt man schon in diese Ecke der Welt?

Was wir so nicht wussten, war, dass in Guatemala City schon seit einigen Jahrzehnten eine österreichische Schule besteht, die es heute noch gibt. Österreichisches Lehrpersonal unterrichtet an dieser Schule Kinder aus Guatemala von der Vorschule bis zur Matura. Alles auf hohem pädagogischen Niveau, und unter anderem werden die Schulstunden auch auf Deutsch gehalten. Einige Lehrer dieser erfolgreichen Privatschule hatten sich angeboten, uns ein paar eindrucksvolle Sehenswürdigkeiten der näheren Umgebung zu zeigen. Dieses Angebot haben wir gern angenommen. Mit zwei VW-Bussen brachen wir zum Sightseeing-Trip auf und genossen das Urlaubsfeeling, das dabei plötzlich aufkam. Eine Wohltat, die uns den Tour-Stress ein wenig vergessen ließ. Zu den echten *Places To Be* gehörte der von drei Vulkanen umrandete Lago de Atitlán sowie die alte Hauptstadt Antigua und der malerische Indianerort Chichicastenango. Diese drei Highlights warteten darauf, von uns entdeckt zu werden.

Zuerst ging es nach Antigua, in die ehemalige, von zwei Erdbeben zerstörte und wieder aufgebaute Kapitale mit mächtigen Kirchen, umgeben von einem noch mächtigeren Platz. Was in seiner Form beeindruckend ist, aber wenn du dann diese drei riesigen, über 3.000 Meter hohen Vulkane siehst, welche die Stadt umrahmen und von denen der eine, der Fuego, noch immer aktiv ist, kommst du aus dem Staunen nicht mehr heraus.

Weiter ging es anschließend zum Lago de Atitlán, der sich blaugrün schimmernd auf 1.560 Meter über dem Meeresspiegel vor den drei tätigen Vulkanen Tolimán, Atitlán und San Pedro auf über 130 Quadratkilometer ausdehnt. Dieser in der Tat beeindruckende, wahrscheinlich schönste See Guatemalas war in den 1960er-Jahren ein oft genutzter Fluchtpunkt für junge Amerikaner, die sich der Einberufung zum Vietnamkrieg entzogen, sich ansiedelten und auch blieben. Love and Peace. Und wir waren ja schließlich auch für ein Friedensfest engagiert.

Die Nacht verbrachten wir in einem direkt am See gelegenen Hotel. Für den kommenden Tag waren weitere Ausflüge organisiert, darunter auch der Indio-Markt in Chichicastenango. An zwei Tagen ist in der Stadt Markttag und verkauft wird von den dort lebenden Mayas vor allem Gemüse, Obst, Handgefertigtes aus Textilien, Keramik, Holz, Gold, Silber sowie Naturprodukte und auch zerkleinerter Elektroschrott. Ihr habt richtig gelesen: Schrott, in kleine Stückchen zertrümmert.

Opus beim Ausflug zum malerischen Atitlán-See: Kusche, Mucky, Herwig und ich.

Dabei handelt es sich nicht um eine landesübliche Art der Altstoffentsorgung, sondern das Ganze hat einen eigentümlichen Hintergrund: Den Schrott legen sich die Mayas ins Schlafzimmer. Das hält die bösen Geister fern. Angeblich ... und bevor sich jetzt jemand fragt, ob bei uns daheim nun Schrott aus Guatemala im Schlafzimmer herumliegt – die Antwort ist definitiv Nein.

Den Ghostbusters-Schrott nahm ich nicht mit, aber andere Souvenirs, wie die sehr fein geschnitzten Holzmasken oder ein Schwert aus Metall, das in einer Holzscheide steckt. Ja, sowas konnte man damals noch im Flugzeug mit heimbringen, heute wäre das undenkbar! Da nehmen sie dir schon das kleinste Flascherl oder die Nagelschere weg.

Auch besuchten wir ein Anwesen, in dessen Innenhof riesige Kakteen wuchsen und freundliche Papageien lebten, die sich mit uns unterhielten. Was mit den Papageien fast möglich war, gelang uns mit den nicht minder freundlichen Indios nur schlecht, denn kaum einer sprach oder verstand hier Englisch. Mit Händen und Gesten gelang uns das dann doch irgendwie. Was uns aber aufgefallen ist, war, dass die Menschen dort recht kleingewachsen sind. Sehr klein sogar, also ungefähr einen Kopf kürzer als Kusche, unser Keyboarder.

Anschließend ging es wieder zurück in die Hauptstadt, wo am nächsten Tag das *World Peace Festival Guatemala City* über die Bierkisten-Bühne gehen sollte.

Am Abend wurden wir zum Dinner geladen. Honorige Herrschaften waren in Begleitung von juwelenbehangenen Damen rund um eine lange Tafel platziert. Es handelte sich offenbar um den Polit- und Geldadel Guatemalas. Herwig erinnert sich noch gut daran, dass ihm damals ein *„Ich will gar nicht wissen, mit wem ich hier nun am Tisch sitze"* durch den Kopf ging. Allesamt lupenreine Demokraten? Lassen wir das hier einfach mal so stehen.

Als wir am nächsten Tag vom Veranstalter vor dem Hotel abgeholt und per Shuttle zum Stadion gebracht wurden, war beim Blick aus dem Autofenster bald klar, dass der Publikumszug zum Festivalgelände überschaubar war. Im Stadion dann sah es auch eher bescheiden aus.

Wir hockten in der Garderobe, warteten auf unseren Auftritt, und als es so weit war, gingen wir hinaus und teilten uns auf die drei beschriebenen Ebenen auf. Herwig ging auf die erste, die unterste Bühnenebene, Niki, Kusche und ich standen etwa einen halben Meter höher auf der zweiten Stufe, und Mucky mit den Drums war wieder einen halben Meter oberhalb von uns auf der dritten Ebene aufgebaut.

Das Konzert verlief so lala. Die Reaktion des spärlich vorhandenen Publikums war nicht vergleichbar mit den anderen umjubelten Gigs, die wir in Lateinamerika spielten.

Und dann, zum Schluss, nach der Zugabe, kam die bereits erwähnte Miss Guatemala auf die Bühne, um uns eine Friedensmedaille zu überreichen. Sie hängte uns, also Niki, Kusche und mir, diese mit zwei Küsschen begleitet auf der zweiten Ebene um den Hals, übergab Mucky die seine ohne Küsschen auf der dritten Ebene und kam dann zu Herwig. Der wollte ihr, nachdem sie ihm die Medaille von oben nach unten, also von ihrer Ebene runter auf die seine, um den Hals gehängt hatte, auch einen Kuss geben, und obwohl er sich auf Zehenspitzen so weit wie möglich emporreckte, ging sich nur ein zartes Busserl auf ihren Schoß aus …

Was für ein Fauxpas, und die Folgen waren kolossal. Von wegen Friedensfest! Die Miss rannte mit einem Schrei von der Bühne und wir wurden vom Veranstalter nicht mehr zum Hotel zurückgefahren, weil sich die echauffierte Bier-Präsidentin an die Polizei und gleich auch noch an das Militär gewandt hatte, denn dem Wüstling Herwig sollte man das nicht einfach ungeschoren durchgehen lassen.

Mir schoss sofort durch den Kopf, dass in Lateinamerika sogar schon einmal ein Krieg wegen eines Fußballspiels ausgebrochen war. 1969 kriegten sich Honduras und El Salvador in die Haare. Erst zehn Jahre später schlossen die beiden Streithähne Frieden. Das waren düstere Aussichten. Nur weg von da!

Es erwies sich als Glück, dass Backstage unsere Lehrer aus der österreichischen Schule warteten, und die brachten uns dann zurück ins Hotel. Dort ging es dann noch so richtig rund!

An ein Verlassen des Hotels war nicht mehr zu denken. Es war uns allen, der Band, den Technikern, dem Manager, unserer gesamten Tour-Gruppe, untersagt, auch nur einen Schritt vor das Haus zu setzen. Um die ganze absurde Szenerie noch zu toppen, wurde das Hotel vom Militär umstellt und Herwig sollte von der Polizei abgeholt werden. Johann Hausner und den österreichischen Lehrern ist zu verdanken, dass es nicht dazu kam. Er setzte sein ganzes Managergeschick ein und alle Hebel in Bewegung, sodass Herwig erstmal nicht abgeführt wurde.

„Ich hatte keine Ahnung, was man mir genau vorwarf, aber offenbar war die Miss wohl die Freundin einer höhergestellten Person und der oder dem gefiel gar nicht, was im Stadion zu sehen war." Dass Eifersucht im Spiel war, schien wahrscheinlich. Aus dem Hotel zu kommen war unmöglich. Man hielt uns fest und wollte uns so schnell wie möglich loswerden. Herwig: *„Die Jungs haben alle ihre Witze gemacht, von wegen ich müsse in den Knast und so, aber mir war überhaupt nicht zum Lachen zumute. Vor allem, weil wirklich gar nichts passiert ist."*

Am nächsten Tag steckten sie uns in den Bus und fuhren uns direkt zum Flugplatz. Mit der Friedensmedaille im Gepäck, die uns alles andere als Frieden gebracht hatte, stiegen wir erleichtert ins Flugzeug nach Mexico City und verließen Guatemala.

Heute können wir drüber lachen. Damals war uns und vor allem Herwig weniger zum Scherzen zumute.

In Mexiko kam es zu einer weiteren eigenartigen Begegnung: Bei unserer Ankunft am Flugplatz wartete der österreichische Botschafter auf uns. Das war schon mal gut, denn hier stand ein Vertreter unserer Heimat, der, nach den Erfahrungen in Guatemala, in möglichen anderen Situationen helfend zur Seite stehen konnte. Herwig: *„Der Herr Botschafter fischte mich aus der Reisegruppe, nahm mich zur Seite und meinte: ‚Ich werde Ihnen jetzt sagen, dass das, was Sie in Guatemala gemacht haben, in lateinamerikanischen Ländern gar nicht geht!' – Ja, was habe ich denn gemacht?' – ‚Na, Sie wissen schon …'"* Herwig war erst mal sprachlos. Dann kam der Moment, an dem er die Welt nicht verstand: *„Da steht einer, ein Österreicher, der dir eigentlich helfen sollte, und dann das …"*

Nachdem ja die Dinge meistens auch ein Nachspiel haben, weil so groteske Geschichten wie die in Guatemala nicht einfach so wieder im Nichts verschwinden, hat sich unter den Studenten in Guatemala die Stadionszene mit der Miss und Herwig zu einem Running Gag entwickelt und später sogar Eingang in ein Comedy-Programm gefunden. *„Für die war ich fast so etwas wie ein Hero geworden",* lacht Herwig. Nachsatz: *„Es gibt sogar einen Zeitungsartikel, der davon berichtet. Vierzig Jahre habe ich den aufbewahrt, gehütet wie meinen Augapfel, und jetzt finde ich ihn nicht mehr."*

Big in the USA

Tour 1986

Unser zweiter Aufenthalt in Mexico City war vor allem gekennzeichnet von einem nicht komplett ausverkauften Auftritt in der Stierkampf-Arena und noch dazu hatte mich Montezumas Rache voll erwischt. Ein Caesar Salad aus einem Straßenlokal war wohl der Auslöser gewesen. Von (oft ungewaschenem) Salat wurde uns abgeraten, aber die Warnung von mir in den Wind geschlagen. Mexikanische Klos habe ich somit zur Genüge kennengelernt und auch die Krämpfe blieben mir in übler Erinnerung. Sogar beim Konzert musste ich einmal kurz die Bühne verlassen. Es stand da wirklich Spitz auf Knopf, wie man in einem solchen Fall gern zu sagen pflegt.

Auskuriert ging es anschließend weiter über die Grenze in die Stadt der Engel. In Los Angeles wurden wir von unserem US-Manager Bill Franzblau mit einer weißen Stretch-Limousine inklusive diverser toller Drinks aus der Minibar vom Flughafen abgeholt.

Das rollende Ding spielte alle Stücke und die Fahrt bei Sonnenuntergang mit einem Glas Whiskey in der Hand Richtung Sunset Boulevard bleibt mir unvergessen. Das gibt schon ein tolles, erhebendes Feeling, wenn man so hofiert wird. Wir in der Stadt der Stars. Untergebracht wurden wir im *Hyatt on Sunset*, ein paar hundert Meter vom *Polygram*-Hauptsitz entfernt, wo wir eine Woche lang Promotion für unsere Tour machten, die zusammen mit Stevie Nicks und ihrer Band stattfinden sollte: Der Start würde am 11. April in Houston (Texas) sein und am 11. Mai 1986 war dann das Finale in Tampa (Florida) fixiert.

Jeden Tag gingen wir rüber, um Interviews für die Medien des Riesenlandes zu geben. Manche live, viele aber per Telefon.

Bei der Aufzeichnung von *Solid Gold* in den *Paramount Studios*, Hollywood, in unseren neuen Bühnenklamotten. Voll 80er!

Anschließend saßen wir gern am Rooftop Pool am Dach des sechsstöckigen *Hyatt on Sunset* und genossen diese einmalige Aussicht auf die besten Cabrios am Sunset Boulevard. Einmal besuchten wir unseren österreichischen Musikerfreund Peter Wolf bei seiner Produktion des Nummer-1-Hits „Who's Johnny" von El DeBarge und an einem dieser Tage kam es auch zur TV-Aufzeichnung von *Solid Gold*.

Als wir im Februar 1986 als erste österreichische Band die *Paramount Studios* in Hollywood betraten, um die weltweit ausgestrahlte Chartshow *Solid Gold* mit Dionne Warwick und Ray Parker Jr. aufzuzeichnen, bekamen wir die sehr prominente Bestätigung, mit unserem Song nicht nur in Österreich berühmt zu sein, sondern auch weit über Europa hinaus.

Zuvor wurden wir von den Marketing-Ladys der *Polygram* in eine richtig exklusive Boutique in Beverly Hills geführt, wo wir auf Kosten der Plattenfirma für die Show neu eingekleidet wurden. Perfekt im Stil der 80er. Amerikanisch halt! In der Maske dauerte es auch länger, als wir es sonst gewohnt waren, und da machte ich auch meine erste Erfahrung mit Eyewhitener, der das Weiß der Augen noch weißer macht! Man gibt ja schließlich alles, um im amerikanischen Fernsehen cool rüberzukommen. Bei der Aufzeichnung und Ankündigung durch Dionne Warwick und Ray Parker Jr. bekamen wir dann mehrmals die gaaanz korrekte Aussprache von „L=L" zu hören, und auch unsere Performance wurde insgesamt sechsmal gedreht, bis die Regie zufrieden und wir im Kasten waren. Perfekt amerikanisch, alles der Show untergeordnet, so wie vorhin bereits gesagt! Diese Sendung war ein weiterer sehr wichtiger Mosaikstein auf unserem internationalen Erfolgsweg mit „L=L".

Danach ging es wieder zurück in die Heimat, wo uns unsere Freundinnen schon erwarteten und wir uns intensiv auf die Tour vorbereiteten. Nach dem Motto: *If we can make it there, we'll make it anywhere ...*

Eine Karriere in den USA ist wohl der größte Ritterschlag, den sich eine österreichische Band wünschen kann. In England waren wir bereits erfolgreich, nun waren wir dabei, die Amerikaner zu überzeugen. Bist du deppert!

Einige Tage vor dem Start der USA-Tour flogen wir rüber nach Houston in Texas und probten dort vor Ort unsere Show. Unser österreichisches Team wurde zusätzlich von zwei amerikanischen Backlinern und dem Tourmanager Richard Sanders ergänzt. Richard war ein sehr lieber, sympathischer Typ, der uns, gemeinsam mit unserem Charly Drechsler, ausgezeichnet betreute. Später machte er eine Riesenkarriere als CEO von *RCA Records* und war damit auch der Plattenboss von Whitney Houston und anderen Superstars!

Meinen Titel vom ersten Soloalbum „Skyland" (erschienen 2008) „More Than Eternal" bot ich ihm für Whitney an. Er fand ihn sehr gut und gab ihn weiter an Produzent Clive Davies und sein Team, die ihn aber mit der Begründung, mein Song sei zu wenig R&B, leider ablehnten. Whitney wollte das geplante Album eher für die Black-Americans machen. Apropos Whitney: In den 80ern teilten wir in der Dortmunder Westfalenhalle bei *Ronny's Pop Show* im ZDF mit ihr und vielen anderen Stars die Bühne, um zusammen „All At Once" zu singen!

Vor dem ersten Konzert der Tour waren wir schon etwas nervös, obwohl die Hallen mit einem Fassungsvermögen von 10.000 bis 20.000 Menschen fast alle wegen Stevie Nicks ausverkauft waren und Opus ja nur der Opening Act war. Die Erwartungshaltung des Publikums war vielleicht nicht so groß wie unsere, aber das motivierte uns noch mehr!

Nach dem Motto: Alles geben und die Amis erobern!

Wir bekamen vierzig Minuten Spielzeit und durften nicht mehr als fünf Minuten überziehen. Außerdem wurde uns der Kontakt zum Star der Tour, zu Stevie, untersagt. Ihr Management, die *William Morris Agency*, zeichnete uns sogar den Weg von der Garderobe zur Bühne mit einer weißen Linie ein, von der wir uns nicht entfernen durften! Stevie Nicks kam von der anderen Seite, damit wir uns ja nicht begegneten! Das Los des Opening Acts, aber wir waren mit dabei und nur das war wichtig.

Nachdem uns der Auftakt am 11. April 1986 in Houston trotz Nervosität recht gut gelungen war, ging es in Texas weiter nach Austin und Dallas, wo uns zwei von Nicks Bandmitgliedern, der Gitarrist Waddy Wachtel und der nicht weniger prominente Drummer Rick Marotta (Carly Simon, Quincy Jones, …), zu unserer Performance gratulierten. Wobei mir Rick mit seinem ausgezeichneten, kräftigen Rock-Stil besser gefiel als Waddy, der einen sehr verschwommenen Sound (Musikerinsider: Les Paul und Twin-Reverb-Kombo!?) hatte und mir mit seinem Gefiedel nicht so imponierte. Rick – sein Bruder Jerry Marotta ist ebenfalls Drummer bei Peter Gabriel – war richtig begeistert von unserem Opus-Sound und den Songs. Er hatte sich sogar angeboten, unser nächstes Album zu produzieren. Wir waren ehrlich gesagt sehr geschmeichelt, dass uns so ein hervorragender amerikanischer Musiker helfen wollte! Dazu gibt es aber später noch etwas zu lesen.

Eine Station der Tour war auch Memphis, die Elvis-Stadt. Ein geiles Gefühl, darf ich euch sagen. Mein Gitarren-Roadie war Steve, der auf die Frage, wo ich auf unserer Tour eine geile Stratocaster erstehen könne, antwortete: *„In Memphis, Tennessee, there's a huge guitar shop and* *the owner is a friend of mine.* "Als wir nach dem Soundcheck den Laden aufsuchten, fand ich trotzdem keine wirklich famose Strat, obwohl der Besitzer etliche Exemplare, die Eric Clapton angeblich gespielt hätte, zum Ausprobieren brachte.

Letzten Endes erstand ich zum halben Preis seine selbst erzeugte St. Blues, ein Modell, ähnlich einer Telecaster, mit der ich dann als Deal unter anderem das Musik-Video von „Whiteland" bestritt.

Memphis war auch deswegen speziell, weil uns vor dem Sound-check ein angeblich berühmtes Groupie aufsuchte. Die sehr aparte, lang-haarige Schönheit war eine ehemalige Lehrerin, wie wir hörten. Jeden-falls hob die Dame ihr Shirt, zeigte uns ihre Brüste, hob auch den kurzen Rock, unter dem sie nichts trug, als Richard Sanders hereinkam und sie gleich wieder hinauseskortierte. Er riet uns dringend, solche Angebote nicht anzunehmen, da sich diese Lady an alle Männer des ganzen Tourtrosses ranmachte und die Gefahr, sich dabei etwas einzu-fangen, laut Richard sehr akut sei. Das war Warnung genug. Keiner von uns war interessiert. *No risk, no fun* schlugen wir uns gleich einmal aus den Köpfen.

Nach dem Auftritt backstage, mit Steve, Thomas Molin, Charly Drexler, Richard Sanders und Christoph Böhm.

Unsere beiden Münchner Techniker, Thomas und Christoph, hatten sich für den sechswöchigen USA-Aufenthalt eine tolle übertragene Cadillac-Limousine gekauft und fuhren nicht mit uns im Tourbus, sondern im Schlepptau hinterher. Das war anfangs witzig, aber mit zunehmend langen Strecken immer anstrengender, deswegen verkauften sie den Wagen nach wenigen Wochen wieder und gesellten sich dann doch zu uns in den Bus.

Der Bus war kein Nightliner, denn wir hatten immer Hotels der Kette *Best Western* zum Schlafen gebucht. Die Zimmer waren immer komplett gleich gebaut und eingerichtet, was zur Folge hatte, dass man öfters beim Aufwachen einfach nicht wusste, in welcher Stadt man nun genau im Bett liegt. Jede Nacht ein anderes Zimmer, welches sich dem davor aber bis zur gleichen Schraube ähnelte. Nur die Zimmernummer wechselte. Das gab oft genug lustige Verwechslungen und die richtigen Schlüssel im falschen Türschloss.

Der *Madison Square Garden* in NYC wäre echt geil gewesen, aber da spielten wir leider nicht, da die Auflagen der Gewerkschaften nicht erfüllt werden konnten. Unser östlichster US-Gig fand dann in Hartford, Connecticut statt. Vor ein paar Jahren schickte mir ein amerikanischer Fan überraschend einen Mitschnitt dieses Konzerts auf Kassette. Die Aufnahme war gar nicht mal so übel.

Schlechte News erreichten uns aus Europa. In Tschernobyl explodierte am 26. April 1986 das Kernkraftwerk und auch Österreich war davon betroffen. Wir sorgten uns sehr um unsere Freundinnen und Familien, weil die radioaktive Wolke bis in das Burgenland und die Steiermark zog. Eine belastende Situation, denn wir, weit weg und auf Tour, konnten nur hoffen, dass es für unsere Lieben nicht schlimm ausging.

Am Ende der Tour in Tampa (Florida) kam uns Purzl Klingohr, der Chef der Filmfirma *Interspot* und „Mr. Seitenblicke", mit seiner Kamera besuchen. Purzl produzierte und drehte eine Doku über unseren weltweiten Erfolg für die ARD und den ORF. Er war Hauptinitiator der Tatsache, dass es nach unserem letzten Konzert doch noch ein Treffen mit Stevie Nicks gab. Bei einem Glas Champagner kam es zu einem

Foto und Smalltalk mit ihr und ihrer Band. Obwohl Richard uns eine Art Drohung von der *William Morris Agency* ausrichten ließ, dass in diesem Fall mit keiner weiteren USA-Tour zu rechnen ist. Dann sollte das halt so sein, aber das war uns in diesem Moment wirklich egal …

Jahre später fiel mir eine sehr bezeichnende Szene im berühmten Film von Billy Wilder „Manche mögen's heiß" (1959) auf, wo Marilyn Monroe im Zug die als Musikerinnen verkleideten Tony Curtis und Jack Lemmon fragt: *„Wer hat denn euch verpflichtet?"* – und sie antworten: *„Die William Morris Agency!"*

Ja, diese Agency hat Geschichte und großen Einfluss, ohne Frage, und tatsächlich war es unsere erste und letzte US-Tour! Aber wir waren da und wir fielen nicht auf die Schnauze!

Gemeinsam mit Purzl machten wir New York City unsicher, mieteten auch einen Helikopter für geile Flug- und Sightseeing-Aufnahmen über der Stadt der Wolkenkratzer und hatten im Kopf dabei auch immer diese Zeilen: *„If we can make it there, we'll make it anywhere …"*

Mit Stevie Nicks und Waddy Wachtel nach dem letzten Konzert in Tampa.

Die Tour ging vorbei, wir hatten eine echt gute Zeit und der Draht in die Staaten riss nicht ab. Richard Sanders war es auch, der uns, meiner Andrea und mir, im Sommer 1986 die Flüge in die USA und zwei Produzententermine organisierte. Wir blieben Anfang Juli erst für zwei Nächte in New York und dann ging es weiter nach Los Angeles. Wir wohnten wieder im *Hyatt on Sunset*, das ich per Fax für eine knappe Woche buchte. Andrea war nicht ganz überzeugt, dass alles so funktionieren würde wie geplant, aber als wir dann in einem Taxi, gelenkt von einem jungen, aufgeweckten Tiroler (!), Richtung Sunset Boulevard fuhren und im Hyatt schon mit *„Mr. Pfleger, we already got a telefon message for you"* empfangen wurden, war sie doch beruhigt.

David Kershenbaum (Bryan Adams, *Supertramp, Duran Duran* und viele mehr), einer der erfolgreichsten Produzenten jener Zeit, hatte sich bereits gemeldet. Er residierte in einer Villa etwas oberhalb des Hotels, die wir gut zu Fuß erreichen konnten, und Mr. Kershenbaum wollte offenbar bereits einen Termin mit uns fixieren. Ich rief ihn zurück und zwei Tage später besuchten wir ihn. Kershenbaum hieß uns in seinem anscheinend unbewohnten Riesenrefugium, wo alles mit weißen Tüchern abgedeckt war, willkommen. Er fragte, ob die Reise von Australien hierher nicht anstrengend gewesen sei. Mit einem Grinsen klärte ich ihn auf – es gab in der Stadt ja auch Arnold Schwarzenegger … jetzt checkte er es! Egal. Dann führte er uns in einen Abhörraum, wo er meine bisherigen Opus-Songs, denn neue Demos gab es noch keine, so laut aufdrehte, dass sie richtig unangenehm verzerrten. Aber es gefiel ihm! Wir sprachen über unsere Erfolge, die USA-Tour und die kommende Produktion, die er auch in Europa machen würde, und verblieben so, dass er, sofern die *Polygram* ihn buchte, gern das nächste Opus-Album produzieren wolle. Wunderbar. Nur dass die Plattenfirma bei einer Gage von 50.000 US-Dollar pro Titel nicht mitspielte. Die Antwort war kurz und knapp: zu teuer!

Der nächste Termin war mit Rick Marotta, Drummer der Band von Stevie Nicks, vereinbart. Nun musste ich für unsere geplanten dreiwöchigen US-Erkundigungen in Arizona, Las Vegas, Grand Canyon und Death Valley ein Auto mieten und ließ mich dabei von Andrea überreden zu sparen. Ich lieh daher irgendeine billige Schüssel. Aber unter einer Bedingung: Wenn Rick, der uns im Hyatt besuchen wollte, mit einem supergeilen Sportcabrio aufkreuzen würde, dann bekäme der unser Mietauto nicht zu sehen, sondern ich tauschte es mindestens gegen einen Camero ein! Eine Frage der Reputation, denn immerhin waren wir ja erfolgreiche Künstler. Abgemacht! Ich wusste, dass die Musikerszene in Hollywood auf Statussymbole und Äußerlichkeiten, auf Eindruck schinden mit dicker Hose, großen Wert legt, und war sicher, dass auch Rick genau in dieser Liga spielte.

Weil wir immer wieder vom Pool im sechsten Stock aus die Sportwägen am Sunset Boulevard inspizierten und rätselten, was Rick wohl fuhr, gab es gleich einmal einen schmerzhaften Kollateralschaden in Form eines massiven Sonnenbrandes!

Zum vereinbarten Termin sahen wir von Osten kommend einen silbrigen flachen DeLorean auf das Hyatt zufahren und ich hatte gewonnen: Es war Rick mit dem Edelstahl-Auto aus dem Movie „Zurück in die Zukunft"! Wir begrüßten uns wie alte Freunde und ich stellte ihm Andrea vor, nach einer kurzen Unterredung lud er uns ins nahe gelegene *Sushi on Sunset* ein. Ich sagte: *„I didn't rent a car so far, could we both go with you please?"* – *„But the DeLorean has only two seats"*, sagte er, *„but there might be some space in the middle on the console"*. Ich war zu groß für dieses kuriose Platzangebot und so saß meine schlanke, zierliche Andrea ein paar hundert Meter bei diesem kurzen Trip am Sunsetstrip auf der Mittelkonsole, dem gekühlten Sushi entgegenrollend.

Obwohl uns Rick auch zur nächsten Show von Stevie Nicks in San Diego einlud, wo wir im gleichen Hotel wohnten und uns sogar mit einem zugedröhnten Mick Fleetwood den Lift teilten, konnten wir ihn nicht als Produzent verpflichten. Uns war er sehr sympathisch, die musikalische Zusammenarbeit konnten wir uns auch gut vorstellen, aber die *Polygram* wollte keinen Musiker verpflichten, der noch keine Credits als Produzent hatte.

Der Trip mit dem Camaro durch Arizona.

Den Job bekam dann beim Opus-Album mit „Whiteland" und „Faster and Faster" der *Yes*-Producer Eddy Offord. Und David Kershenbaum? Der lieferte den nächsten Welterfolg ab – statt mit uns war er mit seiner Neuentdeckung Tracy Chapman stark unterwegs.

Die 50.000 Bucks pro Song wären wahrscheinlich mit nur einem einzigen Hit locker gleich einmal herinnen gewesen. Aber was soll ich sagen, außer: Plattenfirmen halt. Doch im Grunde hatten wir nicht viel Grund, uns zu beschweren. Es lief ja weiter alles prächtig.

Zurück in Österreich hatten wir einen Auftritt im Wiener Horr-Stadion, der heutigen Generali-Arena. Wie gesagt war 1986 ja das Jahr der Tschernobyl-Katastrophe und das Konzert war eine Anti-Atom-Benefizveranstaltung, aber so ganz genau weiß ich das heute auch nicht mehr. Verschiedene Acts traten auf und wir eben auch.

Mit dabei bei den Musikern war damals auch Erich Buchebner. Bassist und *der* Sideman in Österreich. Ich vermute, dass jeder Austro-Musikfan den Mann mit den dunklen Locken bereits mehrfach auf der Bühne spielen gesehen und gehört hat. Ob bei Kurt Ostbahns Kombo, *S. T. S.* oder Wolfgang Ambros … Erich, der von Willi Resetarits den Spitz- und Bühnennamen Ricky Gold verliehen bekam, darf ruhig als Institution bezeichnet werden.

Erich, Rick, wie er sich gern nennt, ist mit Sicherheit der meistbe-schäftigte Sideman des Landes. Bei unseren Gesprächen rund um die Entstehung dieses Buches kramte Erich, wie wir alle, in seinen Erinne-rungen und kam auf dieses Konzert zu sprechen: *„Damals, im Horr-Stadion. Ich habe euch spielen gehört und ich kann mich noch sehr gut an den Gig erinnern. Das hatte eine Aura. Zumindest habe ich das so empfunden. Ich habe nur gedacht: was für eine Welt-Band. Die kommen eben aus Ame-rika, haben dort getourt …“*

Ich für meinen Teil darf an dieser Stelle hinzufügen, dass Erich nun auch bereits seit 17 Jahren bei Opus den Bass spielt, und das immer ausgezeichnet, voll Kreativität und Engagement.

Welcome to Moscow 1987

Vorweg: Der Name Sowjetunion ist einige Kapitel früher in diesem Buch bereits aufgetaucht, aber nun ist es so weit, näher darauf einzugehen, denn Opus war eine der ersten westlichen Bands, die mit einem Riesenhit in Moskau auftraten. Was das heißt, zeigt schon ein Blick in die Geschichtsbücher. 1987 war Michail Gorbatschow bereits Generalsekretär des Zentralkomitees der Kommunistischen Partei der Sowjetunion. Ab 1990 war er dann der letzte Staatspräsident dieses riesigen Landes. Die Begriffe Glasnost („Offenheit") und Perestroika („Umbau") begleiteten seine Amtszeit. Er wollte die UdSSR modernisieren und auch ein wenig mehr Meinungsfreiheit zulassen, als dies bisher der Fall gewesen war. Die UdSSR, so wie der gesamte „Ostblock", befand sich somit 1987 in einer Phase der Veränderung. Politisch turbulent. Aufbruchsstimmung und Angst vor der Zukunft. Beides war im Land vorhanden, als wir am Donnerstag, den 24. September 1987, in einer Maschine der Aeroflot auf dem Flug von Wien nach Moskau saßen und nicht wussten, was uns genau erwarten würde.

Ich für meinen Teil dachte vor allem daran, wie gut ich es erwischt hatte mit der Gnade der späten Geburt. Im Gegensatz zu meinem Großvater Josef, der im Zweiten Weltkrieg in Stalingrad gefallen war. Dass mein Opa in der Stadt fiel, die Josef Stalins Namen trägt, und die beiden zudem den Vornamen teilten, ist eine traurige Ironie des Schicksals. Und damals wusste ich ebenso noch nicht, dass auch der Urgroßvater im Ersten Weltkrieg in einem Moskauer Spital sein Leben ließ …

… und ich wurde mit meiner Band Opus jetzt als westliche Band mit einem Welthit von den Sowjets zu einem ausverkauften Konzert in der Olympiahalle, dem *Olimpijski*, eingeladen!

Da ging mir also einiges durch den Kopf, als wir in einem Flugzeug hockten, das nun wirklich nicht den westlichen Standards entsprach.

Durchgesessene Sitze, Haltegriffe an der Wand, mit kleinen Vorhängen vor den Fenstern, auf dem Weg in die Metropole der zu dieser Zeit noch bestehenden Sowjetunion.

Unser damaliger deutscher Manager, Uwe Block, der uns nach der Trennung von unserem langjährigen Manager Johann Hausner ein paar Jahre betreute, war mit dabei, um uns bei unserem allerersten Moskau-Gig zu unterstützen.

Als wir am Moskauer Flughafen landeten, wurden wir nicht, wie wir es von unseren Tourneen schon ein bisschen gewohnt waren, von Limousinen erwartet, nein, wir stiegen in einen alten, schäbigen Autobus ein, der zwar schon extra für uns geordert worden war, der aber sonst wahrscheinlich als Öffi-Bus diente. Nachdem der Bus kaum Sitze hatte, fuhren wir stehend, an Haltegriffe geklammert, mehr als eine Stunde direkt zur Olympiahalle ins Zentrum dieser Riesenstadt. Sechsspurige Boulevards mit kaum Verkehr. Ab und zu kam ein einsamer Lada oder Wolga vorbei!

Im Gegensatz zu heute. Staus aufgrund überfüllter Straßen – vor allem durch teure SUVs – sind in Moskau längst allgegenwärtig. Stoßstange an Stoßstange. Damals war davon keine Rede.

Bei der Ankunft in der riesigen Halle mit ihren 35.000 Sitzplätzen hörten wir die Soundchecks der russischen Metal-Bands, die bei uns fürs Vorprogramm gebucht waren. Die große Überraschung kam, als uns Uwe Block in der Garderobe eröffnete, dass es nicht ein, sondern bereits vier ausverkaufte Konzerte geben würde: zwei am Samstag, eines am Nachmittag und eines am Abend, dann noch zwei am darauffolgenden Sonntag, wieder nachmittags und abends!

Ja, zuerst dachten wir: passt. Viermal die Gage kassieren, das kann ja auch was, aber das spielte es nicht. Unsere Gage wurde in US-Dollar ausgezahlt, aber die Russen hatten nicht so viele Devisen. Zumindest nicht für uns. Unser nächster Einwand, dass wir den Rückflug mit der Aeroflot bereits am Sonntag hätten, weil Herwig am Montag früh zu Truppenübungen auf die Seetaler Alpe musste, überzeugte sie auch nicht wirklich.

Herwig, als Klagenfurter ein großer KAC und Eishockey-Fan, hatte gleich eine tolle „Gegengeschäfts"-Idee bei der Hand. Er wollte, dass uns Wladislaw Tretjak, der berühmte Eishockey-Torwart der Sowjetunion, besuchte, denn er wollte ihn kennenlernen. Außerdem käme es ihm sehr gelegen, wenn die Truppenübungen für ihn ausfallen würden …

Der damalige Sportminister der UdSSR Wjatscheslaw Gawrilin kam uns tatsächlich besuchen und wir staunten: wirklich mit Tretjak und mit von ihm und allen Nationalspielern unterschriebenen Tormannschlägern. Das war ein Ding! Der Minister kam, uns zu überzeugen, statt dem einen geplanten alle vier Konzerte zu spielen. Er bot uns an, dass jeder von uns drei Wochen UdSSR-Urlaub mit freier Wahl der Destination erhalten soll, und schwärmte dabei in hohen Tönen von der Krim. Zudem lud er uns für den nächsten Abend, einen Freitag, zu Krimsekt und Kaviar ins Ministerium ein.

Inzwischen hatten wir nach langem Warten unseren Soundcheck in der Olympiahalle erledigt, aber seit dem Essen im Aeroflot-Flieger keinen Bissen zu uns genommen. Da uns auch ein Konsul der österreichischen Botschaft betreute, bat ich ihn, er möge für uns doch auf der Rückfahrt zum Hotel bei einem Restaurant anhalten. Tatsächlich stoppte unser Autobus bei einem Lokal und wir stiegen hungrig und erwartungsvoll aus. Leider sagte der Kellner, es gebe hier nichts zu essen für uns, stellte jedoch eine Flasche Wodka auf den Tisch. Das volle Klischee, aber so war das. Es war unglaublich, wie gut der Wodka uns hungrigen Musikern und Technikern schmeckte, das hatte aber auch den Nachteil, dass wir die Fahrt zum Hotel schon etwas beschwipst antraten.

1987 gab es in Moskau einige wenige Hotels für Ausländer, die Einheimische nicht nutzen durften, und so eines war für uns gebucht. Wir hockten in unserem Sowjetbus, als plötzlich Feuerwehren mit Blaulicht und Sirenengeheul an uns vorbeizogen. Der österreichische Konsul hob die Hand, zeigte in die Richtung des brennenden Hauses und sagte nur: „Da, das Hotel." Es war unseres! Und es brannte!

Nach ein, zwei Stunden waren die Flammen in einem Seitentrakt Gott sei Dank gelöscht und wir konnten endlich zur Rezeption, um in unsere Zimmer einzuchecken. Der Wodka zeigte seine nahezu heilende Wirkung, was die ganze Aufregung betraf. Wir standen da, wollten in einem Hotel übernachten, in dem gerade die Feuerwehrleute die Schläuche einrollten, und hatten nur Sehnsucht nach etwas Essbarem.

Das gab es dann auch, aber nur Süßes, und so bekam jeder von uns eine Packung *Raffaelo* in die Hand gedrückt. Das war, gelinde ausgedrückt, sehr dürftig. Wir waren extrem hungrig und es gab keine Chance, etwas zu essen zu bekommen. Das bewachte Hotel zu verlassen war auch nicht möglich! Also ab in die Hoteldisco, um dort den Hunger, unter Zuhilfenahme diverser Alkoholika, wegzutrinken. Einfach den Magen betäuben! Nach einiger Zeit waren wir super drauf, aber so besoffen, dass unser FoH-Techniker Andi alle seine Ausweise auf der Tanzfläche verstreute und ich mein Zimmer nicht fand!

FoH steht übrigens für *Front Of House*. Das sind diese Technikpulte, die im Saal aufgebaut sind und von denen aus Sound und Licht entsprechend von den Technikern und Technikerinnen aufbereitet werden.

Zurück zum Hunger oder zu dem, wie wir ihn überbrückt haben und am Tag darauf dafür entschädigt wurden. Die Einladung zum Dinner mit Sportminister Gawrilin in dessen Ministerium am Freitag war kulinarisch der Hammer. Speisen und Getränke, alles wunderbar hervorragend und absolut überzeugend.

Und, was Herwig von der Reise bis heute noch bestens im Gedächtnis blieb, ist, dass Wladislaw Tretjak, die russische Tormann-Legende, tatsächlich auftauchte und signierte Eishockey-Stecken mit dabeihatte.

Wir sagten schließlich zu, doch alle vier Konzerte zu spielen. Im Grunde blieb uns auch nichts anderes übrig, denn die Olympiahalle war bereits viermal ausverkauft. Manager Uwe drängte zusätzlich darauf, das vorgeschlagene „Gegengeschäft", die Einladung zu drei Wochen Urlaub nach freier Wahl in der UdSSR, anzunehmen. Später erfuhren wir, dass Uwe bei diesem Deal unseres ersten Russland-Aufenthalts eine eher dubiose Rolle spielte, aber dazu kommen wir noch.

Okay, also vier Konzerte. Nun waren noch zwei Dinge zu klären. Erstens, wie sollte Herwig mit seiner Truppenübung-Einberufung in die Seetaler Alpen umgehen, und zweitens, wie kämen wir am Montag zurück nach Österreich? Unser Rückflug mit Aeroflot war ja bereits für Sonntag gebucht.

Das erste Problem löste Minister Gawrilin persönlich. Er griff zum Telefon und rief bei unserem österreichischen Verteidigungsminister Robert Lichal an, um den Einsatz für Herwig aufzuschieben und für Dienstag zu fixieren. Auch damals hatten russische Minister anscheinend kein Problem, bei Wunschäußerungen an österreichische Kollegen einfach in Wien anzurufen … Die Wünsche wurden wahrscheinlich auch oft erfüllt, zumindest bis zum Beginn des Kriegs in der Ukraine.

Den Rückflug nach Wien am Montag konnten wir selbst organisieren, da in unserem Ausländerhotel auch die Mannschaft der AUA nächtigte, die gern zusagte, uns am Montag mitzunehmen – bezahlen mussten das natürlich die russischen Veranstalter.

Am Samstag Nachmittag spielten wir dann unter tosendem Applaus unser erstes Konzert in der Olympiahalle, die russischen Metalbands als Opening-Acts vor uns hatten nicht annähernd so viel Begeisterung erzeugt wie wir mit Opus.

Erst 1989 fand übrigens das riesige *Moscow Music Peace Festival* mit den *Scorpions*, Bon Jovi und weiteren im Gorki Park statt. Vier Jahre später waren wir bei diesem Festival auch zu Gast.

Nach der Show durfte es eigentlich nicht zu Kontakt mit dem Publikum kommen, doch das war leichter gesagt als getan. Als wir anschließend in den Bus steigen wollten, erwartete uns eine Menge an zumeist weiblichen Fans. Durch das hohe Absperrgitter hindurch wurden uns Blöcke und Stifte für Autogramme entgegengestreckt, auch Zettel mit Adressen und Telefonnummern wollten sie uns zustecken. Leider war das alles aber sinnlos, denn wir wurden extrem abgeschirmt, waren immer in unserer Blase unterwegs und hatten keine Möglichkeit zu irgendeinem Kontakt mit den Menschen. Das war irgendwie schade und störte uns auch sehr, denn ohne Fans ist selbst die beste Band aufgeschmissen. Es gehört sich auch einfach, den Fans entsprechenden Respekt zu zollen.

Opus vor der Basilius-
Kathedrale am Roten Platz in
Moskau: Mucky, ich, Herwig,
Niki und Kusche.

Die folgenden drei Gigs am Samstag und Sonntag liefen ebenso umjubelt ab. Wir Opus, die Band aus dem Westen mit dem Welthit „Live
is Life", den wir natürlich bei jeder dieser Shows zweimal spielen
mussten, waren eindeutig die Abräumer der vier Konzerte im *Olimpijski Moscow*. Was unter anderem dafür sorgte, dass wir bis zum Ende
unserer Karriere 2021 an die 15 Auftritte in Moskau und St. Petersburg absolvierten.

Mit diesen großen Erfolgen – musikalisch und die Publikumsreak-
tionen betreffend, aber nicht finanziell, denn keiner von uns nahm die
Urlaubseinladung von Minister Gawrilin an – traten wir am Montag-
mittag die Heimreise an.

Als wir im AUA-Flieger Richtung Wien saßen, überraschte uns
eine Durchsage der Stewardess: *„Opus bitte zum Telefonat nach vorn ins*

Cockpit kommen. "Ich ging vor, um den Anruf entgegenzunehmen, und hörte die ORF-Redakteurin Lisbeth Bischoff mich fragen, ob wir beim Ausstieg aus dem Flugzeug ein Interview für die allererste *Seitenblicke*-Sendung noch am selben Tag, Montag, den 28. Oktober 1987, geben könnten. Was ich sehr gern bejahte.

So hatte ein aufregendes verlängertes Wochenende ein würdiges Ende gefunden. Würdig vor allem auch, da die *Seitenblicke* bis heute noch immer ein Fixpunkt im ORF-TV-Programm sind. Seit 36 Jahren wird in kurzen Beiträgen über das österreichische Gesellschaftsleben berichtet, und wir waren von Anfang an dabei. Irgendwie cool! (Übrigens übernahm die *Interspot* von Purzl Klingohr erst Jahre später die Produktion, Purzl hatte also mit diesem Anruf im Flieger nichts zu tun!)

Aja – und Herwig wurde mit einem Helikopter des österreichischen Bundesheers auf die Seetaler Alpe zu den ungeliebten Truppenübungen nachgebracht ... Es blieb ihm nicht erspart, aber zumindest hatte er ja seinen Eishockeyschläger samt Widmung.

Nachspiel: Jahre später kam bei einer AKM-Sitzung in Wien der damalige Generaldirektor, Manfred Brunner, auf mich zu und gratulierte mir: *„Herr Pfleger, Sie sind der erfolgreichste österreichische Autor und Komponist in Russland der letzten Jahre."* Bei den russischen Abrechnungen konnte ich das leider nicht nachvollziehen, aber bei den Millionen von Raubpressungen und schwarz gefertigten Musikkassetten war das zu erwarten ... Spannend war es und blieb es, denn ein weiterer Auftritt führte uns Mitte der 90er wieder in die russische Metropole Moskau.

Neujahrsfest in Moskau

Das Feuerwerk der anderen Art

In Moskau feiert die russisch-orthodoxe Kirche jedes Jahr Mitte Jänner die Verabschiedung vom alten Jahr mit einem großen Fest. Zu diesem Jahreswechsel wurden wir von einem großen Musik-Club eingeladen.

Interessant daran war Charly, der Club-Manager. Der war nicht nur ein Österreicher, sondern außerdem ein waschechter Steirer aus Hartberg.

Wie gesagt, Charly lud uns ein, und sein Vater war ebenso mit uns unterwegs. Der wollte seinen Sohn wieder einmal sehen und ihn bei seinem Job erleben, der sicherlich alles andere als leicht war. Bei mir rief Charlys Tätigkeit jedenfalls in Erinnerung, dass es eigentlich bemerkenswert ist, wie viele unserer Landsleute uns in den unterschiedlichsten Ecken der Welt begegnet waren. Österreicher findest du nahezu überall. Mir hat das gefallen. Es zeigt, dass wir uns trauen, rauszugehen und unser Glück zu versuchen. Gerade wir Burgenländer haben da ja mit Chicago eine weit entfernte neue Heimat gefunden. Aber das ist eine andere Geschichte und wir sind ja hier gerade wieder in Moskau und unser Flugzeug setzt eben auf der Landebahn auf.

Alles verlief reibungslos und wir wurden schnurstracks in unser Hotel gefahren: ins Ukraina. Schon das war eine echte Nummer, wiewohl der Name heute anders konnotiert ist, als er es damals war. Jedenfalls war das Teil unglaublich beeindruckend. Mit fast 200 Metern war das Ukraina längere Zeit das höchste Hotel der Welt. Wir checkten ein, dann fuhren wir Richtung Club, zur angegebenen Adresse, die sich an der Rückseite eines fünfstöckigen Gebäudes befand.

Begleitet wurden wir bei dem Trip von Marion Düsel-Gerk, einer deutschen Agentin, die schon einige Gigs in Moskau für uns gemanagt hatte und die mit den ortsüblichen Gegebenheiten vertraut war. Marion machte uns auf die Sicherheitskontrollen aufmerksam, die wir nun zu durchlaufen hätten.

Wir gingen zuerst durch eine Metalltür in einen kahlen, aber stark erhellten Raum, wo zwei mit MPs schwerbewaffnete Security-Männer links und rechts von einem Metalldetektor, so wie jene, die man auf jedem Flughafen beim Security-Check findet, standen, und die uns einzeln kontrollierten und durchschleusten. Unser Handgepäck und die Gitarren wurden ebenfalls vom Röntgengerät durchleuchtet und offensichtlich ebenso für ungefährlich befunden.

Nachdem für die Sicherheitsleute alles okay war, gingen wir durch das zur Location gehörende, zu dieser Uhrzeit noch leere Restaurant hinauf in den ersten Stock, wo sich ein exquisit eingerichteter Club mit einem Fassungsvermögen von einigen hundert Gästen befand. Dort wurden wir dann sehr herzlich von Charly empfangen, der uns erst mit der Bühne vertraut machte und dann weiter in die Garderobe führte.

Wir legten unser Zeugs ab und wunderten uns gleich einmal über die deutlich sichtbaren Einschüsse in den Wänden. Uff, das fängt ja schon gut an! Charly lieferte umgehend die Erklärung: *„Ja, wir hatten gestern eine Schießerei, aber wir konnten den Eindringling Gott sei Dank in die Flucht schlagen!"* Na Bumm! *„Als er flüchtete, hat er noch um sich geschossen. Hier ...",* Charly zeigte auf den Geschirrspüler, *„sieht man Einschläge und den Kühlschrank in der Bar hat es auch erwischt. Aber sonst wurde niemand getroffen."* Kühlschrank und Geschirrspüler, keine Gäste ... Was im Nachhinein lustig klingt, machte uns in diesem Moment damals schon *schmähstad*, wie man das bei uns nennt. Zu Hochdeutsch: Es verschlug uns die Sprache. Entsprechend stimmungsvoll verlief unser Soundcheck. Wir bereiteten uns mit dem vor Ort vorhandenen Equipment, Drums, Keyboard und Verstärker auf die Show vor und begaben uns anschließend zum Essen hinauf in den zweiten Stock, wo sich ein Spielcasino und auch ein weiteres Restaurant befand.

Das Essen war hervorragend. Die Tische bogen sich vor großartigen Speisen und natürlich durfte der Kaviar nicht fehlen. Von Charly konnten wir weitere interessante Dinge in Erfahrung bringen, mitunter, weshalb der Eintritt an diesem Abend so teuer war. Immerhin mussten die Gäste damals umgerechnet etwa 800 Ösi-Schillinge brennen. Daraufhin Charly: *„In dieser Stadt wohnen circa 12.000 Millionäre, die und viele andere können sich das leisten!"* Was das für eine Schießerei gewesen sei? *„Das war die Mafia, die russische"*, antwortete er. *„Die russische Mafia, wer ist das?"*, fragte ich. *„Eigentlich wir, genaugenommen die Security-Mannschaften der anderen Casinos und Nachtlokale und auch wir mit unseren Sicherheitsleuten, unseren Beschützern! Ihr müsst wissen, unser Haus gehört sehr reichen Russen, die in New York wohnen. Das Nachtlokal ganz oben und das Casino, aber auch der Musik-Club und die Restaurants bringen denen viele, viele Rubel. Und manchmal kommt es zu Fehden, die wir unter uns austragen ..."* Aha, Mafia versus Mafia, und wir mittendrin. Ich dachte an den Geschirrspüler und den Kühlschrank und hoffte nur, dass die aktuelle Fehde damit einmal vorerst Pause machte. Charlys Vater, ein Mann im vorgerückten Alter, hörte gut zu, sagte nicht viel, rollte ab und zu mit den Augen oder schüttelte den Kopf. Er wirkte besorgt, und uns ging es nicht anders.

Beim Essen konnten wir am Nebentisch zwei besoffene Russen beobachten, die karierte Hemden trugen, etwas schmuddelig aussahen und Nylonsäcke, die prall gefüllt mit Geldscheinen waren, neben sich stehen hatten. Deren Begleiterinnen, etwas horizontal-tätig aussehende Damen, kamen ab und zu vorbei, griffen hinein in die Sackerl und verschwanden mit neuem Spielgeld wieder im Casino. *„Das sind Arbeiter von den Öl-Bohrinseln, die wie viele andere mehrmals im Jahr ihren Verdienst hierlassen"*, erklärte uns Charly. So ist das mit dem Sprudeln. Dort sprudelts aus dem Boden und bei Charly sprudeln die Gewinne. Ein ewiger Kreislauf.

Dann war es so weit. Wir gingen auf die Bühne, spielten beim Gig auf Wunsch von Charly am Anfang des Konzerts und zum Schluss der Draufgaben jeweils unser „L=L" und die an den Tischen sitzenden Moskauer und Moskauerinnen, die mit Essen und Getränken versorgt wurden, wirkten zwar anfangs schon etwas verwöhnt, aber bis zum

Schluss unseres Auftritts hatten wir sie doch zum Stehen und Klatschen gebracht.

Dann Abgang in die Garderobe. Wir begannen gerade damit, uns umzuziehen, als Charly aufgeregt hereinstürmte und *„Bitte noch einmal ‚L=L‘, der Vizebürgermeister ist gerade gekommen und möchte euren Hit hören!"* rief. *„Was zahlt er?"*, fragte Kusche. Darauf Herwig mit nacktem Oberkörper bereits in der Post-Gig-Phase: *„Na, wirklich net, wir sind ja ned käuflich."* – *„Ja, aber sicher, deswegen sind wir ja da!"*, sagte Kusche. Lasst uns die Dinge an dieser Stelle durchaus offen erklären: Das Ganze war für uns eine GBA. Ein bandinternes Kürzel. Wir nannten solche Gigs GBA – Geldbeschaffungsaktionen! Charly lief raus und kam mit zwei 500-Dollar-Scheinen zurück. Nach der Gegenlichtkontrolle, denn man weiß ja nie, wer welche Lappen in Umlauf gebracht hatte, zogen wir uns erneut an, gingen für tausend Dollar und das dritte „L=L" zurück auf die Bühne und beglückten damit den Vizebürgermeister Moskaus. Auch Charly hatte es dadurch sicher leichter. Ich sag's immer wieder und auch an dieser Stelle: Das, worin wir tätig sind, heißt Music Business!

Nach dem Auftritt saßen wir noch bei einigen Bierchen zusammen, als Charly sich erkundigte, ob uns denn der Kaviar geschmeckt habe. *„Klar"*, sagten Herwig und ich, was Charly dazu veranlasste, zu fragen, ob wir nicht ein Päckchen Kaviar bei ihm günstig kaufen und mit heim nehmen wollten. Er saß durch die Restaurants an der Quelle und hatte somit für 1,5 Kilo echten Kaviar einen super Preis im Angebot. Doch das Problem war vielmehr, wie wir das unbemerkt aus Russland raus und nach Österreich würden bringen können? Nachdem Charly mit dieser Frage offenbar nicht zum ersten Mal konfrontiert worden war, präsentierte er uns seinen genauen Plan: Zuerst würden Herwig und ich jeweils mit 750 Gramm in einem Kartonteller mit Deckel unterm Pullover zum Flughafen fahren. Nach der dortigen Kontrolle des Koffers, der aufgemacht und auf eventuelle unerlaubte Sachen untersucht wird, könnten wir den Teller schnell in den Koffer gleiten lassen, zumachen, und schon ist der Kaviar im Gepäck und unterwegs in den

Flugzeugbauch. Bei der anschließenden Körperkontrolle könnte uns diesbezüglich nix mehr passieren und wir locker zum Boarding gehen. Wir riskierten das dann tatsächlich. Charly hatte seinen Plan, dieses im Grunde durchaus nicht ungefährliche Unternehmen, so logisch erklärt, dass es uns nicht mehr riskant erschien. Frage nicht, was passiert wäre, hätten sie uns am Moskauer Flughafen erwischt … Im russischen Knast „L=L" in Dauerschleife singen zu müssen, bis sie uns wieder hätten ziehen lassen, wäre wohl das geringste Übel gewesen.

Aber der Rückflug wurde am Ende doch noch von einem kleinen Malheur begleitet, denn bei der Ankunft in Graz fehlte ausgerechnet mein Koffer. Unbehagen machte sich breit. War er vielleicht doch in Wien oder noch in Moskau vom Zoll geöffnet und mein Schmuggel entdeckt worden? Oder wer macht sich jetzt statt mir über den Kaviar her? Nein, nichts von alledem, denn am nächsten Morgen stand der Kurierdienst des Flughafens Graz mit meinem Gepäck vor der Tür – alles *roger*, alles wieder einmal gut ausgegangen. Uff. Trotzdem, zur Nachahmung nicht zu empfehlen, und auch ich habe mich nie wieder auf einen derartigen Blödsinn eingelassen, denn ich habe bei der ganzen Geschichte einfach nur Glück gehabt!

Kusche, Mucky, Herwig und ich vor einem Auftritt in Moskau.

Glückskind?

Wie gesagt, bei der Kaviar-Aktion hatte ich im Grunde nur Glück gehabt. Einige meiner Freunde meinen daher, vielleicht nicht zu Unrecht, dass ich in meinen Aktivitäten immer wieder vom Glück begleitet werde. Das könnte man durchaus so sehen. Privat wie beruflich und künstlerisch läuft alles wunderbar, das Leben mit Opus hat uns von existenziellen Sorgen befreit, also kann ich nicht meckern. Wiewohl meckern bei mir sowieso nur bedingt vorkommt. Kritik ja, aber sinnbefreites Meckern? Eher nicht, dazu bin ich ein viel zu positiv geeichter Mensch. Sunny Pfleger. Den Spitznamen trage ich nicht zu Unrecht. Unser ehemaliger Bassist Niki Gruber hat mir den „Sunny" verliehen. Mein Glas ist immer halb voll und die Sonne scheint mir nicht nur im Herzen. Ich kann also zufrieden sein, aber bin ich deswegen ein Glückskind? Ist es nicht eher eine gewachsene Geschichte aus Fleiß, Intuition und richtigen Entscheidungen, die sich am Ende zusammengefügt haben? Eher Fügung als Glück?

Wenn das Glück ein Vogerl ist, wie es so schön heißt, dann hat es sich doch durchaus dann und wann auf meine Schulter gesetzt, wie die folgenden Geschichten von meinem ledernen Handtascherl erzählen. Komischerweise hat auch das alles wieder mit Flughäfen, Autos und „Live Is Life" zu tun ... Dieses schmucke Tascherl habe ich einst von einer Griechenland-Reise mitgebracht. Ich verwendete es für meinen Reisepass, verschiedene Ausweise wie Führerschein und Personalausweis, für Geldbörse und Kreditkarten, und es war auf allen Reisen und im Alltag immer mit dabei und daher nahezu überlebenswichtig. Aber besonders bei Band- oder Urlaubsreisen mit Gitarre und Koffern war die Gefahr recht groß, dass es gestohlen, verloren oder einfach irgendwo vergessen wurde. Das erste Mal passierte es im Juli 1984 nach der Rückkehr von Ibiza. Ich hatte meinen BMW am Flughafenparkplatz geparkt und mein Tascherl mit allem Wichtigen drinnen beim Einladen aller Utensilien von Andrea und mir, also von einem Haufen Taschen, Koffern, der Gitarre, was man halt so mitschleppt für zwei Wochen Urlaub, gedankenverloren aufs Autodach gelegt. Beim Erreichen von Andreas Wohnung in Neudau dann der Schock. Wo ist das Tascherl? Nachdenken, wo kann das geblieben sein … da machte sich doch auch Panik breit. Alles, wirklich alles, steckte da drin!

Es kam ein Anruf vom Flughafen Wien. Eine Tasche wurde gefunden und die gehörte offenbar mir. Hut ab! Es gibt ehrliche Menschen. Ohne große Umstände war mein Leder-Etui mit allen Ausweisen, Geld und Kreditkarten per Post zu mir zurückgekommen. Alles war drin, nichts hat gefehlt. Finderlohn und tausend Dank an den ehrlichen Finder erschienen mir selbstverständlich!

Nach anderen Vorkommnissen, die immer gut ausgingen, kamen wir im Mai 1985 sechsmal (!) für „Live Is Life"-TV-Auftritte nach Paris, wo uns Pierre, der Chauffeur der Plattenfirma jedes Mal vom Flughafen abholte und anschließend wieder zurückfuhr. Und einmal passierte es auch hier: Ich vergaß mein Ledertascherl am Rücksitz des Autos, nachdem uns Pierre beim Flughafen aussteigen ließ und sofort wieder wegfuhr. Nun stand ich ohne Papiere da, bereit für den Rückflug nach Graz, und wusste nicht, wie das jetzt weitergehen sollte. Johann Hausner setzte bei der Pass-Kontrolle all seine Überzeugungskunst und alle möglichen Argumente ein. Und Johann war darin ein Könner!

Ein Ass hatte er im Ärmel, die TV-Show vom Vorabend mit Opus und unserem „Live Is Life", die einige der Pass-Kontrolleure gesehen hatten. Die Autogrammkarten, die wir verteilten, halfen auch, und so kam ich gut zurück nach Graz und ohne Pass auch wieder nach Paris, wo der gute Pierre mit seinem Wagen und meiner Ledertasche wartete. Auch bei Pierre bedankte ich mich herzlich, und keine Frage, solch ein Dank soll einem auch etwas wert sein.

Aktionen wie diese wären heute bei den strikten Kontrollen auf den Flughäfen, wo nicht einmal ein falscher Buchstabe im Namen am Ticket durchgeht, absolut unmöglich, damals ging das.

Einige Jahre später flogen wir nach Frankfurt. Von dort ging es weiter nach Bonn zu einer TV-Aufzeichnung. Nach der Ankunft am Flughafen nahm ich mir ein Rollwagerl, um mein Gepäck, meine Gitarre und mein Tascherl zum Shuttle zu bringen, mit dem es nach Bonn gehen sollte. Und wieder passierte es. Das Tascherl blieb im Gepäckwagen zurück. Ich hingegen stieg in den Shuttle, der fuhr los. Nach etlichen Kilometern auf der Autobahn schoss es mir plötzlich siedend heiß ein: *„Wo ist mein Tascherl? Shit. Klar, am Flughafen im Gepäckwagen liegengelassen!"* Zum Zurückfahren war's zu spät und so bat ich den Fahrer, beim nächsten Parkplatz stehen zu bleiben, damit ich, in der Prä-Handy-Ära, von der Telefonzelle aus meine Visa-Karte in London sperren lassen konnte.

Als wir beim Hotel in Bonn ankamen, hieß es bei der Rezeption: *„Herr Pfleger, der Flughafen Frankfurt bittet um Rückruf!"* Anscheinend war diesmal auch die Dispo unserer Opus-Reise mit der Hoteladresse und Telefonnummer in meinem Tascherl enthalten und so konnten die mich erreichen.

Bei meinem Anruf sagte mir der Beamte vom Fundbüro des Frankfurter Flughafens, ein Mann mit ausländischem Namen habe mein Ledertascherl gefunden und abgegeben. Beim Rückflug könne ich mein heißgeliebtes Tascherl wieder bekommen. Auch hier natürlich mit einem entsprechenden Finderlohn, den man in solchen Fällen immer gern bezahlt.

Wohlbehütet und gesichert liegt besagtes Exemplar nun schon seit einigen Jahrzehnten bei mir in einer Schreibtischlade im Büro und ist nicht mehr live dabei – ich riskiere diesbezüglich nix mehr … Und ja, die Digitalisierung hat auch etwas Gutes. Vieles, was man früher mit sich herumschleppte, findet sich heute am Handy. Dieses sollte man nur nicht irgendwo vergessen!

Eine recht skurrile Geschichte habe ich noch. Diesmal ohne Flughafen und „Live Is Life", dafür mit einem Auto in der Hauptrolle! Ob es 1981 oder 1982 war, ich weiß es heute nicht mehr genau, aber jedenfalls hatte Opus damals einen Gig in Eisenstadt.

Nach dem Auftritt fuhr ich nach Neudau, wo Andrea wohnte. Unterwegs war ich mit unserem damaligen Bandfahrzeug, einem Mercedes-Kastenwagen. Hinten drin die ganze Anlage der Band. Gegen 4 Uhr früh kam ich hundemüde an und da traf mich fast der Schlag, als ich sah, dass die Heck-Tür aufgegangen war und einige Stative und vor allem die Ovation-Gitarre, die ich von Wolfgang Ambros gekauft hatte, fehlten.

Was für ein Sch***! Vielleicht kennt ihr dieses Gefühl, wenn man in seiner Verzweiflung ganz allein dasteht und am liebsten losfluchen möchte. Und es auch tut! Ich fuhr sofort den gleichen Weg zurück und kam nach Oberwart. Da lagen, etwas seitlich auf der Straße, zwei Mic-Stative, aber keine Ovation. Ich suchte die Gegend ab, die Gitarre samt Koffer war nirgends. Unverrichteter Dinge und stinksauer fuhr ich zurück zu Andrea. Am nächsten Tag rief ich bei der Gendarmarie in Oberwart an und erfuhr, dass ein Zeitungsausträger aus Markt Allhau die Gitarre gefunden und mitgenommen habe. Ich fuhr also mit Andrea nach Markt Allhau und ging ins erste Gasthaus, um zu fragen, ob mir jemand sagen könne, wer in ihrem Ort sonntags die Zeitungen in Oberwart verteilte. Zwei wilde Typen an der Bar musterten mich misstrauisch und der eine sagte zum anderen: *„Wos wü der Launghaarige?"* Damit meinte er mich, ihr erinnert euch, wir galten ja als Gammler, und ich entgegnete schlechtgelaunt mit einem Schimpfwort. Meine Laune war eh schon im Keller und dann der Ungustl mit seiner Meldung. Keine gute Idee und Grund genug, den „Saloon" schnellstens zu verlassen und mit Andreas 850er-Fiat die Flucht anzutreten, denn was drohte, wären zumindest ein paar Watschen gewesen. Unsere weitere Suche war dann doch erfolgreich. Ich fand den Zeitungsausträger, bekam die Ovation wieder und alles war gut.

Also doch ein Glückskind? Für Andrea offenbar, denn sie sagt immer wieder: *„Du bist ein Glückskind, denn alles, was du verlierst, kommt wieder zu dir zurück!"*

Nachfolgehit in Sicht?

Wie nah Segen und Fluch beieinanderliegen, das haben wir bald bemerkt, und auch, dass das Show- und Musikgeschäft sowieso seine knallharten ungeschriebenen Gesetze hat. Das fängt schon damit an – ich weiß, ich wiederhole mich, aber so ist das halt – dass im Wort Musikbusiness auch Business, also Geldmachen, mit drinsteckt. Das heißt, surfst du auf der Erfolgswelle ganz oben, dann sollte man tunlichst danach trachten, am Wellenkamm zu bleiben. Natürlich ist es illusorisch, dass das ewig so bleibt, aber es kann auch ganz schnell wieder runtergehen. Was nicht heißt, dass unmittelbar und sofort der Nachfolgehit kommen muss, um im Gespräch zu bleiben.

Nun vorerst einmal zum Segen: „Live is Life" hat uns alle damals in eine Dimension katapultiert, von der wir zuvor nicht einmal zu träumen wagten, und doch ist dieser Mega-Erfolg über uns hereingebrochen und hat uns in einem Strudel gleich fort- und um die ganze Welt getragen. Plattenfirmen, Managements, Musikverleger, Tour- und Konzertveranstalter und viele andere waren plötzlich Teil des Opus-Express und alle wollten, dass das so weitergeht. Eh klar. Das Geld lief uns förmlich nach, und dass das auch so bleibt, war die Prämisse der unterschiedlichen Partner. Ja, auch die Fans wollten neues, gleichwertiges Hit-Material und der Markt schien offen für alles. Für alles, das auch nach „L=L II" klingen sollte.

Nur, diese internationale Erwartungshaltung der Fans, der Medien und auch der Plattenfirma nach einem entsprechenden Nachfolgehit konnten, ja wollten wir so nicht erfüllen. Wir sahen uns nicht als Hitmaschine, sondern als Band mit einer langfristigen musikalischen und kreativen Zukunftsperspektive. Womit wir beim Fluch angelangt wären: Wir, die Band, wir hatten ja im Grunde komplett andere Vorstellungen, was unseren Sound betraf. Den hatten wir bei bereits vier

Studioalben entwickelt, diesen typischen Opus-Sound, der absolut und deutlich für sich stand. Diesen Weg zu verlassen, das stand für uns nicht zur Diskussion. „L=L" in Endlosschleife zu kopieren, leicht verändert immer wieder auf den Markt zu bringen, das kam einfach nicht infrage und so wurde „Live Is Life" aufgrund seiner Machart ein Standalone-Song innerhalb unserer sonstigen Hits, unseres eigentlichen musikalischen Kosmos. Komisch? Ja, aber „L=L" half uns unendlich, mit der Musik von Opus weiterzukommen. Uns, die Band, unseren eigentlichen Sound, Millionen Menschen zu präsentieren. Fluch und Segen sind Segen und Fluch. Glückskinder waren wir allemal.

In Retrospektive bin ich heute der Meinung, dass wir uns mit einem Nachfolgeprojekt einfach mehr Zeit hätten geben müssen. Zwei ganze Jahre die weltweiten Erfolge auskosten und erst dann mit viel Songmaterial eine neue Phase beginnen, das hätte mit Sicherheit mehr Sinn gemacht. Schon die Veröffentlichung des Albums „Solo" war zu rasch erfolgt. Wir standen 1985 noch fett in der Superhit-Zeit. Rund um den Globus sangen die Menschen „Nana Nanana" ... na, ihr wisst schon, und wir präsentierten in die allgemeine Begeisterung hinein unsere neue Single „Rock On The Rocks" samt Live-Konzert-Präsentation am Kitzsteinhorn. Nahezu ganz oben. Höher droben hatte damals noch keine Band gespielt. Das sorgte zwar für viel Aufsehen und gab gute Bilder für die Medien, aber der Song war einfach zu rockig und für einen Hit im Fahrwasser von „L=L" nicht wirklich geeignet! „Whiteland" aus dem siebten Opus namens „OPUS" war zwar schon ein großes Ding hier in Österreich – ein Nummer-3-Hit mit einem fantastischen DoRo-Video, gedreht in den Münchner Bavaria-Studios – aber international trat es auch nicht in die Fußstapfen unseres Über-Hits. Kusche komponierte und textete den ausgezeichneten Song, der immer ein Highlight bei unseren Live-Konzerten war. In den Lyrics ging es um die Antarktis, die sich die Weltmächte untereinander zum Ausschöpfen der immensen Bodenschätze aufteilen wollten. Das ist Gott sei Dank bislang nicht passiert und den Verkaufserlös der Single von 100.000 Schilling spendeten wir damals an Greenpeace, die sich immer noch sehr um den Schutz des Kontinents kümmern. Die zweite Auskopplung, der Song „Faster & Faster" des in unserem eigenen *Rötzywood Studio* und dann weiter in Holland aufgenommenen Albums, ebenfalls unter der Regie des schon erwähnten *Yes*-Produzenten Eddy Offord, wurde auch nicht mehr als ein Achtungserfolg. Eddys Produktionsweise war für uns nicht unbedingt das, was wir uns vorgestellt hatten. Waren wir enttäuscht? Irgendwie schon, aber man darf ja auch nicht vergessen, wie hoch wir bereits das Treppchen gestiegen waren.

„Magical Touch" unser achtes Album, wurde so wie sein Vorgänger in den *Polydor* eigenen *Wisseloord Studios* in Holland, diesmal aber von Erwin Musper, dem studioeigenen Techniker, einem Hardrock-Produzenten, dirigiert, was mir persönlich nicht so behagte. Allerdings war die erste Single daraus, mein Titel „When The Night Comes", durchaus gelungen und nicht unwichtig. Es war ein typischer Live-Song, und als solcher kam er bei den Fans sehr gut an. Das ausgezeichnete Video von den *Torpedo Twins*, DoRo, gab dem Ganzen dann noch den richtigen visuellen Kick. Zum Rock-Walzer „A Night In Vienna" auf diesem Album wurde ich inspiriert, als ich 1989 zum *New Music Seminar* nach New York flog und dort ein Panel zum Thema Filmmusik besuchte, das sich als durchaus lehrreich entpuppte.

Da saßen sechs gestandene Filmmusik-Profis auf der Bühne und erzählten von ihren Erfahrungen in diesem Business, die sich in Kurzform so anhörten: In Hollywood musst du, um auf alle Eventualitäten vorbereitet zu sein, verschiedenste Musikstücke für die vielen Genres bereits in der Schublade haben. Denn, wenn du Glück hast und ein Verleger sich für deine Mitarbeit an einem aktuellen Film interessiert, sind die Erfolgsaussichten am größten, wenn du sagen kannst: *„Zufällig hab ich da schon etwas fertig, das passen könnte!"* Ein Australier, der bereits in seiner Heimat Erfolge vorweisen konnte, meldete sich zu Wort und fragte, was er machen solle, um in Hollywood andocken zu können. Die Antwort, die von der Bühne kam, war: *„Schätze dich glücklich, dass du es in deinem Riesenland geschafft hast, wo du vor Ort das typische, authentische, das Beste anbieten kannst, das in deiner Heimat gefragt* *ist.*" Denn das sei der größte Vorteil, wenn man da präsent ist, wo die Musik gebraucht wird. So die Spezialisten. Das brachte mich zum Nachdenken und schließlich zur Wiener Klassik, zum Walzer. Konkret zum Wiener Walzer und die Idee ließ mich nicht mehr los, bis sie mich schließlich zu Christian Kolonovits und seinen großartigen orchestralen Arrangements führte. Ich lernte Christian kennen und er nahm sich meines Walzers an, schrieb das perfekte Arrangement und schließlich nahmen wir ihn mit einem großen Symphonie-Orchester auf. Für mich war das zum ersten Mal ganz großes Kino. Ein weiterer erfreulicher Aspekt war, dass sowohl meine Schwägerin Maria (sie war bis zur Pensionierung Geigerin beim *Radio Symphonieorchester*) als auch mein Bruder Kurt (Fagott) Teil des Ensembles waren. Was für eine Kraft sich da entfesselt, wenn so ein Orchester loslegt, da packt wohl jeden Musiker ein wohliger Schauer.

Aufgenommen wurde mein Walzer damals in der Achau, einem Ort in Niederösterreich, in einem Studio, welches damals Wolfgang Ambros gehört hatte. Der weltweite Erfolg blieb zwar aus, aber wie so oft im Leben zeigt sich erst im Nachhinein, dass alles seinen Sinn hatte und hat: Mein Ausflug in die Orchesterproduktion führte dann später zu den begeisterten Benefiz-Konzerten in der Oper Graz. Da fand sich mein Fast-Walzer wieder. Dem Ereignis entsprechend wurde aus „A Night In Vienna" ein würdiges „Tonight At The Opera".

Beim Musikvideodreh von „Whiteland" in den Bavaria-Studios in München.

Rückschläge

Manchmal läuft's halt auch nicht so gut ...

Kommen wir nochmal zurück auf die bereits erwähnte Erfolgswelle. Ein immerwährendes Hoch, dieses Surfen am Wellenkamm, gibt es in keiner Karriere. Auch wenn es von außen manchmal so aussieht, zählen doch am Ende immer jene Erfolge, die sich auch in Zahlen und Fakten niederschlagen. Glaubt mir, man kriegt das als Künstler und Kreativer sehr wohl mit, wenn sich eine Delle anbahnt. Beides ist im Übrigen durchaus normal. Vor allem dann, wenn es so wie bei uns gelaufen ist. Unsere Erfolgsbilanz mit einem Hit wie „L=L" in den Büchern konnte sich wahrlich sehen lassen. Da ist es am Ende dann nur noch eine Frage der Zeit, wann sich der Wind wieder ein wenig zu drehen beginnt. Rückschläge, die überall da passieren können, wo viel gearbeitet wird, gehören einfach dazu. Selbst keiner der großen Superstars war und ist davor gefeit. Was wir daraus gelernt haben, ist, dass wir das in erster Linie als Erfahrung für das weitere Leben ummünzen sollten. Also die Rückschläge akzeptieren, meistern und daraus lernen. Es begann damit, dass das mit einem Nachfolgehit, wie vorhin beschrieben, nicht so funktionierte, aber wir mussten und konnten damit leben.

Es gibt Dinge und Entwicklungen, die man selbst nicht steuern kann und die, meist unerwartet, einen von anderer Seite kalt erwischen. So geschehen beim Konkurs unseres Managers Johann Hausner. Er hatte auf Anraten seiner Frau, einer Bankdirektorin in Wien, die Idee einer Touristen-Attraktion, eines Klassik-Orchesters für betuchte Reisende, das in einem Palais die Wiener Klassik zum Besten gab, umgesetzt und gestartet. Pop zu managen war für ihn mittlerweile anscheinend zu minder geworden, es musste Hochkultur sein! Trotz eines anscheinend sauteuren Investments hätte es gut laufen können, aber dann explodierte 1986 im ukrainischen Tschernobyl das Atomkraftwerk und das hatte, neben massiven anderen Problemen, auch deutliche Auswirkungen auf den Wien-Tourismus. Aus die Maus. Da kamen keine Flieger mehr mit klassikhungrigen Urlaubern und die Konzerthalle blieb leer. Johann hatte erfolgreiche Acts im Portfolio, er hatte Opus und vor allem Wolfgang Ambros, Acts, die damals Hallen und Stadien füllen konnten. Das sollte eigentlich für genug Einnahmen reichen, trotzdem übernahm er sich mit dieser jüngsten Idee und schlitterte in den Bankrott.

1987 übergab Johann Hausner seine Opus-Managerfunktion an seinen deutschen Partner Uwe Block, denn es musste bei uns ja weitergehen. Von Uwe erwarteten wir uns viel. Vor allem auf internationalen Märkten. Er war es, der unter anderem die USA-Connection zu Bill Franzblau und Richard Sanders hergestellt hatte, aber im Grunde kam dann von seiner Seite nicht mehr viel. Dann hatte Johann auch noch eine unerwartet fette Watsche für uns parat. Bei seinem Abschied eröffnete er uns, dass die Lizenzen aus unserem Plattendeal mit der kanadischen *Polygram* zur Gänze er kassiert hatte und alles Geld durch seinen Konkurs für uns verloren war! Nochmal zum Verinnerlichen: In Kanada erreichten wir mit „L=L" Doppelplatin. Das stand für 300.000 verkaufte Platten. Ein Haufen Scheiben, der eine ebenso große Menge an Lizenzen eingespielt hatte. Davon sahen wir keinen Cent! Bei der ganzen Geschichte spielte offenbar auch Uwe eine dubiose Rolle. Wie wir später erfuhren, ließ er die kanadischen Dollars von einem seiner Leute abholen. Teilte er anschließend mit Johann auf? Es ließ sich nicht beweisen, aber das Geld war weg. Auch mit Uwe lief der Management-Deal schließlich nicht lange. Er betreute uns während des siebten („Whiteland") und achten („Magical Touch") Opus-Albums, dann kam es zur Trennung. Das war wohl die sinnvollste Lösung für beide Seiten.

Uwe und Johann leben beide nicht mehr. Johann war nicht lange nach seinem Konkurs gestorben. Er war im Juli 1991 auf der Westautobahn am Weg zum Flughafen München eingeschlafen. Sein turbulentes Leben endete bei einem Auffahrunfall. Uwe starb viele Jahre später, 2009, in seiner deutschen Heimat Sigmaringen. Anfang der 90er übernahm Charly Scheibmaier unser Management, für das später hauptsächlich seine Assistentin Elisabeth Schwaiger, eine gebürtige Schladmingerin, zuständig war. Seit 2011, in dem es zu einer Trennung der beiden kam, werden wir von ihrer Agentur *Schwaiger Music* in Wien ausgezeichnet betreut. Charly Scheibmaier wiederum ist im Dezember 2022 im Alter von 79 Jahren auf seiner Lieblingsinsel, Teneriffa, unerwartet verstorben. Mit ihm verlor das österreichische Musikbusiness auch einen ganz Großen.

An dieser Stelle möchte ich auch gern an unseren wichtigen Mentor und Wegbegleiter, den Produzenten Peter Müller, erinnern, der auch bereits seit vier Jahren tot ist. Er fehlt, nicht nur uns. Mit ihm ging ein wesentliches Stück österreichischer Popmusikgeschichte.

Damit der Rückschläge nicht genug: In der Zeit von „Whiteland", 1987, kam es auch zum Konkurs einer Technikfirma in Graz, die uns stets mit Live-Equipment versorgte. Auch das kostete uns am Ende einen sechsstelligen Schillingbetrag.

Foto-Shooting für „Skyland".

Can You Hear It

Mein Tinnitus

Aber alles war zu stemmen. Dank „L=L" und der guten Lizenz- und Tantiemen-Erträgnisse. Geld ist Geld, es kommt, zumindest meistens, und geht auch, aber es geht immer weiter.

Womit ich jedoch nie gerechnet hätte und was mich wirklich mehr als nur kalt erwischt hatte, das war ein Quälgeist, der sich in mir festgesetzt hatte …

2003. Ich engagierte einen durchaus bekannten südamerikanischen Produzenten aus Chile, um das Opus-Album „The Beat Goes On" zu produzieren. Er hatte für Mix-Sessions von Rainhard Fendrich und Peter Kraus mein *Recorder Studio* gemietet und speziell mit Rainhard Fendrich große Erfolge gefeiert.

Im Laufe der Produktion musste ich erkennen, dass es zwischen dem Producer und mir kreativ sowie inhaltlich nicht funktionierte. Das kommt vor. Menschen sind unterschiedlich und kreative Menschen noch viel unterschiedlicher. Wir surften musikalisch einfach nicht auf derselben Welle und ich fühlte mich schlichtweg nicht verstanden. Die Arbeit im Studio muss man sich als eine intensive Zeit vorstellen, wo man meist hochkonzentriert sein muss. Da brennt die Luft und es muss alles passen. Oft heißt es: „… *macht eh alles der Computer, die Technik*". Das ist, mit Verlaub, Blödsinn! Es sind die Menschen, welche die Technik bedienen, die Titel einspielen, arrangieren, und wenn dabei unterschiedliche Vorstellungen nicht auf einen Nenner gebracht werden können, dann geht einem das sprichwörtlich auf den (kreativen) Geist.

Es kam der 1. April 2003. Nach einer megaanstrengenden Aufnahmesession in unserem *Recorder* war ich so fertig, dass mich um Punkt

Mitternacht ein Gehörsturz traf. Ich kam vom Studio nach Hause, drehte den Fernseher auf, es begann gerade die Spätnachrichtensendung um 24 Uhr, die *Zeit im Bild*, und statt der Sprecherin hörte ich nur mehr ein extrem lautes Rauschen. Ich drehte den Fernseher ab, aber das Geräusch war immer noch da. Stark und laut! Da war mir klar, das ist ein Gehörsturz, ein Tinnitus, und der war gekommen, um zu bleiben.

Zwei Jahre lang versuchte ich mit verschiedenen Mitteln, meinen Tinnitus halbwegs in den Griff zu bekommen. Ich machte eine Infusionstherapie, Lymphdrainagen, auch Kinesiologie und vieles mehr, aber geholfen hat da nichts. Mein Hausarzt, Dr. Fuchs, sagte zu mir: *„Wissen Sie, ich hab auch den Tinnitus und das schon seit Jahren. Ich hör ihn speziell dann, wenn wir darüber reden, aber ich habe gelernt, damit zu leben, so wie fast zehn Prozent der österreichischen Bevölkerung!"* Das hat mir dann schon etwas geholfen, denn ich kann, wie so viele meiner Musikerkollegen, seither gut damit auskommen, diesen Ton zu hören.

Mein Sohn Paul machte mir Mut: *„Sieh es positiv, jetzt hast du ein absolutes Gehör!"* Das musste ich sofort austesten und stellte fest, dass der Tinnitus-Ton nicht jeden Tag derselbe war. Er wechselt – einmal auf F, dann war es ein Es und jetzt ganz aktuell beim Schreiben ein G – also nix mit dem absoluten Gehör … dafür aber abwechslungsreich, wenn man es humoristisch sehen möchte.

Zu dieser Zeit besuchte ich in Oberwart ein sehr interessantes Musical: „Csaterberg". Geschrieben von Christian Kolonovits und mit dabei Schiffkowitz, Willi Resetarits und Wolfgang Ambros. Die Top drei als Darsteller. Im Übrigen ein großartiges Stück Austro-Musikgeschichte. Eine Zeitreise, die so wohl nicht mehr stattfinden wird und kann. Das nur am Rande. Auf jeden Fall traf ich im Backstage-Bereich mehrere Kollegen wie Thomas Spitzer (*EAV*), und da war Tinnitus durchaus ein Thema. Ich war nicht allein mit meinem Schicksal. Es waren nicht wenige betroffen. Darunter Willi Resetarits, es fielen aber auch die Namen von Ralph Siegel, Steve Lukather und die von vielen, vielen anderen Musikern.

Aber selbst der Tinnitus bescherte mir einen positiven Output! Ich begann damit, meine Hörbeeinträchtigung auf meine Art und Weise zu verarbeiten: Ich schrieb das Lied „Can You Hear It".

Ich: *There's a noise inside my head – can you hear it*
Paul: *There is something that makes you sad – I can feel it*
Beide: *A few years ago – bad times to live*
When I've got the blues I had nothing to give
Can you hear it – there's a voice inside my head
Can you hear it – telling stories about my fears, about my fears

Ein Duett mit meinem Sohn Paul, zu hören auf meinem ersten Solo-album „Skyland", erschienen im Jahr 2008. Den Song haben wir in der Grazer Oper oder bei vielen anderen Gelegenheiten zusammen gesungen und spielen ihn heute immer wieder bei unseren vereinzelten gemeinsamen Auftritten mit Kurt Gober oder auch bei Lese-Shows mit dem Autor Uli Brée ...

Das Wichtigste bei so einem physischen wie psychischen Dilemma ist jedoch der Zusammenhalt innerhalb der Familie. Die Hilfe, Zuwendung und Unterstützung von meiner Frau Andrea und meinem Sohn Paul waren, was mich zurück ins seelische Gleichgewicht gebracht hat!

Der Tinnitus, er ist da, wie gesagt, gekommen, um zu bleiben. Ich lernte damit zu leben. Akzeptanz hilft, Zorn hingegen nicht. In meinem Musikschädel, wo so viele Töne jeden Tag ihr kreatives Spiel treiben, hat sich halt ein Geräusch mit eingenistet. Das ist zwar nicht gerade witzig, aber wenn es denn so sein soll, na dann ist es eben so.

Andrea und Paul

Und ja, ich bin ein Familienmensch!

Wir steigen nochmal zurück in die 1970er-Jahre. Ihr wisst schon, große, bunte Tapetenmuster, viel grellfarbiges Plastik und über die langen Haare bei Männern hatte sich die Aufregung auch bereits (fast) gelegt. Mehr oder weniger. In Österreich schickte Georg Danzer einen Nacktflitzer ins Wiener Café Hawelka und landete damit auf Platz 1 in den Charts und einen Evergreen. Jö, schau! Das war 1976 und ich feierte am 6. Mai meinen 21. Geburtstag. Freunde, die Bandkollegen, also die gesamte Clique, lud ich ein zum *Decker* in Neudau, einer Diskothek, die keine zehn Kilometer von Ollersdorf entfernt war. Ich habe die Hits, die in der kleinen Disko gelaufen sind, den Sound dieser Zeit, heute noch im Ohr. Von *Earth, Wind and Fire*, Carl Douglas' „Kung Fu Fighting" und *Abba* mit „Fernando" bis hin zu *Boney M.* und vielen mehr.

Bei dieser ausgelassenen Feier kam auch ein fesches junges Mädl aus dem Ort auf mich zu, drückte mir ein festes Busserl auf die Wange und gratulierte mir. Was soll ich sagen, rückblickend war es ein sehr, sehr wichtiger, entscheidender Moment in meinem Leben. Es war meine Andrea, die sich mit einem Busserl vorstellte und die an diesem Abend in mein Leben trat. Andrea war sehr jung, noch keine siebzehn. Bei mir hatte es sofort eingeschlagen. Ich war auf der Stelle verknallt und wollte sie umgehend wiedersehen. So verabredeten wir uns bereits für den nächsten Tag. Und dann wieder, und wieder, und wieder …

Den Weg nach Neudau bewältigte ich mit dem *Renault 4* meines Vaters, manchmal auch mit seiner hellblauen *Puch DS 50*, dem legendären Moped dieser Tage. Einige Male kam ich sogar mit dem Fahrrad. Mangels Gefährts war ich zur Bergwertung gezwungen und die Wadln ließen herzlich grüßen. Da lag nämlich tatsächlich ein „Berg" am Weg.

Der Neudauberg, genaugenommen, und so hieß es strampeln für die Liebe. Und das tat ich gern. Sehr gern. 1976 war ja auch Olympiajahr, somit war Sport ohnehin omnipräsent. Und sportlich war ich immer!

Andrea und ich, wir verstanden uns von Beginn an ausgezeichnet. Wir waren und sind noch immer auf einer Wellenlänge. Nicht nur in menschlichen und sozialen Dingen, sondern auch musikalisch. Denn sie war selbst Musikerin (Trompete) und hat ebenso wie ich einen Riecher für gute Songs, für Hits. Besser als ich erkennt sie Lieder bereits nach wenigen Sekunden am Intro, und das Beste: Sie kann „verdächtige" Melodien sehr gut ihrem Ursprung zuordnen! Andrea ist für mich auch musikalisch die kongeniale Partnerin und auf ihre Einschätzung gebe ich sehr viel!

Für beide von uns war es die erste richtige Beziehung und das Besondere daran ist, dass wir bis heute – mit einer kleinen Auszeit im verflixten siebten Jahr – ein Paar sind. 49 wunderbare Jahre und ich bin mehr denn je in meine Frau Andrea verliebt!

Nach dem Auftritt von Opus bei den Olympischen Spielen 1988 in Calgary flogen wir anschließend noch zwei Wochen nach Hawaii auf Urlaub. Und dort machte ich ihr, unter Palmen, bei sanfter Meeresbrise und umgeben von einem wahren Postkartenidyll, einen Heiratsantrag. Ein paar Monate später haben wir geheiratet, in Graz eine schöne Wohnung gekauft und nicht nur einen Baum gepflanzt!

Am 22. April 1989 kam dann unser Sohn Paul zur Welt. Ich war bei der Geburt im LKH Graz natürlich dabei und alles andere als cool. Im Gegenteil. Es lief nicht gerade einfach und ich bin heute noch voller Respekt für das, was Andrea durchmachen musste, aber nach vielen Stunden erblickte Paul dann schließlich das Licht der Welt. Wie gesagt, Andrea hatte es dabei richtig schwer, aber mit der tatkräftigen Hilfe der Hebamme schaffte sie die Entbindung und als ich dann den kleinen, eben erst geborenen Körper entgegennehmen durfte, die Nabelschnur durchschnitt, weinten wir beide vor Glück. Es war eines der beeindruckendsten, nein, mit Sicherheit sogar *das* wichtigste Erlebnis in meinem Leben. Einfach unvergesslich! Und wir waren nun zu dritt.

Andrea ist nicht nur meine große Liebe, sondern auch mein Lebens-
mensch. Ich bin so froh und glücklich, dass wir uns damals getroffen
haben und das Leben auf diese Weise seinen Lauf genommen hat. Ich
weiß, sie hatte es nicht immer leicht mit mir. Als Musiker und vor allem auf Tour gibt es Versuchungen, denen man nicht immer wider-
stehen kann. Letzten Endes haben wir solche Tiefpunkte, die in jeder
Partnerschaft passieren können, gemeinsam gemeistert. Heute sind wir
sehr dankbar dafür, dass wir auf ein jahrzehntelanges, gemeinsames,
glückliches Leben zurückblicken können. *„You And I – Flyin' High – We
Climb High – High Up To The Sky."*

Mit Baby Paul
ein paar Tage
nach seiner
Geburt.

Paul war von klein weg ein aufgewecktes Kerlchen, voll interessiert an der Musik, die ich machte. Wenn ich am Komponieren war, setzte er sich immer zu mir ans Klavier. Sehr früh begann er sich bereits für Gitarre und Schlagzeug zu interessieren. Von sich aus. Klar gefiel mir das, denn eine Art Eislauf-Papa war ich nie. Es schien mir, dass sich alles bei ihm intuitiv zu entwickeln begann. Druck habe ich nie ausgeübt, denn ich wollte nicht riskieren, dass er die Lust daran verliert, und es war auch sehr schön zu sehen, wie Paul sich entwickelte. Ein echter Pfleger, the next generation …

1992 begann ich das *Recorder Studio* in Judendorf zu bauen. Darüber gibt es später im Buch noch einiges zu lesen, aber wegen der vielen Arbeit, die das alles mit sich brachte, war ich demzufolge tagsüber selten daheim. Darüber war Paul gar nicht begeistert. Wenn ich die Wohnung verließ, stand Andrea mit ihm auf dem Arm am Fenster und er winkte mir traurig hinterher. Eine Szene, die mich zu einem Song inspirierte: „Bye bye – my baby waves bye bye" erzählt von meinen damaligen Gefühlen. Nachzuhören am Album „Walkin' On Air".

Als das *Recorder Studio* dann 1993 eröffnet wurde, zeigte Paul auf den Maschinenraum, der sich hinter einem Verbau aus Glas befindet, und stellte klar: *Da mache ich einmal ein Haifischaquarium.* " Wie die Geschichte zeigt, hat sich das dann doch etwas anders, als von ihm ursprünglich geplant, entwickelt. Heute ist er fast täglich im Studio zu finden, wo er mitarbeitet und auch seine eigenen Projekte verwirklichen kann. Das ging bei ihm schon in frühester Jugend los. Bereits im Volksschulalter begann Paul mit Klavierunterricht am Konservatorium und später, als ihm die Klassik dann zu langweilig wurde, lernte er von Alessandro, einem Pianisten aus Uruguay, in mehreren Jahren alle musikalischen Spielarten. Von Pop, Rock, Boogie bis Filmmusik, sein Lernhunger schien grenzenlos.

Paul war bereits recht früh bewusst, dass es die Popmusik ist, die seine Zukunft als Kreativer beeinflussen wird. Sehr früh, das heißt bereits im Alter von vier Jahren, unterhielt er mit Hubert von Goiserns „Koa Hiatamadl" beim Kindermaskenball in Ollersdorf die Faschingsgesellschaft. Bald danach waren es Bryan Adams, *Queen* oder Falco, die ihm taugten und die er gern sang. Mit Papa bei privaten Anlässen an der Gitarre hatten wir gemeinsam viel Spaß. Bis heute singen wir zusammen – meist mit Unterstützung von Kurt Gober an seinen Handpans – unsere eigenen Titel auf der Bühne.

Der Apfel und der Stamm. Diese alte Weisheit hat schon was. Auch Paul gründete bereits in jungen Jahren, mit 15, zusammen mit Benny Musenbichler seine eigene Band *Stereoface*. Da gibt es nun bereits drei Studioalben und jeder Titel darauf ist eine Komposition meines musikalisch sehr begabten Sohnes.

Aktuell veröffentlicht Paul seine eigene Musik als Soloprojekt mit dem Namen *Paul & Pets*. Seine Songs sind mittlerweile auch in etlichen europäischen Radiostationen on air. Er ist ständig am Tun und macht inzwischen Solokonzerte in Österreich, aber auch in Paris, London, Berlin und Prag, viele davon mit seinem Freund Robert Rotifer. Der in London lebende Österreicher ist unter anderem auch als Redakteur beim Magazin *Rolling Stone* tätig und hat seit Jahren eine eigene Radiosendung auf FM4. Pauls Kreativität scheint unerschöpflich und es tut mir einfach gut, das miterleben zu können.

Nach der Matura hat Paul Englisch studiert und mit seiner Bachelorarbeit über Skateboarden (!) abgeschlossen. Nachdem er sich seit seiner Jugend für viele Pop-Acts wie die *Beatles*, die *Beach Boys* oder Bob Dylan fast wissenschaftlich interessiert, zeigt er auch für die Arbeit im Studio großes Engagement und Interesse. Paul hat sich technisch wie kreativ als Musiker und Produzent stetig weitergebildet. So hat er auch bei „Opus Magnum", unserem letzten Studio-Album, zeitweise die Aufnahmeregler bedient und wichtige Ezzes gegeben, die auch von meinen Kollegen gut aufgenommen wurden.

Mittlerweile tauschen wir uns bei allen Produktionen, die wir im *Recorder* oder live machen, mit gegenseitigen Ideen, Meinungen und Vorschlägen aus. Vor allem bei meinen beiden Soloalben hat er mich bei den zwei Duetten „Time Flies…" und „Can You Hear It" mit Text und sehr vielen und guten Ideen unterstützt.

Unser Sohn Paul ist mithin der wichtigste Mensch in unserem Leben. Beruflich, kreativ und natürlich menschlich ist er eine absolute Bereicherung. Heute stehe ich da, blicke auf uns, die Pflegers, und sage gern: Wir sind eine glückliche Familie. So ist es und so soll es immer bleiben.

Mit Andrea bei der Entstehung von „L=L" 1984 in Ibiza.

Paul und ich beim Cover-Shooting von „Time Flies...".

Ein Traum wurde Wirklichkeit

Das eigene Recorder Studio

Jetzt aber! Der Name *Recorder* ist zuvor bereits einige Male im Buch vorgekommen. Hier nun die ganze Geschichte, und die führt uns zuerst zurück ins Jahr 1992. Im Frühjahr desselben veröffentlichten wir mit *Dino Records* – eingefädelt von Kurt Kefeder, *Dino*-Austria-Chef – unser nächstes Album „Walkin' On Air". Für mich bedeute es auch einen weiteren Schritt in eine neue künstlerische und berufliche Zukunft. Nachdem ich bei dieser LP wieder die meisten Kompositionen einbrachte, wollte ich erstmals allein für die gesamte Produktion verantwortlich sein. Und zwar vom Anfang bis zum Ende. Alles, inklusive der Finanzierung. Ich fühlte mich dazu imstande, hatte genug Lehrjahre hinter mir und ziemlich klare Vorstellungen von meiner beruflichen Zukunft.

Das top ausgestattete *MG-Sound-Studio* in Wien war der ideale Ort für meinen Neubeginn. 1991 mietete ich mich da ein und das Risiko, welches ich eingegangen war, zahlte sich am Ende aus. Denn die Firma *Dino Records* übernahm die Veröffentlichung in Deutschland, der Schweiz und Österreich und der Song „Gimme Love" wurde ein Top-Ten-Hit, der uns erneut viel Präsenz in den Medien brachte. Radio und Fernsehen haben den Titel geliebt und wir standen auch wieder öfter auf der Live-Bühne.

Die Arbeit im *MG-Sound-Studio* ging mir gut von der Hand und so war es nur eine Frage der Zeit, bis sich in mir die ersten Gedanken für ein eigenes Aufnahmestudio im Kopf breitmachten. Es ist immer das Gleiche. Ein Gedanke taucht auf. Zuerst nur ein kleiner Wunsch. Ein *„Es wäre schon schön, wenn …"* Es hat keinen Sinn, solche Gedanken wegzudrücken, denn sie tauchen immer wieder auf, nehmen mehr und mehr Raum ein, und aus diesen Gedanken wird ein Traum und aus dem Traum eine fixe Idee. Bei mir lief es darauf hinaus, dass ich so ein eigenes Studio aufbauen wollte. Eines ganz nach meinen Vorstellungen. Ich habe Dutzende Tonstudios von innen kennengelernt und die Summe all dieser Erfahrungen, die sollte in meinem Studio zu finden sein.

Als sich die Band-Kommune in Rötz 15 langsam aufzulösen begann, fasste ich mit Unterstützung durch unseren Techniker, Andi Fabianek, den Plan, mit der „L=L"-Kohle und dem Equipment, das wir schon gekauft hatten und das in Rötz 15 gute Dienste leistete, ein eigenes Studio umzusetzen.

Zuerst musste ich meine Kollegen auszahlen, denn das Equipment war Band-Eigentum. Als Nächstes galt es, ein neues, geeignetes Objekt zu suchen. Ich fand keine entsprechenden Räumlichkeiten in Graz, aber wie so oft im Leben liegt das Gute doch eh meist in der Nähe. Fündig wurde ich in Judendorf, unweit von Rötz. Also quasi dort, wo ohnehin alles bereits seinen Lauf nahm. Ein fruchtbarer Boden, wie es scheint (denn wir sind immer noch da, und das seit 47 Jahren!), und dort entdeckten wir das ehemalige Bauernhaus des Stifts Rein am Fuße der Straßengler Wallfahrtskirche.

Großartig aber auch Uff! Ich überlegte hin und her. Mir war klar, dass es ein immenses Vorhaben war, auf das ich mich da einlassen würde. Von der finanziellen Seite her eine enorme Investition und auch die Menge an Arbeit, die auf mich zukommen würde, war nicht ohne. Aber ich war gut im Geschäft, privat lief auch alles wunderbar, und mit der Erkenntnis „No risk, no fun" munitionierte ich mich positiv auf. Also stieg ich ins Risiko. Ich hatte eigentlich keine andere Wahl, denn ich wusste, dass ich für die Produktion meiner Musik auch einen entsprechend professionellen Arbeitsplatz brauchte! Ich wollte in Ruhe und ohne Zeitdruck meine Ideen verwirklichen. Wenn man sich in einem Studio einmietet, dann kostet das viel Geld. Entweder zahlst du gleich einmal eine fette Pauschale oder es wird stundenweise abgerechnet. Du kannst es drehen und wenden, wie du willst, der Tacho läuft immer. Das ist nicht gut. Es geht auch auf Kosten der Kreativität, denn in vielen Fällen ist das Herumprobieren im Studio essenziell. Also führte am eigenen Tonstudio eigentlich eh kein Weg vorbei. Die Entscheidung war somit gefallen und sie war wichtig für mich selbst und auch für die Zukunft von Opus.

Gemeinsam mit dem Architekten Josef Roschitz und seiner Firma *Splitterwerk* nahmen wir den Umbau des Hauses in Angriff. Das Acoustic Design übergab ich an Peter Oswald aus Landsberg in Deutschland und gemeinsam mit dem Spitzentechniker Andi Fabianek, den Opussen und vielen Freunden, denen ich allen sehr, sehr dankbar bin, dauerte es ein gutes Jahr, bis wir die *Recorder Music Studios* eröffnen konnten.

Mit einem großartigen Fest und vielen prominenten Gästen wie Klaus Eberhartinger und Andy Töfferl (*EAV*), Christian Kolonovits, Tony Wegas und vielen weiteren wurde das Studio Anfang Juni 1993 eingeweiht. Viele Musiker, Acts und auch Stars haben die Studios seither für ihre Aufnahmen oder Mixe genützt. Hunderte Alben und Songs wurden hier bislang produziert. Im Internet unter *www.opus.at/recorder-studio* könnt ihr gern auf einen Blick bei uns vorbeischauen. Und auch auf die beachtliche Liste der bei uns bereits getätigten Aufnahmen, die ihr da vorfindet, sind wir, wie ich meine, zu Recht auch ziemlich stolz. Und wenn ihr da auf unsere Homepage schaut, dann fällt euch vielleicht auch noch etwas auf: Wir sind ein Familienbetrieb! Andrea und Paul sind mit dabei und allein das ist wohl der beste Beweis dafür, dass die Entscheidung, ins Risiko zu gehen, die richtige war.

Einer, der auch bei uns aufnehmen wollte, war Falco. Wir hatten schon lange ein sehr gutes Verhältnis zu ihm. Erstmals getroffen haben wir uns am *Austria Rock Festival* 1981, aber so richtig kennengelernt erst später bei einem Wiener Stadtfest, wo wir beide live auftraten und danach gemeinsam feierten. Ein paar Jahre später lud er uns ein, die Chöre am „Junge Römer"-Album zu singen. Den Titelsong mit den

Kopfstimmen von Herwig und mir (wir klingen wie Eunuchen-Chöre) hört man noch heute oft im Radio und dann muss ich immer in mich hineingrinsen. Später, siehe im Buch unter *Opus & Freunde in Liebenau 1985*, lieferte er auch legendäre Performances in Graz. Mit dabei war Falco ebenso bei unserem Jubilee-Konzert im *Orpheum Graz* im Herbst 1993. Einige Zeit davor, im Juni 1993, spielten Opus und Falco bei einem weiteren legendären Gig: dem Donauinselfest in Wien. Das ist bis heute unvergessene österreichische Musikgeschichte, dieser kultige, durch ein Gewitter unterbrochene Auftritt, samt Blackout und Live-Mitschnitt.

Am noch sonnigen Nachmittag auf der Donauinsel zeigte ich ihm Backstage den Folder meines eben fertiggestellten *Recorders*. Falco war recht angetan von dem, was er sah, und sagte zu, mich zu besuchen, weil ich ihm nicht nur das Studio, sondern auch Kompositionen von mir angeboten hatte. Im September 1993 war es dann so weit. Falco kam nach Judendorf. Als er das *Recorder Studio* betrat, sagte er spontan: „*Ich war schon in vielen Studios. Vor ein paar Wochen in der Hitfactory in NYC, aber so schön wie deines, das waren die alle nicht!*" Was für ein Kompliment! Ich nahm es gern entgegen. Ich führte ihn durch das ganze Studio und spielte ihm anschließend zwei Songs vor. Sie schienen ihm gut zu gefallen und überhaupt dachte er daran, sein nächstes Album bei mir produzieren zu wollen. Na Bumm! Die Freude war entsprechend und so euphorisiert ging ich mit Falco und seiner „Syverl" zum Essen.

Aber erstens kommt es anders, und zweitens, als man denkt. „Jubilee", unser Live-Album mit dem Flipper-Cartoon am Cover, wurde einige Wochen nach Falcos Besuch im Studio im Casino Graz im Rahmen einer Präsentationsparty vorgestellt. An diesem Abend in Graz erfuhr Falco, dass er nicht der Vater seiner Tochter Katharina war. Die Enttäuschung brachte mit sich, dass er die Pläne für ein neues Album erstmal verschob. Bald darauf wählte er die Dominikanische Republik als seine neue Heimat und der Rest der Geschichte ist bekannt.

Sehr schade und traurig. In allen Belangen. Die Arbeit mit Falco wäre mehr als nur eine künstlerische Herausforderung gewesen.

In der Regie des *Recorders* von links: Laurie Jandl, Markus Eichl, ich und Paul.

In jedem Fall kam es zu großen Produktionen im *Recorder*: *S.T.S.* nahmen das Album „Zeit" bei uns auf, die *Ausseer Hardbradler* „Volks-punk", Alben von Rainhard Fendrich und Peter Kraus wurden bei uns gemixt. Die *EAV* produzierten „Autofahren (300 PS)", eigentlich war das ganze Album „Nie wieder Kunst" im *Recorder* gebucht, aber ihr Produzent David Bronner – mittlerweile verstorben – konnte das mit finanziellen Vorteilen für ihn ins eigene Studio verlegen. *The Dubliners* nahmen einen Song auf, Stefanie Werger recordete alle Vocal-Tracks ihres letzten Albums mit meiner Unterstützung, *Gazebo*, die *Bingoboys*, Wolfgang Ambros und viele weitere produzierten seit mittlerweile 31 Jahren bei uns ihre Musik. In letzter Zeit waren es Paul mit seinen Band- (*Stereoface*) und Solo-Projekten (*Paul & Pets*), die *Schick Sisters*, *Freekind* und die hervorragende Grazer Band *Candlelight Ficus*, die das Studio für ihre Albumaufnahmen nutzten.

Wir waren und sind ein eingeschworenes Team, Andi Fabianek, Heimo Knopper und Markus Eichl, der bis heute unser Techniker ge-blieben ist, Bernhard Thurner für ein paar Jahre und unser Paul. Später

kamen die genialen Mixe von Dietmar „Dietz" Tinhof dazu, auch er
gehört bis heute zu unserem Team. Auch Szenen für drei TV-Filme
wurden bereits im *Recorder* gedreht, schon 2005 *Die Ohrfeige* mit Julia
Stemberger, 2021 *Man kann nicht alles haben* mit Aglaia Szyszkowitz
und Fritz Karl und 2022 *Steirerstern* mit Anna F. und Hary Prinz.
Meist sind diese Dreharbeiten ein Riesenaufwand, mit an die fünfzig
Leute Crew, und manchmal hat der Drehtag 16 Stunden und dauert
bis nach Mitternacht ...

Das erste Opus-Album, das im *Recorder* entstand, war „Love, God
& Radio" (*Dino Music* 1996) mit Songs wie „Just For Fun", „City Of
Angels" (der übrigens nicht von L. A. handelt, sondern den ich unserem neuen Heimatort Strassengel gewidmet habe) und „Radio Is God".
Bei der Aufnahme von Herwigs Stimme bei Letzterem schlug tatsächlich ein Blitz ein und der Strom war kurzfristig weg! Und das ist sehr
ungewöhnlich im November, wo es eigentlich sehr selten Gewitter gibt.
Der liebe Gott meldete sich, denn anscheinend war er mit dem Slogan
nicht einverstanden!

Für mich war der Slogan „Radio Is God" jedoch ein Statement. Es
geht darum, dass damals und in Vorbereitung auf den Einzug des Privatradios in Österreich, der mit 1. April 1998 auch stattgefunden hatte,
Ö3, der wichtigste und einzige Pop-Radiosender des Landes, neu ausgerichtet wurde. Das ist eine lange Geschichte und hat mit der Entwicklung von Formatradio in Österreich zu tun, das es ja in den langen
Monopoljahren hier nicht gab. Wie auch immer, mit diesem Projekt
„Ö3 neu" wurde der Sender auf den Einzug der Privaten vorbereitet.
Verantwortlich dafür war Bogdan Roščić, der von den ORF-Chefs diese durchaus heikle Aufgabe übertragen bekam. Und der krempelte fest
um, was zur Konsequenz hatte, dass heimische Produktionen einen
tiefen Fall erlebten. Airplay, ein wichtiger Baustein für heimische
Künstlerinnen und Künstler zur Entwicklung von Karrieren, fand de-
facto nicht mehr statt. Zumindest nicht in dem Umfang, wie es einmal
war. Vor allem traf das die Dialektszene, die Singer-Songwriter, die Liedermacher und auch uns! Das, was wir unter dem Namen Austropop

verstanden, durfte ins Regionalprogramm abwandern. Was insofern kein Ersatz war, da es dadurch kein bundesweites Airplay mehr gab.

Wir österreichischen Künstler und Künstlerinnen sind damals sogar auf die Straße demonstrieren gegangen, weil die Situation für uns unhaltbar war. Wir haben mit Schiffi, Andy Baum und zahlreichen anderen in seinem Büro und auch bei öffentlichen Veranstaltungen mit Bogdan Roščić zu diesem Thema diskutiert – ohne Erfolg!

Und so dauerte es mehr als ein Jahrzehnt, fast zwei sogar, bis 2011 mit Hubert von Goiserns „Brenna tuats guat" ein Dialektsong wieder einmal die Nummer 1 in den österreichischen Charts wurde.

Und was hat das mit meiner Textzeile „Radio Is God" zu tun? So hat das damals auf mich gewirkt: Da sitzt einer am Schalthebel und plötzlich wird für uns alles anders. Gottgleich. Es war eine schwierige Zeit für viele und so wie es einmal war, wird es nie wieder. Formatradio und Privatradio haben einfach alles umgekrempelt. Radio macht keine Hits mehr, sondern es spielt Hits. Radio ist ein Business geworden und das war früher doch etwas anders. Ich für meinen Teil, der sich immer für die heimischen Musiker und Musikerinnen eingesetzt hat (immer wieder auch sehr lautstark!) und das auch in Zukunft tun wird, ich werde bis heute den Ärger darüber, wie das damals gelaufen ist, nicht los. Da wurden Karrieren einfach wie am Schachbrett verschoben und die Konsequenzen waren offenbar egal. Musikland Österreich? Das hätte man anders machen können, denke ich.

„Skyland" und „Time Flies..."

Meine Solo-Alben

Frühmorgens, wenn ich aufwache, ist manchmal eine Melodie da, oder wenn ich eine Gitarre in die Hand nehme und zwei Griffe spiele, summe ich plötzlich eine Gesangsline …

Ihr seht schon, Musik ist bei mir immer da. Im Hintergrund, dann wieder im Vordergrund, aber immer klopft da etwas an und sagt: *„Hey Sunny, ich will raus!"* Aber einfach nur raus, so funktioniert das nicht. Dazu braucht es eine Infrastruktur. Die beginnt im Hirn und führt von dort auf den Notizblock oder das Handy zum Abspeichern der ersten Ideen. Und dann beginnt für mich die grenzenlose Freiheit, die ich mir mit meinem *Recorder Studio* geschaffen habe. Das eigene Studio, es ermöglicht mir, die Dinge so anzugehen, wie ich will, ohne dabei auf die Uhr zu schauen, ob das eh noch im Budget liegt. Einfach machen, die Kreativität laufen lassen.

Das eigene Studio ist somit der allerbeste Platz für eigene Projekte, und so begann ich schließlich ab Anfang der 2000er-Jahre, Songs für ein erstes Soloalbum zu sammeln.

Bereits in den 1980ern gab es Kompositionen von mir, die sich wahrscheinlich mehr für mich als für Opus eigneten. Songs wie „Deep Inside" oder „Solo" vom gleichnamigen Album aus 1985. Aber erstens waren Verträge für Opus zu erfüllen, somit auch keine Zeit, da ich ja voll für die Karriere der Band arbeitete, und so stellte ich Gedanken an Soloprojekte erstmal hinten an. Außerdem wollte ich diese Nummern nicht für später aufheben, sondern die mussten raus, dem Publikum, der Öffentlichkeit, präsentiert werden.

Nun nach unserem „The Beat Goes On" Opus-Werk 2004 und meinem Gehörsturz samt Tinnitus fand ich die Zeit und Muße und vor allem die Motivation, endlich mein persönliches Musikalbum anzugehen. Die österreichische Musikszene war durch den hier bereits erwähnten Austropop-Boykott des Radiosenders Ö3 sehr geschwächt, von den Plattenfirmen gab es somit keine großen Budgets für Musikproduktionen und deshalb war auch bei mir im *Recorder* freier Platz für mein eigenes Schaffen. Dazu kommt, dass ich als Besitzer eines Projektstudios nicht auf Kundenbuchungen angewiesen bin, wie es etwa reine Gewerbe-Studios sind, die, so wie viele in Wien, vor allem von Werbeaufnahmen leben. Das macht frei und diese Freiheit ist in Bezug auf Musikproduktion ein Privileg.

Ich begann damit, persönliche Themen in Musik zu kleiden, wie „Can You Hear It" über die Beeinträchtigung durch den Tinnitus oder „Skyland", den späteren Titelsong. Der flog mir zu, als ich in einer Wiese liegend die am Himmel vorbeiziehenden Wolken sah und dabei eine Melodie summte. Es war, als wäre die gerade vom Himmel einfach so auf mich gefallen. Das war mein *Skyland*, wo meine Musiken für mich bereitliegen und hin und wieder zu mir herunterkommen. Wie aus dem Nichts.

Ähnlich verhielt es sich in der Phase, wo ich lernen musste, mich mit dem Tinnitus zu arrangieren. Ich setzte mich aufs Rad und war ganz allein immer wieder für einige Stunden unterwegs. Im Wort Ausflug steckt ja auch das Wort fliegen drin, und da war es wieder, dieses Zufliegen von Songideen. Wenn ich dann daheim vom Rad stieg, wanderten diese Songs vom Kopf ins Notizbuch oder gleich ins Handy.

Die gesammelten Melodien und Texte wurden von mir anschließend demomäßig vorbereitet und mit meinem Co-Produzenten Bernhard Thurner, der mir viel Arbeit abnahm und dabei sehr penibel vorging, instrumentiert, arrangiert und schließlich fertig aufgenommen.

Bernhard war es dann, der vorschlug, auch einige meiner Freunde für „Skyland" einzuladen. Und alle, die ich einlud, sagten zu: Gazebo, mein langjähriger Freund aus Rom, Wolfgang Ambros, Hans Theessink, Monika Ballwein, Gert Steinbäcker, Christian Eigner (Drummer von *Depeche Mode*), Erich Buchebner (mittlerweile unser langjähriger

Opus-Bassist), Andie Gabauer, Robby Musenbichler, natürlich auch meine Opus-Kollegen und mein Sohn Paul. Von einer Produktion, die ich in Los Angeles und in Vorarlberg mit Michelle und Peter Wolf machte, kam der Titel „Enjoy This …", eine Variante meines Jugend-Lieblingshits „Ein schöner Tag zu Ende geht". Ein Lied aus der Kindheit, aus meiner Zeit bei den *Roten Falken*, einer Jugendorganisation der Sozialdemokraten, in etwa vergleichbar mit den Pfadfindern.

„Skyland" wurde mein erstes Solo-Werk! Nahezu alle darauf mitwirkenden Freunde (bis auf Christian Eigner sowie Michelle und Peter Wolf) haben es gemeinsam mit mir live im *Orpheum Graz* und im Wiener Metropol auf der Bühne live präsentiert. Die Einnahmen aus diesen Aufführungen kamen der Witwe unseres verstorbenen Bassisten Wolfram „Wuffi" Abt zu Gute.

„Time Flies…" Der Name ist Programm

Die Zeit flog dahin, denn erst acht Jahre später veröffentlichte ich mein zweites Soloalbum: „Time Flies…"

Es war ja nicht so, dass dazwischen nichts zu tun gewesen wäre. Im Gegenteil. Ich hatte gut und viel zu tun. *Tonight At The Opera* mit Christian Kolonovits samt Streichorchester (2009 in der Oper Graz aufgenommen) und die Reproduktion von *Opus & Freunde* aus dem Liebenauer Station (2013) erschienen – beides mithilfe des Filmemachers Rudi Dolezal – auch auf DVD. Übrigens war ich mit Paul, Andrea, unserer Freundin Marianne und Rudi Dolezal im Februar 2013 auch bei den *Grammy's* in L. A., da mein Freund Rudi mich auch als Voting Member der *Grammy Academy* vermittelt hat und dadurch der Eintritt erst möglich war! Für die Aufnahme in diese sehr ehrenvolle Academy sind auch die Verkaufserfolge von „L=L" in Amerika entscheidend gewesen!

Die vorher erwähnten CD- und DVD-Produktionen nahmen klarerweise viel meiner Energie und auch Zeit in Anspruch. Aber das war und ist meine Bestimmung, deswegen konnte ich es schon erwarten, bis ich wieder nur für mich selbst tätig werden konnte. Immer dabei auch die Worte von Adi, meinem Opa mütterlicherseits, im Ohr. Adi war an sich ein sehr bestimmender Mensch, aber eine seiner Regeln im Alter lautete: *„Nicht schusseln, nicht alles auf einmal, sondern eins nach dem anderen!"* Und Adi hatte recht. Gut Ding braucht einfach Weile!

Für mein zweites Solo-Projekt engagierte ich als Co-Producer den hervorragenden Musiker Ernst Gottschmann, ein Gitarrist und Produzent, bekannt von der Band *Ausseer Hardbradler*, die auch bei mir im *Recorder* einmal ein Album aufnahmen. Ernst bekam von mir meine Layouts, fügte bei sich im Studio seine Ideen dazu und davon suchte ich mir dann die besten Spuren aus.

Auch dieses Mal lud ich Gäste ein, die meine Musik mit ihrer Performance bereichern sollten. Einige von ihnen waren bereits bei „Skyland" sehr hilfreich gewesen und so lag es nahe, erneut an sie heranzutreten. Wieder war mein Sohn Paul dabei und dieses Mal sorgte er nicht nur mit seiner Stimme für ein gelungenes Duett bei „Time Flies…", sondern auch für die Lyrics beim Titelsong. Meine Opus-Freunde machten mit, Inez und Corry begeisterten als Duett-Partnerinnen, ebenso Monika Ballwein, Kurt Gober sehr befruchtend mit seinem Gubal, Christian Eigner trommelte wieder sensationell bei einigen Songs und zu einer weiteren sehr geilen Zusammenarbeit kam es mit Gert Steinbäcker: Nach dem so berührenden „Nur du allein" auf „Skyland" schuf er diesmal den Text zu „Ganz nah" – tolle Textpassagen und Inhalte, die durch seine einzigartige Stimme mit meiner Melodie eins wurden! Ebenso die hervorragende junge Interpretin Eva Moreno und Aaron Thier, ein entfernter Verwandter aus meinem Heimatort Ollersdorf am Schlagzeug. Aber er ist nicht der einzige Ollersdorfer auf diesem Album: Ich lud auch erstmals Kurt, meinen klassisch ausgebildeten Bruder mit seinem Fagott ein. Bei „Lost & Found" ist er am Leadinstrument zu hören. Und ich komponierte auch selbst Kurts Stimme und das Ergebnis hielt er für durchaus gelungen. Es gibt übrigens noch einen in der österreichischen Musikszene durchaus bekannten Musiker aus meiner burgenländischen Heimatgemeinde, der auch mit mir (fast) verwandt ist: Thomas Schneider. Er ist der Enkel meiner Taufpatin und singt und komponiert für die Band *Tagträumer*. Thomas ist aber nicht auf meiner „Time Flies…"-Platte zu finden. Was nicht ist, kann ja noch werden … Denn, wie gesagt, die Zeit fliegt und wer weiß, wohin?

Den instrumentalen Abschluss dieser Solo-CD schuf ich mit dem Grazer Richard Hasiba und seinem *Stan-Dart-Projekt*. Der Elektroniker ist seit vielen Jahren ein innovativer Teil der Grazer Szene und sein Sound, dieser spezielle Ausklang, der passte perfekt zu „Time Flies…".

An drei Abenden präsentierten wir auch dieses Album mit allen Beteiligten live, im *Styria Media Center* und *ppc* in Graz sowie im *Local*, einem kultigen Musikerlokal in Wien, welches dem Singer-Songwriter Christian Becker gehörte, und das es leider nicht mehr gibt. Nach 15 Jahren war da Schluss. Die Pandemie hat dem *Local* das Genick gebrochen …

Produktion „Time Flies…" bei der Drum & Bass Session mit Ernst Gottschmann, Christian Eigner, Markus Eichl und Erich Buchebner.

„Menschen für Menschen"

Hilfe für Äthiopien

„Es gibt keine erste, zweite oder dritte Welt. Wir alle leben auf ein und demselben Planeten, für den wir gemeinsam die Verantwortung tragen."

Diese Worte stammen von Karlheinz Böhm. Der Schauspieler legte in den 1980er-Jahren den Grundstein für seine *Hilfe zur Selbsthilfe*, bekannt auch als *Menschen für Menschen*, mit dem Ziel: Hilfe für Äthiopien.

„Menschen für Menschen steht für die Grundwerte der Menschlichkeit und der globalen Solidarität. Damit folgen wir der Überzeugung Karlheinz Böhms, dass jeder Mensch zählt und dazu beitragen kann, die Welt zum Besseren zu verändern – als ein Mensch für Menschen", so steht es auf der Website der Organisation.

2008 hatten wir mit Opus einen Auftritt in der Grazer *Helmut List Halle* anlässlich Karlheinz Böhms 80. Geburtstag. Im Rahmen der Geburtstagsfeiern traten auch einige andere Künstler auf und einer davon war der im Vorjahr viel zu früh verstorbene Michael Vatter, der schon einmal ein Benefizkonzert für Karlheinz Böhms Hilfsorganisation *Menschen für Menschen* in der Oper Graz organisiert hatte. Wir kamen im Backstagebereich ins Gespräch und beschlossen, wieder ein solches Projekt gemeinsam zu veranstalten.

Bereits Mitte der 1980er lernten wir Karlheinz Böhm in Deutschland kennen. Das war im Rahmen einer TV-Show, wo er uns hinter der Bühne die Entstehungsgeschichte von *Menschen für Menschen* erzählte.

Konkret war das bei Thomas Gottschalks *Wetten, dass..?*. Da war er als Gast geladen und dort gewann er seine Wette. Böhm wettete nämlich darauf, dass nicht einmal jeder Dritte der Fernsehzuschauer auch nur eine Deutsche Mark spenden würde. So kam es dann auch, die Menschen spendeten zwar eifrig, doch nicht genug. Aber er flog trotzdem mit der stattlichen Summe von 1,2 Millionen D-Mark nach Äthiopien und gründete mit diesem Geld *Menschen für Menschen*, was sich zu seinem Herzensprojekt entwickelte.

Die Ursachen der Armut in Äthiopien sah Böhm in erster Linie in der sozialen Benachteiligung der Frauen. Dem wollte er entgegenwirken. Er setzte sich für die Abschaffung von Kinderehen und gegen die Genitalverstümmelung von Frauen ein und forderte und förderte die umfassende Alphabetisierung und Bildung. So sollten in den Projektgebieten von der etwa 700 Personen starken Organisation (bestehend aus 99 Prozent Äthiopier) zu allererst Brunnen gegraben werden, damit die Mädchen nicht oft stundenlang gehen mussten, um Wasser zu holen und heim zu schleppen. Danach kam es zum Bau von Schulen, unabdinglich für die Bildung der Kinder. Ebenso wichtig waren Krankenhäuser, um eine ärztliche Versorgung zu gewährleisten.

Wir waren selbst 2011 und 2014 zweimal bei einer Schuleröffnung im Hochland von Äthiopien vor Ort und konnten uns von der hervorragend funktionierenden Organisation der *MfM*-Teams überzeugen. Beeindruckend war zu sehen, wie sehr vor allem die Kinder davon begeistert waren, in die Schule gehen zu dürfen. Ohne entsprechende Schulbildung ist die Zukunft der Kinder dort zumeist vorgezeichnet: Ihr Weg führt so gut wie immer direkt auf die Felder und in die Landwirtschaft der Eltern. Erst eine fundierte Ausbildung eröffnet ihnen Möglichkeiten, in anderen Berufen tätig zu werden und den eigenen Horizont zu erweitern. Gut erinnere ich mich an folgendes Gespräch: *„Wie viele Kinder hast du?"*, fragte mich ein äthiopischer Bauer, und auf meine Antwort *„Ich habe einen Sohn"* kam zurück: *„Oh, du bist arm, ich habe acht, denn wir Äthiopier sorgen mit vielen Kindern dafür, dass wir auch im Alter, wenn wir nicht mehr arbeiten können, versorgt werden!"*

Bei der Eröffnung der *Wore Anko Schule* 2011 in der Provinz Derra waren von Opus neben mir auch Kusche und Herwig mit seiner Lebensgefährtin Dagi dabei. Es war ein riesengroßes Fest. 5000 Kinder und Erwachsene feierten ausgelassen und wir mit Peter Krasser von der Steirischen Schule Äthiopien, seiner Familie, Bernd Melichar von der *Kleinen Zeitung* und Almaz Böhm, der Frau von Karlheinz Böhm – mittlerweile Witwe – waren mitten drin.

Es war für uns Opusse immer klar, dass es das Leben gut mit uns gemeint hat, durch unsere Musik und den Erfolg, den wir damit hatten. Etwas von dem zurückgeben, und zwar an jene, denen es bei Weitem nicht so gut geht, das war für uns daher immer selbstverständlich.

Wir nahmen an zahlreichen Benefiz-Veranstaltungen teil und organisierten selbst unsere eigene Charity-Veranstaltungsreihe in der Grazer Oper. Dabei kamen wir auf insgesamt mehr als 300.000 Euro, die allesamt direkt in den Schulbau in Äthiopien flossen. An den Schulen sind deswegen auch Tafeln angebracht, wo von uns, Opus, und unserer Unterstützung zu lesen ist. Eine schöne Wertschätzung!

Ich hatte auch eine Akustik-Gitarre zu dem Fest in Äthiopien mitgenommen. Wir wollten mit den Kindern unseren Hit singen. Leider war die Möglichkeit einer Verstärkung sehr dürftig, eigentlich nicht wirklich vorhanden. Außer zwei klapprigen Mikros für die üblichen Festreden war da nichts. Aber wir ließen uns nicht entmutigen. Wir sangen frisch drauf los, vor allem Herwig. „Live Is Life – Nana Nanana", so laut wir konnten, aber die Reaktion der Äthiopier und Kinder war gleich Null. Kein „Live Is Life" in Äthiopien. Unser Lied kannte im Hochland offenbar niemand. Der Welthit hatte sein weißes Fleckerl auf der Landkarte gefunden. Doch das machte uns überhaupt nichts aus: In dem Fall war das ja völlig unwichtig, denn wirklich wichtig war die Erfahrung, dass wir mit den Opern-Konzerten so vielen Kindern in Äthiopien eine ganz große Freude bereiten konnten.

2014 gab es eine weitere beeindruckende Reise zu einem Hochplateau von Äthiopien. Wieder waren wir Gäste einer bewegenden Eröffnung der nächsten Schule. Peter Krasser (Steirische Schule Äthiopien), Michael Vatter und wir, Opus, finanzierten die von *Menschen für Menschen* errichtete *Chulute Higher Primary School*.

Gemeinsam mit einer Gruppe um Rupert Weber (Geschäftsführer *Menschen für Menschen*), Peter Krasser und einem ORF-Kamerateam mit dem Redakteur Peter Koköfer hatten wir die Ehre, diese Schule mit Tausenden Schulkindern, Lehrern, Vertretern der Öffentlichkeit und der Bevölkerung einzuweihen.

Im Zuge dieses Besuches zeigte uns Rupert Weber die Fortschritte, die sie mit den Projekten von *Menschen für Menschen* erreicht hatten: Darunter der Straßenbau zu den Projektgebieten, der Bau von Brunnen und Wasserentnahmestellen, Landwirtschaftsentwicklung, der Bau von Krankenstationen und Schulen… An dieser Stelle eine herzliche Gratulation an *Menschen für Menschen* und ihre fast 700 einheimischen Mitarbeiterinnen und Mitarbeiter für diese hervorragende Arbeit, die sie seit nunmehr 44 Jahren leisten. Es ist schön, die Idee von Karlheinz Böhm lebendig und stetig wachsen zu sehen, und ebenso tut es uns gut, zu wissen, dass wir auch unseren Teil dazu beitragen konnten. Genau gesagt, wurden im Laufe der Jahre insgesamt sieben Schulen mit unserer finanziellen Unterstützung im Hochland Äthiopiens errichtet.

Bei der Eröffnung einer Schule in Äthiopien mit Peter Krasser und Almaz Böhm.

Der große Unterschied zur ersten Reise, drei Jahre zuvor, war der, dass viele der Kinder diesmal bereits ein Handy hatten und wir deshalb für Selfies herhalten mussten. 2011 hatten nur wir die Kameras und machten Fotos. Die Entwicklung in dieser kurzen Zeitspanne war durch die Markteroberung von chinesischen Mobiltelefon-Firmen geschehen. In den besiedelten Gebieten im Hochland standen nun überall Handymasten und die brauchte es offenbar. Das ging echt irre schnell. Mit einem Sprung standen die Kinder in der Digital-Ära und machten Selfies, so wie ihre Altersgenossen auf der ganzen Welt. Und diese Welt rückte so auch wieder ein Stück näher zusammen. Im Internet ist selbst Äthiopien heute nur noch einen Mausklick entfernt …

Opus mit vielen
Freunden in der Oper

Meine ersten musikalischen Berührungen mit der Oper begannen mit „Excerpt From A Teenage Opera", einem tollen Song von Keith West aus den Sixties, und „A Night At The Opera", dem epochalen *Queen*-Album, das mir so gefiel!

Als wir in den 70ern bandintern über die zukünftigen Möglichkeiten mit Opus diskutierten, sagte ich, dass schon unser Name impliziert, dass wir einmal mit einem Orchester auftreten sollten. Die Aufnahme von „A Night In Vienna" mit einem zusammengestellten Symphonie-Orchester unter der Leitung von Christian Kolonovits (1989 für „Magical Touch") war bereits ein Schritt in diese Richtung. Und 2007 bei der Opernredoute, veranstaltet von Michael Tomec und Bernd Pürcher, war es so weit: Wir wurden eingeladen, die Mitternachtseinlage mit dem Grazer Philharmonischen Orchester zu bestreiten, und diese fünf orchestrierten Opus-Songs sorgten für einen fulminanten Erfolg. Das verlangte nach mehr – nach Wiederholung, nein nach Fortsetzung …

Die Mehrzahl von Opus ist ja Opera! Habt ihr nicht gewusst, oder?

Das war quasi der Vorlauf zu unseren eigenen *Tonight At The Opera*-Events, die uns, Opus, samt vielen Freunden mehrfach auf die Bühne der Oper Graz bringen sollten. Und dass das immer ein besonderes Erlebnis für uns war, ist wohl selbstredend.

Wie bereits geschrieben begann die Serie der Opernkonzerte 2009. Damals fand zum ersten Mal unser Event zugunsten von *Menschen für Menschen* in der Oper Graz statt. Weitere sechs Veranstaltungen sollten folgen.

Schon bei der Premiere im Dezember 2009 gewannen wir den ORF Steiermark unter der Führung von Direktor Gerhard Koch als Medienpartner. Die Idee war, die Bühnenshow für das Fernsehen aufzuzeichnen.

Als wir dann auch noch Rudi Dolezal als Regisseur gewannen, war eine gelungene TV-Sendung garantiert! Die Show wurde schließlich unter dem Titel *Tonight At The Opera* im ORF ausgestrahlt und erschien weiters auch als DVD und CD.

Doch bis es so weit war, dass alles on air ging, galt es einmal die gesamte Geschichte überhaupt inhaltlich und redaktionell auf Schiene zu bringen.

Mit der Idee im Gepäck trafen wir uns mit unserem burgenländischen Freund Christian Kolonovits und fragten, ob er Interesse hätte, das Streichorchester zu führen. Allerdings gäbe es dafür keine Gage. Es war von Anfang an als Benefizprojekt geplant und keiner von uns sollte daran etwas verdienen. Christian sagte sehr gern zu und dafür sind wir ihm heute noch sehr dankbar. Von der ersten Show an war er insgesamt alle acht Abende Dirigent, von 2009 bis 2021. Er schrieb auch einige Arrangements, vor allem das so gelungene zu „L=L". Viele andere Orchesternoten kamen auch von Michael Kardeis. Volker Zach (1. Geige) stellte ebenfalls bei allen Events das Orchester aus Musikern der Oper Graz zusammen. Die Opus Band mit Erich Buchebner (Bass), Corry Gass (Vocals), Inez Griesshofer (Vocals), Michi Vatter (Vocals und Gitarre), die Musiker Reinhard Summerer (mit den Bläsern), Günter Meinhart (mit Studio Percussion) und mein Sohn Paul (mit einer Ausnahme) begleiteten uns bei allen diesen Abenden in der Oper. Auch bei der Opus-Technik-Mannschaft gab es mit Markus Eichl (FoH), Andreas Frei (FoH-Orchester), Dietmar Plisnier und Freddy Oberlassnig (Light), Martin Tscherner (Monitor), Charly Reif und Patrick Suppan (Stage) und Klaus Raslag (P. A.) über die Jahre eine Konstante! Wir spielten diese Abende in der Oper immer vor ausverkauftem Haus! Das Programm war abwechslungsreich konzipiert, darunter viele Opus-Balladen, die vor allem durch die Unterstützung der grandiosen Streicher ihre volle Wirkung entfalteten.

Aber es war nicht nur unsere Party. Wie erwähnt luden wir auch immer Freunde ein, gemeinsam mit uns den Abend zu verbringen. Die folgende Auflistung unserer Special Guests ist recht umfangreich, aber viele der Videos mit ihnen sorgen bei mir noch immer für Gänsehaut und feuchte Augen, da kann ich mich dann stundenlang begeistert hineinsteigern!

Michi Vatter spielte die ersten Male mit seiner eigenen Band, später wurde er mit seinen gefühlvollen Kompositionen von uns begleitet. Bereits bei *Tonight At The Opera* 2011 waren Stefanie Werger, das afrikanische Trio *Insingizi* sowie weitere Special Guests mit dabei. Während wir mit Steffi ihre Hits spielten, präsentierten wir mit *Insingizi* meinen für Äthiopien komponierten Benefiz-Christmas-Song „Melkam Ganna", vorgetragen auf amharisch, der Sprache Äthiopiens. Übersetzt auf Deutsch handelt es sich dabei um das bei uns gängige „Frohe Weihnachten". Nachdem die ganze Geschichte einem guten Zweck diente, bekamen Almaz Böhm und Peter Krasser auf der Bühne dann auch einen Scheck über 50.000 Euro überreicht.

2013 hatten wir unseren alten Freund und Förderer Boris Bukowski als Special Guest eingeladen. Boris war einer der ersten Opus-Entdecker. Unvergessen ist, dass er uns bereits in den 1970ern als Vorprogramm bei Konzerten von *Magic 69* engagierte. Zu dieser Zeit war er noch deren Schlagzeuger. Erst Jahre später übernahm er dann dort auch den Job des Leadsängers und der Bandname verkürzte sich auf *Magic*. Seine späteren Solo-Hits wie „Kokain", „Trag meine Liebe wie einen Mantel" oder „Fandango" sind heute längst Austro-Klassiker.

2015 kamen noch mehr Gäste aus der österreichischen Szene mit uns auf die Opernbühne: Im Trio waren Thomas Stipsits, Ulli Bäer und Willi Ganster im Vorprogramm mit dabei, dann auch Willi Resetarits und mein Bruder Kurt mit seinem Fagott. Das war schon recht südburgenlandlastig, denn Thomas Stipsits wohnte damals noch mit seiner Kathie in Hackerberg, gleich ums Eck von Stinatz. Thomas spielte dann auch noch mit uns Opussen „L=L". Yes, Südburgenland rules! Willi Resetarits war auch ein geborener Stinatzer, der mit großem Beifall die Gäste aus der alten Heimat begrüßte. Das taugte auch meinem Bruder und mir, zwei Ollersdorfer, aufgewachsen in der Nachbargemeinde von Stinatz. Die Allstar-Schlussnummer „Stairway To Heaven" mit einer deutschen Strophe von Willi ist legendär, das Video auf You-Tube kann ich nicht oft genug sehen – schauts euch das bitte an! Schön war, dass auch diesmal Kameras von Franz Wolfgang inklusive Stefan Pflegers Handkamera mit dabei waren. Die Aufzeichnung dieses Abends lief einige Monate später auf ServusTV!

2017 legten wir noch eins drauf, da wurde das Gästeprogramm noch üppiger. Es traten auf: Monika Ballwein, Schiffkowitz und Gert Steinbäcker von *S.T.S.*, Falco holten wir per Video-Zuspielung aus der Vergangenheit zu uns auf die Bühne. Viktor Gernot war auch mit dabei. Ihn kannte ich von einem Klassentreffen in Wiener Neustadt. Er ging wie ich ins MuPäd, halt nur zehn Jahre später, denn Viktor ist Jahrgang 1965 und somit um einiges jünger als ich. Er feiert 2025 somit auch einen Runden: den Sechziger. In seiner Band spielte Max Höller, mein ehemaliger Klassenkollege und Keyboarder von *Smiling*. Auch sie entkamen einer „L=L"-Performance nicht. „Das war so irrsinnig hoch für mich", erzählte mir Viktor damals, „aber so einen Riesenhit konnten wir nicht weglassen!"

2019 luden wir erstmals auch unseren römischen Freund Paul Mazzolini, bekannt unter seinem Künstlernamen *Gazebo* mit dem Hit „I Like Chopin" in die Oper ein. Paul kannte ich von zig Midem-Teilnahmen bei der Musikmesse in Cannes. Später wurden wir Freunde, trafen uns bei gemeinsamen Gigs in halb Europa und gegenseitigen Besuchen in Rom und Graz, einmal machten wir sogar einen gemeinsamen Skitag mit unseren Söhnen am steirischen Kreischberg. Der Komponist Paul Hertel, mein Freund bei der *AKM*, schrieb die Noten für „I Like Chopin" und diese ausgesprochen geile Orchester-Version, wo Opus und *Gazebo* gemeinsam agierten, die ging dann auf YouTube durch die Decke und bis heute stehen da satte 15 Millionen Views am Tacho. Wolfgang Ambros war ebenso unser Gast sowie die *Schick Sisters* mit ihrer bemerkenswerten Performance bei „Flyin' High". Über unsere Zusammenarbeit mit den *Schick Sisters* erzähle ich später im Buch gern noch mehr. Wolfgang brachte bei der Allstar-Schlussnummer eine teilweise wienerische Version des *Metallica*-Hits „Nothing

Else Matters", mit der Strophe „Nix anders is wichtig", getextet von meinem Sohn Paul. Gedacht als Antwort auf „Schifoan", das die Jungs von *Metallica* im Wiener *Ernst Happel Stadion* live eher, na sagen wir mal, unrund über die Bühne brachten. Aber gut, sie bemühten sich immerhin, ein wenig Lokalkolorit beizusteuern. Wolfgang sang auf jeden Fall in der Oper sehr amtlich zurück, wobei ein kleines Hoppala passierte: Bei seiner Anfangsstrophe kam er mit dem Text nicht ganz zurecht, aber beim Outro, wo die gleiche Strophe nochmals kam, sang er perfekt. Für das Video kam sein „genialer" Ratschlag gleich nach der Show: *„Nimmst halt die letzte Strophe auch als Anfang."* Tatsächlich gelang das, ohne aufzufallen – nachzusehen auf unserem YouTube-Channel!

Die beiden Konzerte am 20. und 21. Dezember 2021 absolvierten wir doch ein wenig mit einer Träne im Knopfloch, denn das Ende der 48-jährigen Karriere von Opus winkte bereits mit der Zielflagge. Und so wie die erste im Jahr 2009, war auch die letzte, „The Last Note", eine Show, die vom ORF-TV übertragen wurde. Dazu gab es ebenfalls wieder einen Bild- und Tonträger. Diesmal sogar auf dem Format Blu-ray, um der Nachwelt die beste Bildqualität bieten zu können. Es war eben doch ein Vermächtnis, ein würdiger Abschied nach fast fünf Jahrzehnten. Live is eben Life …

So ein Finale ist ein Schlusspunkt, und der muss etwas Besonderes sein, der muss im Gedächtnis bleiben. Der Musik und dem Publikum zu Ehren und zu Dank verpflichtet. So luden wir viele unserer Freunde und Wegbegleiter ein, um mit uns diesen erinnerungswürdigen Abschied von der Bühne zu feiern. Alles war geplant. Alles festgeschrieben. Jede und jeder wusste, was nun zu tun sei, doch dann knallte uns Covid-19 in all die Vorarbeiten … Die Geschichte ist bekannt. Was Covid angerichtet hat, ist bis heute nicht verdaut. Und so hockten wir Anfang Dezember 2021 daheim gespannt vor dem Fernseher, um vom frisch gekürten Bundeskanzler Karl Nehammer die Bedingungen für Publikumsveranstaltungen zu vernehmen.

In den Medien war zuerst die Rede von Beschränkungen über tausend Besucher, das hätte das Verbot für unsere Opern-Abschiede bedeutet. Doch Nehammer sagte dann, dass nur Veranstaltungen mit mehr als 2.000 Besuchern untersagt seien … Uns fiel ein Stein vom Herzen. Ein letztes Mal Glück gehabt! Kein Ende ohne richtiges Ende!

Ich hatte sowohl Steinbäcker als auch Timischl und Schiffkowitz für den Abend eingeladen. Alle drei haben zugesagt und waren mit uns an jenem Abend dann auch das erste (und bisher einzige) Mal seit der letzten *S.T.S.*-Tournee 2012 wieder gemeinsam auf der Bühne. Bilgeri sagte zu, Robby Musenbichler, mein Gitarren-Spezi machte mit, Johannes Silberschneider lieferte die *Route 66* ab, Maria Bill wollte mit uns landen, die *Schick Sisters* wieder fliegen, Paul sang „In The End" mit mir, und wie war das mit Willi Resetarits? Er musste am 20. wegen einer sehr schmerzhaften Gürtelrose absagen, versprach aber, es am Tag darauf zu versuchen. So kam er am 21. am späten Nachmittag an und wir spielten mit ihm ohne Probe, inklusive eines kleinen Hoppalas, seinen Hit „Feia". Daher war es nicht ganz überraschend, dass Willi den Einsatz beim zweiten Vers verpasste. Aber er schaffte es, auch mithilfe von Christian Kolonovits, das Orchester zum verspäteten Beginn der Strophe zu führen. Mit einem herzlichen Grinser überspielte er den Fehler. Niemand von uns ahnte, dass dieser Abend in der Oper sein letzter Bühnenauftritt sein sollte.

Abschied von der Opernbühne im Dezember 2021.

Am 24. April 2022 verstarb Willi Resetarits. Plötzlich. Durch einen Sturz. Wir waren fassungslos. Da ist ein ganz Großer von uns gegangen. Sein Motto „Be a Mensch" wird und muss weiterleben.

Unsere Jahre mit den Auftritten in der Grazer Oper sind nicht nur ein wichtiger Teil der Band-Geschichte, es zeigt vielmehr noch, wie wir uns auch musikalisch immer verstanden haben. Es waren stets die Harmonien, die Melodiebögen, die Arrangements und natürlich auch die Vocals, die uns von vielen anderen Bands unterschieden haben. Die Symbiose Orchester und Band, der Rahmen, den die Grazer Oper bot, das war alles umfassender. Ich denke, das lässt sich auch nicht einfach in eine Schublade packen. Und wenn, dann nur in eine, wo vorn drauf einzig und allein Opus steht. Nach 48 Jahren, gelebt und gespielt in musikalischer Vielfalt, darf das schon sein.

Lipdub-Weltrekord
in Kapfenberg

Vorab eine Erklärung: Ein Lipdub ist ein mit einer einzigen Kamera-fahrt und ohne Schnitt aufgenommener Videoclip, bei dem die Mit-glieder einer Gemeinschaft, eines Unternehmens, einer Universität oder einer ganzen Stadt nacheinander die Lippenbewegungen zum Text eines Songs machen. Diese spezielle Art von Musikvideo wird zur Stärkung des Zusammenhalts und zur Motivation einer Gemeinschaft verwendet und kommt wie so vieles aus den USA.

Und mal ganz ehrlich ... gibt es einen besseren Song für genauso eine Geschichte wie unseren Hit? Da braucht es keine Antwort und so kam es am 19. Septembers 2014 in der steirischen Stadt Kapfenberg zu einem Lipdub-Weltrekordversuch.

Eine erste Anfrage bezüglich „L=L" gab es bereits 2011 aus der Stadt Eisenerz, um den Weltrekord der US-amerikanischen Stadt Grand Rapids zu brechen. Aus irgendwelchen Gründen wurde daraus aber nichts, erst als sich Ende 2013 die Agentur *TIQA* im Auftrag der Stadt Kapfenberg meldete, ging diese unglaublich aufwendige Ge-schichte los. Die Idee dahinter war, dass der Lipdub die Bewohner stolz auf ihre Stadt Kapfenberg machen sollte, um die Abwanderung zu stoppen, ganz nach dem Vorbild von Grand Rapids, die bis dahin den Weltrekord mit 5.000 Beteiligten zum neunminütigen „American Pie" von Don McLean hielten.

Die Bevölkerung von Kapfenberg sollte so gut wie möglich in die-ses Vorhaben eingebaut sein. Sämtliche Organisationen, von der Feuer-wehr, dem Fußballclub, diversen Sportclubs und Musikgruppen, den Schulen, dem Einkaufcenter, dem Krankenhaus und der Polizei bis hin zu den Pfarrern der katholischen und evangelischen Kirchen, sollten zum Mitmachen bewegt werden.

Ein Rekord ist nur dann ein solcher, wenn er die Leistung des bisherigen Rekordhalters übertrifft, und so musste die Länge von „L=L" nun zumindest zehn Minuten betragen. Am Ende waren es dann sogar 14 Minuten, zusammengesetzt aus verschiedenen Opus-Live-Mitschnitten, die ich im *Recorder* editierte und produzierte. Corry und Inez, die teilweise die Leadvocals mit Unterstimmen sangen, und Herwigs Phantasiesprache am Schluss brachten die notwendige Abwechslung in diese lange Version. Rudi Tischhart und Christoph Wegscheider von *TIQA* kurbelten ein dreiviertel Jahr lang, um organisatorisch alles perfekt zu machen. Der junge Regisseur Georg Schütky bereitete mit Kameramann Wolfgang Pust und seinem Piwi-Media-Videoteam die Wegstrecke in der Stadt vor und teilte die unendlich vielen Mitwirkenden ein. Der Plan war, die mehrere Kilometer lange Wegstrecke samt den tausenden Teilnehmern viermal abzufilmen, um zumindest eine nahezu perfekte Version zu erhalten.

Hut ab! Die Umsetzung, die Inszenierung der über 90 Gruppen und Tausenden begeisterten Teilnehmer mit unserer Musik ist dem Filmteam ausgezeichnet gelungen.

Aber ein Problem mit der Beschallung musste gelöst werden. Bei so einer langen Strecke und den vielen Soundsystemen, die aufgestellt waren, hätte es einige Sekunden Zeitunterschied ergeben, und damit wären Musik und Lippenbewegungen nicht synchron. Die Lösung war die Übertragung des Songs via Radio. Helfend zur Seite sprang uns die *Antenne Steiermark*. Der Sender spielte und übertrug tatsächlich unsere 14-minütige „L=L"-Version an diesem, Gott sei Dank, sonnigen Nachmittag des 19. September 2014 viermal zu jeder ganzen Stunde. Da hatte dann auch die gesamte Steiermark etwas davon!

Herwig und ich mussten viermal zum Startplatz gebracht werden, der in der Nähe des Einkaufscenters lag, und nach dem Anfangspart per Taxi wieder zum Hauptplatz. Dort stand unsere Bühne mit der ganzen Band drauf. Einer der Taxifahrer hatte ein Problem mit einer Einbahn, die aber an diesem Tag wegen des Lipdubs von der Polizei deaktiviert war. Aber der glaubte das nicht! Herwig und ich mussten ihn nahezu zwingen, zu fahren, denn sonst hätten wir beim zweiten Durchgang unseren Part bei der Bühne versäumt. Auf der letzten Strecke hieß es für uns, nach der Überquerung der Mur, laufen! Beeindruckend auch der darauffolgende Flug mit dem Hubschrauber über die mittelalterliche Burg Oberkapfenberg rüber zum Fußballstadion, wo Hunderte Kinder und Schüler mit ihren Körpern in Großbuchstaben K A P F E N B E R G auf den Rasen schrieben!

Geschafft! Was für eine Action! Mit über 6.000 Mitwirkenden und etwa 14 Minuten Länge von „L=L" war es der neue Lipdub-Weltrekord!

Schon am nächsten Tag stand das Video auf YouTube. Der dritte Durchgang des Lipdubs war es dann, der auf unserem YouTube-Channel (www.youtube.com/opus) zu sehen ist. Mehr als 1,1 Millionen Mal wurde er bereits angeklickt. Das Schöne an dem Clip ist, wie viel Lebensfreude, Gemeinsamkeit, positives Lebensgefühl und Miteinander er vermittelt. Die Euphorie, der pure Enthusiasmus der Mitwirkenden, wurde wunderbar von der Kamera eingefangen.

Diese geniale Produktion aus der Steiermark blieb nicht unbemerkt und zog dann auch einiges an internationaler Anerkennung nach sich. Es gab mehrere Preise und Auszeichnungen bei renommierten Filmfestivals, zum Beispiel in Los Angeles beim *US International Film & Video Festival*, das Certificate in der Kategorie „Corporate Tourism Films", weiters Preise in Warschau, Berlin, Zagreb und Istanbul!

Der „Live Is Life"-Lipdub begeisterte 2014 die ganze Stadt Kapfenberg.

Opus over Europe
und am Nordkap

Von Rentieren und anderen Begegnungen

Unsere Karriere führte uns im Laufe der Jahre in viele Länder der Erde.
Auf fast allen Kontinenten hatten wir Auftritte. Wir waren zweimal in
Lateinamerika unterwegs, spielten eine USA-Tournee, einmal im Nahen
Osten in Beirut (Asien), einmal in Äthiopien (Afrika) und mehrmals
im ehemaligen Ostblock, also in der DDR, sowie in Polen, Tschechien,
der Slowakei, in Litauen, Lettland, Estland, Bulgarien, Rumänien und
etwa fünfzehnmal in Moskau und St. Petersburg. Natürlich immer wieder auch in Ungarn, und nicht zu vergessen, fast vor unserer Haustür,
im damaligen Jugoslawien. Europa lernten wir gut kennen und ebenso
lernte Europa uns und unsere Musik kennen.

Einige, vielleicht eine Handvoll europäischer Staaten, die wir
nicht mit Konzerten oder TV-Auftritten bespielt haben, die fehlten
uns noch. Darunter waren unter anderem Island sowie Irland und
Finnland.

Über mehrere dieser Live-Erlebnisse habe ich ja in den vorher-
gehenden Kapiteln bereits geschrieben, jedoch ist im Laufe der Jahre
noch viel mehr geschehen, viele andere besondere Momente haben wir
erlebt und von einigen möchte ich gern noch erzählen: Darunter ein
Konzert im Jahr 1985. Wir traten mit Wolfgang Ambros und seiner
Band, der *No. 1 vom Wienerwald*, bei einem Doppel-Gig auf Helgo-
land, Deutschland auf. Mit Privatfliegern wurden wir samt unserem
Equipment von Hamburg auf eine Nachbarinsel geflogen und von dort
mit einem Boot auf diese winzige, keine fünf Quadratkilometer große
Insel mit den charakteristischen roten Felsen geschippert. An Bord
trafen wir die Ambros-Band wieder. Fröhlich beim Kartenspiel zusam-

menhockend. Nach einem umjubelten Konzert samt darauffolgenden interessanten Spaziergängen wurden wir wieder retour gebracht.

2007 wurden wir zum Finale des *Sanremo-Festivals* eingeladen. Wir spielten live im italienischen TV auf *Rai 1* nur unser „L=L", und das, wie so oft fürs Fernsehen, Vollplayback. Also alles kam vom Band. Trotzdem spielte das Festival Orchester nach Ende des Songs einen längeren Tusch, um sein Mitwirken, sein Engagement, zu rechtfertigen, zu unterstreichen! Uiii, Überraschung! Da kam noch was und dementsprechend waren unsere Blicke in die Kamera ... Ein Klassiker à la „Unverhofft kommt oft"!

Drei Jahre später, 2010, waren wir zum Silvester-Event auf einen Riesenplatz in der polnischen Hauptstadt Warschau engagiert. Gemeinsam mit etwa 25.000 Besuchern feierten wir bei heftigen Minus-Temperaturen den Jahreswechsel. Mit dabei waren Marie Fredriksson und Per Gessle von *Roxette*. Unvergessen dabei sind mir unsere Atemwolken. Bei jedem Schnaufer machten sie sich auf den Weg, um im Licht der Scheinwerfer über die Bühne zu wabern. Der Einsatz von Trockeneis war somit nicht notwendig bei dieser Kälte!

2011 bei einem 80s-Festival im Stade de France in Paris waren über 50.000 Menschen im Stadion. Das war schon eines der Konzerte mit der höchsten Besucherzahl, die wir erleben konnten. Getoppt nur vom Donauinselfest, wo mehr als 80.000 Zuschauer vor der Hauptbühne gemeinsam mit uns die Insel zum Beben brachten.

2012 machten wir mit Unterstützung unseres Freundes Stefan Hammer sowie dank des Hoteliers Pavlos Linardos und Wolfgang Löhnert von der Sommerakademie gemeinsam mit einer 27-köpfigen Reisegruppe einen ausgiebigen Ausflug mit insgesamt vier Gigs nach Zakynthos. Der größte dieser Auftritte fand in der Arena von Zakynthos Stadt vor etwa 3.500 Besuchern statt, wo Pavlos eine griechische Version von „L=L" darbot.

Und 2014 stachen wir in See. Die *Opus Cruise* führte uns durch das Mittelmeer. Über 270 Fans waren mit dabei sowie einige meiner Familienmitglieder, darunter meine zwei Schwestern Lore und Sonja und meine Mutter Zita, die mit achtzig das erste Mal auf ein Schiff ging und das Meer sah. Sie hatte mit dem Seegang keine Probleme. Es war schön zu sehen, wie sie diese letzte große Reise, gemeinsam mit uns, genoss. Im März 2015 verließ sie uns dann für immer, im Kreis der Familie ist sie friedlich entschlafen. Etwa zehn Jahre nach dem Tod meines Vaters Franz, der ebenfalls in unserem Haus in Ollersdorf von dieser Welt ging …

Eine sehr würdige Einladung zu einem besonderen Geburtstagsfest in der Südsteiermark erhielten wir von der steirischen Landesregierung im Sommer 2017: Anlässlich des 70ers von Arnold Schwarzenegger sangen wir ihm zu Ehren unplugged ein paar Opus-Hits, um danach mit ihm und seiner ganzen Entourage eine Zigarre zu rauchen. Auch unsere stimmgewaltigen Chor-Mädls Corry und Inez rauchten mit!

Inez, Corry, ich,
Arnie und Herwig.

In den letzten Jahren unserer Karriere kamen wir auch mehrmals nach Norwegen. Das erste Mal ging es zu einer TV-Show nach Halden, auf die Festung Fredriksten, die an der Grenze zu Schweden liegt. Dann zu Festivals in Oslo, Kragerø und Stavanger, und eine ganz besondere Einladung kam 2016 für ein Rock-Festival, das *Midnattsrocken Festival* in Lakselv, einem Fischerort nahe dem Nordkap.

Das wäre der nördlichste Gig, den wir je spielen würden, quasi ein arktisches Konzert. Bei einem Treffen mit Schiffi sprachen wir darüber. Schiffkowitz, einer der drei von *S.T.S.*, aus dessen Feder der Hit „Fürstenfeld" stammt, ist ja seit Jahrzehnten ein sehr guter Freund von uns und ein begeisterter Weltreisender. Bei Schiffi machte sich umgehend Fernweh breit. Diese Ecke der Welt kannte er noch nicht und so folgte die Frage, ob wir ihn denn mitnehmen würden. Klar! Wir freuten uns natürlich, Schiffi in unserer Opus-Reisegruppe von etwa 15 Personen dabeizuhaben. Dass er dann auch noch für einen Kurzauftritt mit uns auf der Bühne stehen sollte, machte alles schön rund.

Die Flüge nach Oslo und von dort weiter nach Tromsø verliefen normal, aber bei der letzten Teilstrecke, die uns von Tromsø nach Lakselv führte, hockten wir in einer alten Propellermaschine. Das klapprige Ding rumpelte und holperte durch eisige Windböen. Im Flieger war es dementsprechend kalt und noch dazu sehr laut. Es schepperte an allen Ecken und Enden und dieses Gehüpfe zwischen den Wolken schien kein Ende zu nehmen. Teilweise saßen wir verkehrt zur Flugrichtung, was besonders unserem Freund, meinem Sitznachbarn Schiffi, nicht gefiel, der wie festgenagelt schien, kein Wort mit mir wechseln wollte, beharrlich schwieg und sich erst wieder entspannte, als wir sicher in Lakselv gelandet waren. Wir wurden wie vereinbart von den Veranstaltern mit Bussen abgeholt und zuerst in unser Hotel in den kleinen Fischerort gebracht, wo wir nach einem ortsüblichen Lachs-Menü müde in die Betten fielen. Kaum einer checkte da bereits die „White Nights". Es war Juli und da gibt es in diesen so nördlichen Breiten keine dunklen Nächte, keine Finsternis, nur Tageshelle. Für uns, die Band, war das nicht neu, denn das kannten wir bereits von den Auftritten in St. Petersburg. Aber es ist schon sehr gewöhnungsbedürftig, wenn es rund um die Uhr, also 24 Stunden, immer hell ist. Am nächsten Nachmittag ging es zum Soundcheck auf das Festivalgelände am Meer.

Die große Überraschung für uns waren zuerst einmal diese riesigen Tipizelte, die im Backstage-Bereich aufgebaut waren! Außerhalb loderten bereits einige Lagerfeuer, davor standen mit Rentierfellen belegte Sitzbänke. Im Inneren, in der Mitte der etwa sieben Meter hohen Tipis, brannte ebenfalls ein Lagerfeuer. Rund um dieses waren Sitzgelegenheiten aufgebaut. Darauf lagen kuschelige Bären- und Rentierfelle. In den Zelten fehlte es an nichts. Da waren Bar-Theken, Schalen mit Snacks, dazu gut gefüllte Kühlschränke. So stellt man sich als Rockmusiker halt eine Backstage-Landschaft in der Arktis am Nordkap vor, oder …?

Drinnen kuschelig warm, draußen nebelig kalt, beim Auftritt hat es sogar durchgeregnet. Trotzdem: Raus auf die Bühne, Ton und Licht waren beim Soundcheck wie beim Gig okay, beim Auftritt selbst fehlten viele der zweitausend Zuschauer wegen des Dauerregens, die Festival-Besucher blieben zum Teil in ihren Campingwägen und Zelten. Aber wir hatten auf der Bühne unseren Spaß.

Herwig kündigte Schiffi als den „Neil Young of Austria" an, mit dem *S.T.S.*-Song „Überdosis G'fühl", den wir mit den Freunden von *S.T.S.* öfters in der Oper zelebrierten. Damit überraschten wir die norwegischen Fans, weil sie kein Wort verstanden, was uns aber nicht davon abhielt, unser Ding durchzuziehen und die Wikinger mit original steirischem Gefühl zu versorgen. Sogar mit einer Überdosis, und die konnten sie bei diesem Wetter gut gebrauchen!

Bei „L=L" war die Stimmung dann aber erwartungsgemäß am Höhepunkt und mit der Zugabe „Don't Stop Me Now" von *Queen* konnten wir uns, trotzdem die Uhr bereits 22 Uhr zeigte, was aber insofern egal war, weil eh permanentes Tageslicht herrschte, erfolgreich von der Bühne verabschieden.

Anschließend feierten wir wie üblich im Backstage-Zelt ausgelassen mit ein paar Bieren den perfekt absolvierten Gig. Danach, so gegen zwei, drei Uhr früh übersiedelten wir in ein Fischercamp. Bei der Fahrt durch Lakselv entdeckten wir eine ziemlich bevölkerte Terrasse einer Pizzeria, wo sich die Leute ihre Pizza schmecken ließen. Und das um diese Zeit – verrückte Welt! Im Fischercamp hatten wir ein Gemeinschaftshaus, wo wir auch auf deutsche Lachsfischer trafen und alle wieder gemeinsam um ein in der Mitte des Aufenthaltsraumes brennendes Lagerfeuer saßen und feierten.

Dann brachen wir zu den uns zugeteilten Häusern auf – klar, natürlich ohne Taschenlampe – und versuchten zu schlafen, was nur bei zugezogenen Vorhängen halbwegs möglich war. Zum Fischen in der Lakselva, dem vorbeifließenden Fluss, kamen wir leider nicht, aber einige von uns entschieden sich am nächsten Tag für einen Ausflug zum Nordkap. Bei der Fahrt wurde die Straße immer wieder von Rentieren überquert. Immer wieder musste der Bus stoppen, weil kleine Herden auf der Straße standen und sich nur langsam dazu überreden ließen, den Weg freizugeben.

Im Tipi am Lagerfeuer ist es schön warm (Lakself, Nordkap 2016). Von links nach rechts: Charly Reif, Martin Tscherner, Markus Eichl, ich, Elisabeth Schwaiger, Herwig, Kusche und Mucky.

Am Nordkap war uns das Wetter auch nicht hold. Hörte es zu regnen auf, waren da immer noch eine dicke Wolkendecke und Nebel, gegen den die Sonne absolut chancenlos war. Vier Tage verbrachten wir da oben, im hohen Norden. Vier Tage mit permanentem Tageslicht und der immer stärker wachsenden Sehnsucht nach der Sonne. Zumindest ein paar Strahlen hätten schon gereicht, um die Glückshormone anzukurbeln.

Bei der Rückfahrt vom Nordkap sowie auf der Fahrt zum Flughafen gaben uns erneut zahlreiche Rentiere die Ehre. Sie verabschiedeten sich von uns mit ihren großen, sanften Augen und auf ihre wunderbare, absolut stressfrei wirkende Art. Es wirkte wie Weihnachten ohne Nacht … Was bleibt, sind wunderbare Erinnerungen an eine einmalige Reise in eine andere, ungewohnte Welt.

Übrigens: Auch Schiffi, der ein paar Urlaubstage anhängte und später heimflog, sah trotz seines Beatles-Covers „Do kummt di Sunn" am Nordkap die Sonne nicht. Da half auch all das Singen nichts.

Monaco und der Wunsch des Fürsten

Die Palette von Ideen, Anfragen und Einladungen an Opus ist sehr facettenreich. Bis heute landen die möglichsten und unmöglichsten bei uns im Mailordner. Aus vielen Teilen der Welt trudeln die verschiedensten Angebote und Wünsche ein. Und viele kamen dann oft aus den unterschiedlichsten Gründen nicht zustande.

Einmal, da erreichte uns eine Mail, bei der uns beim Lesen bereits nach den ersten drei Zeilen die Spucke wegblieb. Wow! Schrieb uns doch tatsächlich im September 2018 ein Veranstalter im Namen des Fürsten Albert von Monaco. Dessen Wunsch war, dass wir anlässlich der Feierlichkeiten zum neunzigsten Geburtstag seiner Mutter, der verstorbenen Grace Kelly, Fürstin Gracia Patricia von Monaco, mit Opus am 19. April 2019 ein Kurzkonzert von etwa dreißig Minuten geben sollten!

Wir hatten schon einiges erlebt, seit unser Hit so richtig durch die Decke gegangen war, doch das war schon eine ganz besondere Nummer. Entsprechend aufgeregt waren wir, und als dann unsere Agentin Elisabeth mit den Veranstaltern zu einer Einigung kam, warteten wir noch auf den unterschriebenen Vertrag.

Der kam dann auch. Stéphane Bolongaro unterschrieb im Auftrag von Fürst Albert und Anfang November 2018 lag der Schrieb bei uns im Postkasten. Und wir öffneten darauf die erste Flasche Schampus, um das gleich einmal stilgerecht zu feiern! Sich auf Monaco ohne Schampus einzustimmen, das geht ja auch gar nicht!

Im März erhielten wir die Flugtickets, aber auf unsere Frage nach dem Dresscode für eine Feierlichkeit, bei der mit etwa eintausend geladenen Gästen gerechnet wurde, gab es vorerst keine Antwort. Erst eine Woche vor dem Auftritt kam von Stéphane die für uns wichtige

Info: *„It's a casual-chic soirée! That we call here: Tenue Cocktail. No Tuxedo, no evening dress. "*

Alles klar, man will ja nicht in den falschen Klamotten bei einem wichtigen Event antanzen. Jetzt konnten vor allem unsere Damen ihre Wahl treffen und noch schnell die entsprechende Garderobe besorgen.

Bei der Ankunft am Flughafen von Nizza am 18. April wurden wir von Limousinen abgeholt und zum Hotel *Fairmont* in Monte Carlo gebracht. Das *Fairmont* ist jenes Hotel, bei dem die Formel-1-Autos am Grand-Prix-Wochenende unterhalb, durch den Tunnel, vom Tageslicht direkt in die Dunkelheit brettern. Nach dem Einchecken trafen wir uns im siebten Stock auf der Terrasse. Toller Ausblick, unglaubliches Ambiente. Schön, das erleben zu können. Am Dach befindet sich das *Amù*. Das Wetter war super, die Stimmung perfekt, und das animierte mich, unsere Reisegruppe auf die nächsten zwei Flaschen Schampus einzuladen. Wie gesagt, Monaco ohne Schampus geht gar nicht. Von Herwig kam: *„Das willst du dir leisten? Da drüben am Pool im Nikki Beach hab ich grad eine riesige Magnum-Flasche für einen stolzen Preis von 20.000 Euro gesehen!"* Ich antwortete: *„Nein, so teuer wird es da herüben nicht. Deshalb sind wir ja hier in der Amù-Bar, da kostet der Taittinger nur 150 Euro die Flasche ... "* Für Monaco nahezu eine Okkasion. Wann sitzt man schon einmal da, an diesem Platz, und somit hat es uns sehr gemundet!

Am Abend gab es Dinner im *Hôtel de Paris*. Das ist das Restaurant gleich neben dem *Casino de Monte Carlo* und vom *Fairmont* zu Fuß in nur wenigen Minuten erreichbar. Nach einer angenehmen Nacht stand am darauffolgenden Mittag bereits die nächste Einladung zum Brunch im *Hôtel Hermitage* auf der Westseite des Casinos an. Dort wartete dann ein ausgezeichnetes Buffet mit Austern, Kaviar und wieder Schampus auf uns und eine prominente Gästeschar. Darunter waren auch Musiker und Schauspielerinnen wie Linda Evans (*Der Denver-Clan*), Patrick Duffy (*Dallas*), Precious Wilson (*Eruption*), Plastic Bertrand („Ça plane pour moi"), La Toya Jackson und noch viele weitere.

Das „Tribute To Grace Kelly" fand unter der Patronanz ihres Sohnes Fürst Albert dem III. in den Räumen der *Collection de S.A.S. le*

Prince de Monaco statt, des Automobilmuseums von Monaco, in der Privatsammlung von Fürst Rainier mit über hundert teilweise sehr exquisiten Fahrzeugen. Zu Ehren der ehemaligen Hollywood-Diva hatten fünfzig amerikanische Künstler eine Hommage an eine der schönsten Frauen ihrer Zeit als Bild oder Skulptur für eine Ausstellung im Automobilmuseum mitgebracht. Unser Soundcheck wurde nach hinten verschoben, da die Umbauarbeiten mit etwa fünfzig schwarz gekleideten Arbeitern für die Gala andauerten. Unsere Einstellprobe konnte aber doch rechtzeitig vor dem Einlass beendet werden.

Die Location begann sich mit Gästen zu füllen und viele waren wohl festlich gekleidet, aber nicht alle hielten sich an den Dresscode *chic soirée*!

Bei unserer Show ging dann echt die Post ab und als wir zum Schluss „L=L" anstimmten, war das Publikum nicht mehr zu halten. Die Leute sprangen von ihren Stühlen auf und ließen es echt krachen. Ich für meinen Teil, ich hatte noch nie so viele fesche und nobel gekleidete Menschen zu unserem Hit abshaken und mitsingen gesehen.

Fest zu Ehren des 90. Geburtstags von Grace Kelly. Von links: Elisabeth Schwaiger, Kusche, Corry, Herwig, Gabrielle Grasmuck, Mucky, Erich, Inez, ich und Andrea.

Nach unserem Auftritt saßen wir glücklich beim – richtig erraten – nächsten Glas Schampus in der Garderobe, versäumten aber eine Ehrung. Bruno, eine oscar-ähnliche Statuette aus Metall, sollte uns überreicht werden. Das Ganze war als Überraschung geplant. Somit wussten wir nichts davon. Wir wurden zwar aufgerufen, aber auf Französisch, was keiner von uns verstand, und so blieben wir in der Garderobe.

Der Bruno erreichte uns dann doch noch. Es kam der Veranstalter und Kreateur der Statuette, der Künstler Stéphane Bolongaro, höchstselbst zu uns und überreichte uns zur Statue auch noch ein Geschenk. Und was für eines: Es war eine Original-Eintrittskarte zum Woodstock-Festival von 1969, darauf gedruckt der Eintrittspreis. Das Ticket kostete einst sieben Dollar!

Zurück im Hotel *Fairmont* trafen wir in der Bar auch noch zufällig auf einen alten Bekannten. Es war Richard Nilsson aus Cannes. Selbstbeschreibung: Business man, Connaisseur, Patron of the Art and „The Original Luxury Lifestyle Designer". Richard hatte uns, Opus, vor einigen Jahren während der Filmfestspiele in seine Villa eingeladen. Der Mann lebt ein aufregendes Leben und so wundert es nicht, dass seine Begleitung an diesem Abend La Toya Jackson war. Beim Smalltalk mit den beiden nahmen wir nun das letzte Glas Schampus zu uns und beendeten damit den sehr schönen Ausflug in die mondäne Welt des Adels, der Schönen und der Reichen.

Wenn ich heute die Formel-1-Autos in den Tunnel eintauchen sehe, denke ich gern daran zurück, dass wir da, in dem Hotel, sieben Stockwerke drüber, Monaco von einer ganz besonderen Seite kennenlernen durften. Dank „L=L"!

Opus Magnum

Abschied am Ende der Pandemie

Monte Carlo mit allen Nebengeräuschen war ein Erlebnis. Unvergessen. Aber zurück im normalen Leben war wieder Werken im *Recorder* angesagt. Am Plan standen nicht weniger als die Recordings zu unserem finalen Studio-Album.

Programmatischer Titel: OPUS MAGNUM!

Ich hatte über die Jahre wieder viele neue Songs gesammelt und meine Jungs davon überzeugt, noch einmal kreativ alles zu geben und im Studio ein ganzes Album einzuspielen. Nach unseren Titeln mit einer Abwandlung von Opus wie „Opus Null", meiner ersten Komposition für die Band 1973 mit dem Gedicht von Erich Kästner, „Opiat" von Kusche, ebenfalls aus der Anfangszeit, „Opussy" (wurde niemals realisiert, blieb eine Idee!), „Opus Pocus" (Album Eleven 1981) und „Opusition" (vom gleichnamigen Album 1982) kam ich auf ein weiteres Wortspiel: „Opusphere".

„The air that you breathe
The sound that you hear
Come on in the Opusphere
The magic you feel
The colours you see
Opusphere the place to be"

Ich wollte wieder einmal die Stimmung bei einem Opus-Live-Konzert einfangen und versuchte in diesem Lied die Atmosphäre zu „opusifizieren". „Opusphere" wurde dann sowohl zum Opener des „Magnum"-Albums wie auch zum Intro der letzten Opus-Live-Shows. In einigen der weiteren Songs spiegeln sich die Themen der Zeit wider: Klimakrise, Fake-News, Pandemie und so weiter. Die Texte kamen teilweise auch von Herwig und Kusche. Darunter „Halfway Done", „Fake Or True" samt einem Video, bei dem wir das „L=L"-Video von 1985 persiflierten, „We Made It" – unsere Karriere und auch die Pandemie – oder „Greta" über Greta Thunberg. Die turbulente Zeit, in der wir leben, die gibt ja durchaus viel her, worüber sich auch musikalisch-kreativ austoben lässt.

In der Zeit, in der die Aufnahmen zu diesem letzten Opus-Studio-Album liefen, kam es Anfang August 2019 zu einer dramatischen Situation rund um Herwig: Bei einem privaten Südtirol-Ausflug mit seiner Lebensgefährtin Dagi brach er plötzlich im Badezimmer eines Hotels zusammen, war einige Minuten bewusstlos, und als er wieder zu sich kam, verspürte er starke Schmerzen in der Brust. Er schaffte es, wieder auf die Beine zu kommen, und Dagi fuhr mit ihm sofort zurück nach Österreich, ins Grazer Krankenhaus, wo sie ihn auch gleich dabehielten.

Nach der ersten Untersuchung war klar, Herwig hatte ein akutes Herzproblem, genauer gesagt eine infektiöse Mitralklappenendokarditis. Konkret hatten Streptokokken sein Herz befallen und massiv geschädigt! Einige Tage später wurde er von Professor Laufer, der Koryphäe auf seinem Gebiet, im Wiener Allgemeinen Krankenhaus operiert. Seither trägt er in seiner Brust eine biologische Herzklappe, konkret stammt diese vom Herz eines Schweins. Die Operation war gut verlaufen. Herwig hörte daraufhin auf zu rauchen und die Reha in Kärnten trug auch einiges dazu bei, dass er wieder vollständig gesund wurde. Schwein gehabt! Im wahrsten Sinne des Wortes.

Erlebnisse wie dieses machen nachdenklich. Gewohntes wird unbedeutender und nicht selten sind genau solche Ereignisse am Ende eine Zäsur.

Als wir Herwig nach der Operation im AKH besuchten, war er natürlich noch recht schwach beieinander, lag schwer gezeichnet in seinem

Krankenbett und meinte: *„Wir sollten auch über ein Ende von Opus nachdenken, über ein letztes Konzert reden, wenn wir schon ein letztes Album machen."* Jetzt war es also so weit. Wie wir in meinem Song „Opus Pocus" bereits seit 1981 sangen: *„We don't know how long the Opus Pocus lasts!"*

Wir sahen uns an und wussten, dass er recht hatte und die letzten Jahre unserer Band gekommen waren. Es war Zeit, den Schlussvorhang fallen zu lassen, und wir entschieden gemeinsam, uns in der Grazer Oper mit dem Konzert *Tonight At The Opera* Ende 2021 als Opus zu verabschieden!

Beim ersten Auftritt nach dieser krankheitsbedingten Auszeit für Herwig am 11. Dezember 2019 in Klosterneuburg war er dann zwar wieder ganz der Alte, die Stimme kräftig wie gewohnt und auch das *Tonight At The Opera*-Benefiz für Äthiopien in der Oper Graz ein paar Tage später war kein Problem für ihn! Trotzdem, wer Derartiges wie Herwig erlebt hat, kann gut nachvollziehen, dass das Leben, der Körper, die Gesundheit, einfach Vorrang haben. Und jünger werden wir alle nicht mehr, das ist wohl eine unumkehrbare Tatsache. Doch an unguten Überraschungen mangelte es damals weiterhin nicht.

Am 16. März 2020 machte uns allen ein Virus einen Strich durch die Rechnung und Corona dirigierte plötzlich alles. Der erste Lockdown holte uns alle sprichwörtlich von der Straße.

„It was the first time in history
That we could save the human race
By lying in front of the TV
Doing nothing but hoping for grace" (Vers von „We Made It")

Doch wo Schatten ist, findet sich auch Licht. Das eine gibt es nicht ohne dem anderen.

Während der Corona- oder Covid-Krise hatten wir mehr Zeit für die Ausarbeitung und Aufnahme der neuen Titel, was nie schlecht ist und für das Endergebnis durchaus ein Vorteil war. Herwig war im *Recorder* stimmkräftig, einfallsreich und wie gewohnt kreativ beim Arrangieren, nichts erinnerte mehr an seine schwere Operation. Mit dem Titel „Magnum" kam auch die Idee erstmals auf, eine ausgiebige Fanbox (mit Vinyl, CDs, DVD und einer goldenen „L=L"-Vinyl-Single) zu schaffen. Weiters ergänzten wir dieses Fan-Zuckerl mit elf neuen Songs sowie elf unveröffentlichten Aufnahmen aus dem Archiv. Die geplante Veröffentlichung von „Opus Magnum" digital und als CD fand am 11. November 2020 statt. Dummerweise verzögerte sich aber die Lieferung der limitierten 1111 Fan-Boxen, die zu einem guten Teil vorbestellt waren, aufgrund der Pandemie um drei Wochen.

Gott sei Dank wurde dann noch so weit alles fertig, sodass die Box als Geschenk sehr zur Freude der vielen Opus-Fans unter den Christbäumen liegen konnte.

Die Elf ist eine Glückszahl und *Eleven* ist unsere Opus-Glückszahl! Zum richtigen Zeitpunkt hat sie uns nicht verlassen. Glückskind … ich sag's ja!

Die Pandemie war eine mittlere Katastrophe für das Show- und Musikgeschäft. So gut wie alle Auftritte mussten abgesagt werden. Viele Künstler und Künstlerinnen traf das wirklich ins Mark. Wenn plötzlich die Brieftasche leer bleibt, aber am Konto die Abbuchungen trotzdem nicht aufhören, dann schürt das mehr als nur Existenzängste. Wir waren da, Gott sei Dank, weniger betroffen, aber dass die Szene litt, das machte auch uns Sorgen.

Neu war auch die Erfahrung des Lockdowns. Wenn du gewohnt bist, dass du immer und überall das Haus verlassen kannst, und auf einmal geht das nicht mehr, denn vor der Tür lauert quasi der Tod, wie suggeriert wurde, dann ist das etwas, mit dem man erst lernen muss, umzugehen. Und das ist wahrlich nicht leicht. Wir, also Andrea und ich, nutzten diese Zeit auf unsere Weise und re-aktivierten unsere Liebe zur Hausmusik.

Andrea hatte schon vor Jahren die Ukulele entdeckt, das Spielen gelernt, und sie singt ja auch sehr gut. Die Harmonie-Vocals hat sie richtig gut drauf. Zusammen mit meiner Akustik-Gitarre sangen wir da einige meiner Songs, aber auch Coverversionen. Songs von den *Bee*

Gees, Beach Boys, Beatles oder *CCR,* unsere gemeinsamen Hits waren und sind immer noch „Something Stupid", „Bye Bye Love" und „Only You". Lieder aus einer Zeit, in der für uns vieles so unbeschwert war. Ein wunderschöner Gegenentwurf zu dem grauslichen Eingesperrt-Sein.

Immer wieder gaben wir da auch Privatkonzerte für unsere Nachbarn, von einer Terrasse zur anderen. Eine Aufmunterung. Ein Mutmacher. Balkonkonzerte als Zeichen der Hoffnung, dass alles bald wieder seinen normalen Lauf nehmen würde.

Der Wunsch war der Vater des Gedankens und mit den Wünschen ist das halt oft so eine Sache. Schnell vorbei war da gar nix.

Bei der *Listo-Film* in Wien ließ ich Anfang 2021 das originale „Live Is Life"-Video von Anders Stenmo, dem bereits verstorbenen Regisseur des Videos und Drummer der *EAV,* digitalisieren, denn wir hatten vor, ein paar Ausschnitte im Video von „Fake Or True" einzusetzen. Hansi Steinegger, ein alter Freund und Regisseur von einigen Videos der Band *Alle Achtung* und deren Songs wie „Marie", hatte die Ideen für etliche tolle Fake-Szenen. Wir Opusse sowie auch „Timen", wie wir Günter Timischl von *S.T.S.* nennen, der ja auch beim Original-Clip in den 80ern meine Rockerbraut (!) gespielt hatte, hatten echt jede Menge Spaß beim Dreh. Eine super Abwechslung in der depperten Zeit.

Auch beim Video zu „We Made It" verfasste Hansi das Drehbuch und machte die Regie. Die Choreo darin stammt von Conny und Dado, inklusive der tollen Tanzszenen von meiner Nichte Carolin. Die Drohnenaufnahmen, aufgezeichnet beim Konzert am Festivalgelände von Wiesen, sind ebenfalls von einem sehr begabten nahen Verwandten, von meinem Neffen Stefan, seines Zeichens auch Kameramann beim ORF. Dann kam der Juni 2021. Man durfte wieder auftreten. Es gab Beschränkungen, was die Anzahl der Menschen im Publikum betraf, und dann war da auch noch die leidige Maskengeschichte, aber trotz der heiklen Situation starteten wir unsere Abschiedstour.

Wenn ich mir heute, drei Jahre später, die Aufnahmen aus der Grazer Oper ansehe, dann wirkt die gesamte Szenerie irgendwie absurd.

Die Menschen sitzen in den Reihen und von den Gesichtern sieht man immer nur die obere Hälfte. Zumindest konnten wir mit unseren Konzerten die Sehnsucht der Menschen nach Musik, nach Entertainment, zwar eingeschränkt, aber doch stillen. Wir hatten Spaß auf der Bühne und die Menschen im Publikum auch. Es tat einfach allen gut.

Die letzten Gigs in der gewohnten Opus-Besetzung führten uns hauptsächlich quer durch Österreich: Ab Juni starteten wir mit Open Airs in Fürstenfeld, unsere Gäste hier waren Schiffkowitz und Günter Timischl von *S.T.S.*, weiters in Radfeld Tirol, in Wels, beim Festival in Wiesen mit *Minisex* und Bilgeri und Band, auf der Burg Gallenstein, wo wir „L=L" 1984 das erste Mal zur Probe gespielt hatten, beim Abstecher zum Kalterer See in Südtirol, und dann das allerletzte Open Air am Hauptplatz von Judendorf, unserer neuen Heimat, und in Wolfsberg.

Anschließend ging es noch einmal ins Ausland: Zum dritten Mal rief ein Monster-Festival in der Arena von Verona, ein 80s-Festival in Budapest, ein Festival in der Schweiz, wo wir zum letzten Mal mit einem Tourbus unterwegs waren, Warschau mit einer speziellen TV-Show, wo wir vier Titel brachten, und dann zurück in „good old Austria", zu Gast bei der TV-Show *Aufsteirern* auf der *Schlossbergbühne Kasematten* in Graz und ebenfalls im TV bei der *Starnacht in der Wachau*.

Das Festspielhaus Bregenz, die *Dogana Innsbruck*, das Festspielhaus Salzburg, das Brucknerhaus in Linz, das Kunsthaus in Weiz und die Wiener Stadthalle waren die letzten Stationen, wo wir uns von den Fans verabschieden konnten, bevor es am 20. und 21. Dezember zum Finale, zur „Last Note" in die Oper von Graz ging.

Wie vorhin schon beschrieben feierten wir bei zwei ausverkauften Abenden mit vielen treuen Fans, auch aus dem Ausland, und vielen Freunden unseren Bühnenabschied. Auf der Bühne kamen mir beim Duett mit den *Schick Sisters* und dem gemeinsamen Gitarrensolo mit Robby Musenbichler von „Flyin' High" die Tränen, die ich schwer, aber doch unter Kontrolle bekam. Denn beim Soundcheck am Nachmittag übermannte mich beim hohen D von Veronika Schicks Stimme am

Schluss des gleichen Songs ein Weinkrampf, der minutenlang anhielt. Die Stimmen der *Schick Sisters* und vor allem Veronikas hoher Ton hatten mich so berührt, dass die Tränen nur so flossen …

Der Allstar-Schluss-Song „Bye Bye" mit den vielen Gästen auf der Bühne sorgte ebenfalls für viele feuchte Augen bei den Beteiligten und im Publikum.

Das anschließende Signieren am Merchandisingstand von Gabrielle und meiner Andrea (viele rufen sie auch mit Angie), war eine schöne und gute Möglichkeit, sich persönlich von Freunden und Fans zu verabschieden.

Emotionale Momente im Spiegel der Jahrzehnte, die dann auch noch mit einem Hoppala ihren Schlusspunkt fanden. Beim Zusammenpacken des Merchandisingstandes schob Andrea eine CD-Schachtel etwas zu heftig gegen das Opus-Neon-Logo. Es zerbrach, und so verabschiedete sich auch unser Logo von uns allen. Gerade so, als wollte es uns sagen: Ich habe euch lange treu gedient, danke, dass ich dabei sein konnte, spannend war es, aber jetzt ist es auch gut …

Unser Lichttechniker Plisi, der Bruder von Kusche, sah das und sagte zu meiner Frau: *„Angie, jetzt hast du endgültig das Licht abdreht … "*

Aber kein Finale, ohne dass die Korken fliegen. Zu der Zeit, als sich das Logo verabschiedete, waren bereits viele unserer Stargäste, engsten Freunde, Verwandten, und später auch die Techniker bei der After-Show-Party in der Kantine im Keller der Oper zugange. Zusammen feierten wir ausgelassen, bis uns unsere Zukunft im Morgengrauen mit einem heftigen Schneetreiben begrüßte. Wir verließen die Stätte unseres Abschieds mit nicht nur einer Träne in unseren Knopflöchern.

Draußen, auf der Straße, das Tageslicht begann sich zaghaft durchzusetzen, flackerte in meinem Kopf ein Film auf. All das, was da in den vielen Jahren mit uns geschehen ist, es wäre nie möglich gewesen, wenn wir als Menschen, als Typen, nicht zu einer Band gereift wären. Es gibt da dieses Gerede von wegen: „Jeder ist ersetzbar." Bei uns stimmte das nicht! Mucky prägte da den schönen Satz *„Eine Band muss sich abschleifen"*, und ich kann das nur doppelt und dreifach unterstreichen. Jetzt stand ich da, auf der Straße, habe Opus quasi hinter mir gelassen und war einfach nur dankbar. Dankbar dafür, dass ich diese Menschen getroffen habe, dankbar, dass wir uns „abgeschliffen" haben und zu einer Band of Brothers zusammengewachsen sind. Jeder Einzelne war Opus und zusammen waren wir es erst recht!

Andrea und ich, wir fuhren nach Hause. Das Leben ging weiter und hatte ja auch noch einiges mit uns vor. Tja, irgendwann war die Geschichte mit dem Virus auch ausgestanden!

Die allerletzte Umarmung auf der Bühne der Oper am 21. Dezember 2021.

Die Hände Gottes

Der SC Napoli, Diego Maradona und der Papst

Wie gesagt, das Leben ging weiter und uns war schon klar, dass bei uns immer wieder Anfragen eintrudeln werden, denn auch wenn wir unser Finale ausgerufen haben, heißt das noch lange nicht, dass sich das überall herumgesprochen hat. Es ist halt einmal so: Ein Lied ist ein Lied ist ein Lied. Manchmal ist es ein Hit. So what! Ein Hit, ein richtiger Hit, also ein Song, der auch nach Jahren, sogar Jahrzehnten, noch gern gehört wird, der geht manchmal eigenartige Wege oder anders gesagt, er bekommt eine Eigendynamik. Man kann nur staunen, was da am 19. April 1989 geschehen ist. Thema Fußball.

An diesem Tag bekam „L=L" erneut einen – unerwarteten – Eintrag ins Hitstammbuch geschrieben. Abgespielt hat sich das alles im Halbfinale des UEFA-Cups, beim Aufwärmen zum Spiel Bayern München gegen den SC Napoli im Münchner Olympiastadion. Zu hören war „L=L". Diego Armando Maradona schnappte sich zu den Klängen von „L=L" den Ball und begann mit offenen Schuhbändern zu gaberln. Er jonglierte mit dem Ball, tanzte mit ihm, ohne dass er dabei auch nur einmal zu Boden fiel.

Die TV-Aufnahmen von diesen Kunststücken wurden weltbekannt. Jahre später wurden sie auf YouTube und im Internet zum viralen Hit. Seither hat der Song nicht nur für Maradona, sondern auch für Napoli eine besondere Bedeutung: Auch heute noch wird „L=L" beim Aufwärmen der Mannschaft gespielt, und dass manche dabei Bilder von Maradona im Kopf haben, ist nicht von der Hand zu weisen. Maradona selbst war anscheinend auch ein großer Fan unseres Hits. Wie in einer Doku über ihn zu sehen ist, hat er es sich nicht nehmen lassen, sogar bei seiner Hochzeit zu „L=L" zu tanzen.

Heute ist ja alles irgendwie miteinander verknüpft. Vor allem durch das Internet beginnen Bilder, Szenen und Lieder zu wandern und machen sich – bestenfalls – auf den Weg rund um die Welt. Maradona, der dann auch noch den Beinamen „Hand Gottes" bekam, gaberlte zu unserem Lied. Zufällig, weil es eben gerade lief. Jahrzehnte später, Maradona war leider längst im Fußballerhimmel, entwickelte sich diese Szene zu einem Megahit auf Social Media. Die Aufrufe des You-Tube-Clips sind gewaltig. Bei vielen Einträgen erfährt man, dass vor allem Fußballfans beziehungsweise Fans aus Lateinamerika deswegen auf „L=L" stoßen. Es ist nicht so, dass diese Verbindung unseren Song berühmt gemacht hätte, denn der war schon vorher ein weltweiter Hit! Aber es sind Entwicklungen wie diese, die das Lied auf seine eigene Art leben lassen. Sie machen es in der digitalen Welt unsterblich, denn nicht umsonst heißt es: „Das Internet vergisst nicht!"

Wie bereits in diesem Buch beschrieben, waren wir in Mittel- und Südamerika 1985 und 1986 zweimal auf Tour und besonders erfolgreich wurde die Live-TV-Übertragung aus Viña del Mar mit hunderten Millionen Zusehern von Feuerland bis hinauf nach Miami. Aber auf jeden Fall hat dieses Gaberln von Diego das Lied in der Fußball- und Sport-Szene noch berühmter gemacht und mittlerweile gibt es nicht nur unzählige „L=L"-Videos mit Maradona, sondern auch mit Messi, Ronaldo, Ronaldinho, Neymar und vielen, vielen Sportlern in anderen Bereichen. Vor allem bei der Plattform TikTok ist da einiges zu finden! Dieser Maradona-Hype führte dazu, dass wir immer wieder Einladungen aus Argentinien erhielten, diese aber hauptsächlich aus Kostengründen nicht zustande kamen. Intensiver wurden die Einladungen nach dem Tod Diegos im November 2020, als wir nach Lanús, in seine Geburtsstadt in der Nähe von Buenos Aires, kommen sollten. Aber wie gesagt, die Kosten für eine Band und ein Konzert vor Ort waren leider nicht finanzierbar und so wurde der Argentinien-Ausflug wieder abgesagt.

Was wir als Nächstes aus Argentinien hörten, war zumindest von der Idee her sehr beeindruckend. Die Veranstalter planten ein Hologramm des jonglierenden Maradonas zu programmieren, zu dem wir gemeinsam mit „L=L" auftreten sollten. Die Auftrittslocation war naheliegend: Es sollte am 28. November 2021 im *Stadio Diego Armando Maradona* in Neapel sein. Der SC Napoli spielte an dem Abend das Meisterschaftsmatch gegen Lazio Rom vor ausverkauftem Haus und geplant war, in der Pause die sicher sehr aufsehenerregende Showeinlage zu geben. Zudem hatten wir erfahren, dass Opus aufgrund der Millionen Streamings nach der langen Zeit von 36 Jahren für „L=L" in Italien eine Goldene Schallplatte bekommen sollte. Die wollten wir am liebsten dort im *Stadio Maradona* entgegennehmen. Welch eine Ehre, vor so vielen Menschen den Award zu bekommen. Die Flugzeiten waren schon bestätigt, aber die Tickets nicht gebucht, da im letzten Moment Probleme auftauchten, die anscheinend mit den Finanziers des Ganzen zusammenhingen. So fiel dieser Termin ebenfalls ins Wasser … Schade. Das hätte uns getaugt. Auch weil wir Maradona indirekt doch einiges zu verdanken hatten. Also wurde ein nächster Versuch gestartet, denn wir sollten am 12. Dezember 2021 in Buenos Aires auftreten. Aber auch das war sehr schnell wieder gegessen. Wegen Corona. Lockdown. Da war praktisch gar nichts möglich. Einzige und wichtigste Ausnahme für uns war, dass wir einige Tage später unsere beiden Abschiedskonzerte in der Oper Graz spielen konnten.

Doch die Argentinier gaben nicht auf. Am 1. Juni 2022 fand das *Finalissima 2022*, das Endspiel des Europameisters Italien gegen den Copa-América-Meister – eh klar – Argentinien im *Wembley Stadium* in London statt. Argentinien gewann drei zu null, damit das auch hier geschrieben steht, doch so weit waren wir mit der auf uns zukommenden Idee noch nicht beschäftigt. Die Anfrage betraf wieder einen Opus-„L=L"-Auftritt in der Pause zusammen mit dem bereits einmal erwähnten Hologramm des jonglierenden Maradona. Blöd war nur, dass sich Opus mittlerweile aufgelöst hatte. Herwig befand sich außerdem auf einem längeren Auslandsurlaub und ohne ihn hätte es in dem Fall auch keinen Sinn gemacht. Wir sagten erneut ab. Im darauffolgenden September kam eine Einladung von dem monegassischen Künstler und Veranstalter Stéphane Bolongaro (er hatte uns schon einmal in Monaco engagiert) für einen honorigen Auftritt im November in der Oper von Nizza, wo uns ein französischer Kulturpreis überreicht werden sollte. Unter dieser Bedingung waren wir bereit, darüber nachzudenken, noch ein einziges Mal gemeinsam aufzutreten. Wäre ja doch irgendwie schön, so eine letzte internationale Ehrung …

Und dann kam auch ein SMS auf Kusches Handy! Ausgerechnet Kusche, der extrem dahinter ist, dass ihn keine unnötigen Mails (er hat auch deswegen keine Mailadresse mit opus.at-Endung), SMS oder WhatsApp erreichen, kontaktierte mich: *„Habe folgende SMS aus Argentinien erhalten (keine Ahnung, wie die zu meiner Telefonnummer kommen?)“*: *„My name is Juan Aparicio. I am from Argentina. I would like to contact you because we are working on the organization of the ‚Inter-religious Match for Peace‘, a charity event that is promoted by H. H. Pope Francis and that will be held on November 14, 2022 at the Olympic Stadium of the City of Rome, Italy for the benefit of the Scholas Occurrentes Pontifical Foundation, created by H. H. Pope Francis. Diego Maradona has been a great collaborator and the main promoter of this event, we would like to contact you to see if it is possible for you to join the tribute with Opus.“*

Diego Maradona beim „Gaberln“ zu „L=L“.

Kusche ist ein bekennender Buddhist, entstammt aus einer sehr religiösen katholischen Familie und hat anscheinend den besten Draht ganz nach oben, denn wie sonst kommt die Organisation von Papst Franziskus darauf, Opus über sein Handy zu kontaktieren? Wir haben bis jetzt keine bessere Erklärung dafür ... Außer vielleicht, dass die eine Hand Gottes der anderen Hand Gottes Kusches Telefonnummer zukommen ließ. Denn im Himmel sollte es ja kein Problem darstellen, die Nummer herauszufinden! :-)

Für einen Auftritt im Olympiastadion in Rom beim *Match For Peace*, einem Benefizspiel für die päpstliche Fundation, und eine zusätzliche Audienz beim argentinischen Papst Franziskus sagten wir zu und diesmal klappte es perfekt: Wir hatten mit unseren Frauen, mit unserer Agentin Elisabeth und ihrem Mann Helmut drei herrliche Tage in Rom und dann ging es anschließend gleich für zwei weitere Tage nach Nizza. In Rom wohnten wir im *Carpegna Palace Domus Mariae*, einer ehemaligen katholischen Residenz von Päpsten, zusammen mit vielen aktiven Fußball- und Ex-Stars wie Ronaldinho, Hristo Stoichkov, Gianluigi Buffon oder Ciro Immobile. Nach der Ankunft hatten wir Zeit, konnten in der Stadt flanieren und mit unseren Frauen shoppen gehen, bevor wir am zweiten Tag zu Mittag zum Soundcheck ins Olympiastadion mussten. Die Argentinier brachten hinter einem Tor ein Riesennetz an, anscheinend für die Projektion des Maradona-Hologramms, das bei Tageslicht recht verloren wirkte. Aufregend wurde es am Nachmittag, als wir mit zwei Bussen, jeder voll mit den Fußballstars, die das Benefizmatch bestritten, angeführt von einer Polizeieskorte zum Papst-Empfang in den Vatikan fuhren. Die großen Boulevards in Rom haben ja eine Mittelspur für Polizei, Einsatzfahrzeuge und Taxis, auf denen wir mit Blaulicht und Polizeisirenen sehr schnell vorankamen. Im Vatikan mussten wir nicht lange warten, weil es eine Privat-Audienz für die Fußballer und uns war. Die Frauen bekamen einen weißen, die Männer einen schwarzen Rosenkranz, und schließlich durfte jeder von uns dem immer lächelnden Papst die Hand schütteln. Er hatte Gehprobleme, wurde ja schon mit einem Rollstuhl hereingeführt, brachte aber sitzend den Empfang tapfer hinter sich. Von uns bekam er ein „Live Is Life"-T-Shirt und die „Opus Magnum" geschenkt, die er interessiert und fragend von allen Seiten ansah und dann, so wie alle Geschenke, seinen Betreuern gab. Wahrscheinlich hat er die Opus-Geschenkbox nie geöffnet …

Danach ging es durch das vom Abendverkehr verstopfte Rom zum Olympiastadion und trotz der Polizeieskorte mit Blaulicht und Sirenengeheul erreichten wir unser Ziel beinahe zu spät. Denn die Fußballer mussten aufs Feld. Es wurde eng, denn *Rai 2* übertrug das verkürzte Match (2 x 30 Minuten) im Fernsehen und auch unsere Performance. Alles live! Klar, heißt ja auch „Life is Live" … oder „Live is Life"? Wie denn jetzt, habt ihr es inzwischen schon drauf oder noch immer nicht? Wie dem auch sei, macht euch nichts draus, es gibt im Leben ja wohl Wichtigeres und wir bleiben hier im Text eh beim trittfesten „L=L". Es ging sich für uns dann alles zwar knapp, aber doch noch rechtzeitig aus. Für daheim brachte Alexander Hecht, der ORF-Korrespondent in Rom, einen Beitrag.

Nachdem wir Rom, den Papst und den Fußballgott Diego Maradona in Hologrammform schließlich gut hinter uns gebracht hatten, flogen wir am nächsten Tag weiter ins sonnige Nizza, um in der dortigen Oper nach einem Kurzauftritt den Kulturpreis der Stadt vom Bürgermeister überreicht zu bekommen. Er hat wie so viele unserer Auszeichnungen einen Ehrenplatz im *Recorder Studio*.

Das alles hat sich im zu Ende gehenden Jahr 2022 abgespielt. Und wenn man das so im Rückblick nochmal betrachtet, hatte die ganze Geschichte ihren Ausgangspunkt, weil damals, viele Jahre zuvor, ein begnadeter Kicker mit dem Ball am Haxen zu „L=L" einige Kunststücke vollführte. Das bestätigt erneut die Erkenntnis, die mich seit den ersten Erfolgen mit Opus und unserem Lied jedes Mal aufs Neue darauf hinweist: Das Leben ist halt doch kein langer, ruhiger Fluss …

Ah, da ist doch noch etwas, das mich beschäftigt. Ein wenig zumindest: Ob unsere Opus-Magnum-Box auch nur irgendwer im Vatikan jemals ausgepackt hat? Und wenn, ja selbst wenn „L=L" in den ehrwürdigen Gemäuern ein kurzes Abspiel-Erlebnis gehabt hatte, ob da irgendeiner der hochwürdigen Herren auch ein wenig dazu mit den Füßen gewippt hat? Ich werde es wohl nie erfahren. Ich weiß auch nicht, was mit den Geschenken geschieht, die ein Papst so erhält. Wenn die in eine päpstliche Geschenkesammlungskammer kommen und dort für hunderte von Jahren weggesperrt bleiben, dann wäre es gut, einen Plattenspieler und einen CD-Player gleich mit einzusperren, denn ansonsten werden sich zukünftige Päpste das bei einem Durchstöbern der Geschenke wohl per Vinyl und auf CD nicht mehr anhören können. Aber das wird mir dann auch wurscht sein. Wahrscheinlich.

Papst Franziskus bei der Audienz mit uns im November 2022.

Kooperation mit den Schick Sisters

SCHOPUS oder Schicke Opus

Wenn ein Zeichen Zeichen setzt, dann ist das ein Zeichen, sag ich mal. Ich meine damit die Szene, als unser leuchtendes Opus-Logo, welches Jahrzehnte lang auf der Bühne und zuletzt am Merchandising-Stand in der Oper gute Dienste geleistet hat, plötzlich aufhört zu leuchten. Licht aus, kein Spot mehr an. Der Letzte dreht normalerweise das Licht ab und bei uns hat es das Licht (mit kleiner Hilfe meiner Frau Andrea) für sich selbst erledigt. Was aber nicht automatisch hieß, dass ab nun dunkle Zeiten anbrechen würden. Jedoch war klar, dass wir alle nach dem Opus-Abschied in der Oper bereit waren, etwas kürzer zu treten. So viele Jahre in den Diensten der Rockmusik, da ruft es auch nach etwas Auszeit. Herwig wollte sowieso mit vielen Reisen die Pension genießen. Reisen einmal ohne Backstage-Bereiche, Künstlergarderoben und Tournee-Hotels. Reisen um des Reisens willen. Der Weg ist das Ziel und nicht die nächste Konzerthalle oder Festivalwiese.

Ich für mich dachte natürlich nicht daran, auch kreativ zurückzustecken, dazu arbeitet es viel zu heftig in mir drin. Es tauchen immer wieder neue Ideen auf, und die lassen sich nicht einfach so in irgendeinem Eck im Hirn verstauen. Ja selbst wenn, dann klopfen die nach einiger Zeit wieder an. Es ist also völlig sinnlos, die kleinen Botschaften, die das eigene Hirn immer wieder in den Vordergrund schiebt, zu ignorieren. Kreativ zu sein macht Spaß und zeigt, dass die Systeme voll im Saft stehen. Ihr wisst ja: Kreativität ist wie Wasser. Wasser findet immer seinen Weg, selbst wenn es nicht sofort zum Vorschein kommt. Wer schon einmal einen Rohrbruch erlebt hat, der versteht, was ich meine.

Und dann war da auch noch Rick, also Erich. Ich erinnere mich gut daran, als zum ersten Mal das Thema aufkam, Opus in die Pension zu schicken. Erichs Reaktion war klar und unmissverständlich: *„Und was machen wir dann? Ich gehe nicht in Pension. Das akzeptiere ich nicht. Wir könnten ja mit …"* Und er zählte einige Acts auf, mit denen er sich ein Zusammenspiel mit uns vorstellen könnte. Mir kam das aber ein wenig zu früh. Ich brauchte erst einmal Auszeit. Gut, es ist ja tatsächlich so, dass man sich Erich Buchebner nicht als Pensionist am Pool liegend vorstellen kann. Nach zwei Wochen Weihnachtsferien juckt es den Mann ja bereits, wieder auf die Bühne zu gehen. Erich war es auch, der recht bald darauf die *Schick Sisters* erwähnte. Doch dazu kommen wir gleich.

Nach dem offiziellen Ende von Opus reichte ein Blick in mein Song-Archiv, und da lagen noch zu viele Kompositionen und interessante Ideen, die eine nähere Betrachtung verdient hatten.

Mein geliebter und toller Arbeitsplatz, das *Recorder Studio*, sorgt außerdem dafür, dass ich täglich mit großer Freude meine Bestimmung als Musiker, Songschreiber und als Verwalter meines Welthits wahrnehmen kann. So dachte ich bereits daran, ein drittes Solo-Album vorzubereiten, und wollte das passende Material dafür durchchecken. Aber es kam anders, denn das Leben hat bekannterweise immer wieder schöne Überraschungen parat:

Im Frühjahr 2022 erreichte mich der Anruf von Katharina Schick mit dem Angebot, zusammen mit ihren Schwestern, den von uns so geschätzten *Schick Sisters*, eine Single zu produzieren.

Die drei Schwestern hatten sich zuerst mit der Formation *Dornrosen* einen Namen beim Publikum erspielt und seit mehr als fünf Jahren stehen sie erfolgreich als *Schick Sisters* auf der Bühne. Der Name *Schick* basiert auf deren Familiennamen Schicho, und dieser Name ist vor allem in Graz und der Steiermark ein wichtiger Begriff der jüngeren Kulturgeschichte.

Das Theatercafé in Graz ist jenes Nest, in dem einst für die drei alles seinen Lauf nahm. Papa Fritz Schicho, selbst Musiker und kreativer

Freigeist, hat nicht nur das Lokal vor Jahrzehnten aufgebaut, sondern das „bauen" darf hier auch durchaus wörtlich genommen werden. Vater und Großvater zimmerten die erste Holzbühne für das Lokal. Höchstselbst. Und diese Bretter können heute viel erzählen. Das Theatercafé stand Pate und war eine Quelle der Inspiration, mitunter dafür, wie sich Katharina, Christine und Veronika in Zukunft entwickeln sollten. Pop. Rock. Songwriting. Von Jugend an viel probiert, den eigenen Weg gesucht, teils gefunden, wieder verworfen, erste erfolgreiche Duftmarken gesetzt. Auszeichnungen wie der *Songwriting Award* der *AKM* (1994) oder der gewonnene Liedermacherwettbewerb der *Austro Mechana* (1997) waren die Bestätigung für reifendes Talent.

Es kam also die Anfrage und meine Antwort war klar: Ja, sehr gern! Natürlich wollte ich mit den drei großartigen Musikerinnen, Sängerinnen, Komponistinnen und vor allem privat so sympathischen und liebenswerten Damen zusammenarbeiten. Veronika, Christine und Katharina hatten mir ja schon in der Oper mit „Flyin' High" so berührende Erlebnisse geschenkt, dass ich mich wirklich sehr über dieses Offert freute! Den ersten Kontakt zu den *Sisters* haben wir unserem langjährigen Toningenieur und Freund, dem Mixer aller Opus-Songs seit fast zwanzig Jahren, Dietmar „Dietz" Tinhof zu verdanken, der die erste Akustik-CD der *Schick Sisters* produzierte und für die Oper empfahl!

Wir suchten gemeinsam einen single-verdächtigen Song aus, und die Wahl fiel auf Veronikas „Good Or Bad". Dann war die Art der Produktion zu klären und für mich war die Antwort eindeutig: Ich wollte meine Bandkollegen fragen, ob wir nicht einfach so wie bei Opus-Aufnahmen die Playbacks einspielen und die Schwestern entsprechend unterstützen würden. Mucky, Kusche und Erich waren sofort einverstanden und die *Sisters* happy, dass die Jungs mit uns an einem Strang ziehen wollten. Bei den Aufnahmen im *Recorder* stellten wir fest, dass wir musikalisch auf einer Wellenlänge lagen, das Feeling beim Zusammenspiel stimmte und die Stimmung daher sehr positiv und entspannt war. Doch die Zeit flog dahin. Der Song war im Kasten und das soll's gewesen sein? War es nicht, und das ließ uns gemeinsam weitere Pläne für ein komplettes Album schmieden. Und die Songs, die sollten doch wohl auch auf die Bühne, also war klarerweise Live bereits schnell ein Thema.

Bei *Vera*, in der ORF-Sendung von Vera Rußwurm im November 2022, konnten wir „Good Or Bad", unser erstes gemeinsames Werk, präsentieren. Positiv reagierten auch viele Radiostationen, brachten den Song on air, was uns zusätzlich motivierte. Das alles waren schöne Signale, und so fingen wir an, weiteres Material für ein Album „Schick Sisters & Opus Band" zu sichten und Song für Song zu erarbeiten.

Geplanter Album-Titel war „We Are One". Der Großteil der Songs sollte klarerweise von den kreativen *Sisters* kommen: Klavier-Kompositionen von Veronika wie das einfühlsame „One", „When You're Here" oder „We Can Change The World", das auch in einem Duett mit Herwig realisiert werden konnte, oder Katharinas genialer Blues „Again I Fall For You". Letzteres kommt übrigens mit Beteiligung der *Schick Sisters* in der ORF-Musikkomödie *Bis auf Weiteres unsterblich* von Drehbuchautor Uli Brée im Herbst 2025 ins Fernsehen. Ihr Titel „Hold My Hand" war die erste Single des Longplayers, und das hervorragende Violin-Solo von Christine bei Galitsian Dance, einem ukrainischen Volkslied, ist ein Instrumental, das bei den folgenden Live-Performances das Publikum begeistert mitriss. „We Are", geschrieben von den drei *Sisters* und arrangiert von Christian Kolonovits für das Symphonieorchester, war als Titelsong für den internationalen Frauentag geplant, den wir für die Aufführung im März 2024 in der Oper Graz mit etwa dreißig österreichischen SängerInnen zu einer Allstar-Hymne im *Recorder* ausproduzierten.

Aber auch ein paar Titel von mir passten in unser gemeinsames Konzept: „So Simple", schrieb ich bei einem Besuch meines Freundes Paul Mazzolini alias *Gazebo* in Rom, deshalb drehten wir auch das Musikvideo in der ewigen Stadt. „Welcome To Vienna" wurde als Präsentationsmusik für den Flughafen Wien ausgewählt oder „Better Together", das ich beim Opus-Aufenthalt in Mauritius im Jänner 2023 schrieb. Die Zusammenarbeit mit dem Vienna International Airport gestaltete sich sehr fruchtbar, da wir nicht nur die Live-Präsentation von „We Are One" dort abhielten, sondern auch Marketing-Direktor Tillmann Fuchs kennenlernten, der uns die Arbeiten seines Vaters Ernst Fuchs, der bereits erwähnte Maler und Vertreter des Wiener fantastischen Realismus, im Ernst-Fuchs-Museum näherbrachte. Von diesem stammt auch die Bild-Trilogie „Paradiso", die das Cover von „We Are One" bildet und einzigartig macht. Die anschließenden Konzerte, wobei wir nicht nur die neuen Songs, sondern auch einige Opus-Hadern durch die *Schick Sisters* neu interpretiert spielten, brachten sehr gute Reaktionen beim Publikum. Das Medienecho hätte aber durchaus ein bisschen mehr sein können …

Die Zusammenarbeit mit den *Sisters* ging auch 2024 unvermindert weiter, für das Wolf-Mystical von Franzobel (Libretto) und Gerd Hermann Ortler (Musik) am Wolfgangsee wurde das Titelstück „No Saint" von *Schick Sisters & Opus Band* fürs Radio und für Promotionzwecke interpretiert und von mir im *Recorder* produziert. Und für die Frauenhandball-EM in Österreich, der Schweiz und Ungarn nahmen wir eine neue, von den *Sisters* gesungene „Live Is Life – Catch The Spirit 2024"-Version auf. Selbstverständlich eine Live-Aufnahme, in dem Fall aus dem *Orpheum Graz*, die wir auch am Finaltag, dem 15. Dezember 2024, live in der Wiener Stadthalle und ebenso live im ORF spielten.

Schick Sisters & Opus Band, von links: Erich „Rick" Buchebner, Kurt „Kusche" Plisnier, Veronika, Katharina und Christine Schicho, ich und Günter „Mucky" Grasmuck.

Ein weiteres Projekt der *Schick Sisters* wurde von mir auch als Verleger unterstützt: Das außerordentlich gelungene Weihnachtsalbum „A Sisters Christmas" wurde von den *Sisters* und Christoph Gigler, Mitglied der Philharmoniker und Ehemann von Christine, selbst produziert. Und der Co-Producer und Mixer ist niemand Geringerer als der zwölffache Grammy-Preisträger Jay Newland, der Produzent von Norah Jones und Gregory Porter, der übrigens musikalisch voll auf die Schwestern abfährt! Auch mit meiner Gitarre habe ich ein wenig dazu beigetragen.

Schopus, also die Kooperation mit den drei Schwestern, ist eine sehr erfüllende Aufgabe für mich und macht einfach viel Spaß. Wir sind mittlerweile auch privat sehr verbandelt und gefeiert wird immer wieder, denn Anlässe gibt es viele …

„L=L" abseits von Live-Konzerten und Hitparaden

Wie zu lesen war, haben wir mit dem Titel „L=L" einen echten Goldgriff gemacht, denn dieser Slogan ist mit der dazugehörigen Melodie und der musikalischen Aufbereitung von Opus durch die Decke gegangen. Das war aber nicht immer so in den letzten Jahrzehnten! Ja klar, in der Mitte der 80er, wo es die Hitparaden anführte und wir zwei, drei Jahre für Live- und TV-Shows rund um die Welt unterwegs waren – da haben wir es krachen lassen! Und: Das war zweifelsohne auch der Peak der Karriere von Opus. Der Song aber, der lebt sein Leben als Dauerhit weiter. Er ist ein Evergreen. Ein Ohrwurm, der nicht verblasst, sondern immer wieder auftaucht, gern gehört wird und auch für die unterschiedlichsten künstlerischen und kommerziellen Bereiche Verwendung findet. In solchen Fällen geht es um die Genehmigung von Rechten. Urheberrecht und dergleichen. Diese Rechte, die liegen bei uns, und wenn jemand den Song für Werbung, als Soundtrack für einen Film oder was auch immer verwenden will, müssen diese Rechte bei uns eingeholt werden. Dabei geht es auch um Geld. Klar. Von nix kommt nix. Ein echter Evergreen ermöglicht den Urhebern somit auch ein gutes Leben, selbst wenn die Hochblüte des Tonträgerverkaufs lange zurückliegt. So ist es beim Thema Musikstreaming. Seitdem der riesige Musikladen in der Datencloud rund um die Uhr geöffnet hat und jeder Song beliebig oft angehört werden kann, ist ein Hit ein Hit und bleibt das auch kommerziell. Da macht es dann die Masse an Aufrufen.

Als es dann nach einiger Zeit etwas ruhiger um die Karriere von Opus wurde, war es an der Zeit, sich um die Verwertung der erwähnten Rechte zu kümmern, konkret um die sogenannten Sync-Rechte. Darunter zu verstehen sind Vereinbarungen für die Nutzung von Musik in audiovisuellen Projekten, bei Filmen und bei Werbungen. Syncs (also Synchronisierungsrechte) sind mit die am häufigsten genutzten Lizenzen auf dem Musikmarkt.

Dieses Geschäft mit den Sync-Rechten für „L=L" begann erst so richtig mit dem Kontakt zum Berliner Verlag *Budde Music*, der sich bald als kongenialer Partner entwickelte. Unsere gemeinsame Geschichte „begann in Cannes" (Achtung Reim!), bei der *Midem*, der weltgrößten Musikmesse, die seit 1967 jährlich stattfindet, wo auch Opus bereits im Jahre 1986 die Midem-Trophäe aus der Hand von Désirée Nosbusch überreicht bekam.

Als ich sechs Jahre später wieder nach einem Opus-Konzert beim *Vienna's Ball* im Hotel *Martinez* die Midem im *Palais des Festival* an der Croisette besuchte, war mir klar, dass an diesem Platz, wo sich die wichtigsten Vertreter von Verlagen und Plattenfirmen aus aller Welt trafen und bedeutungsvolle Deals passierten, meine Präsenz für den weiteren Verlauf unserer Karriere wichtig sein würde. Ab 1993 war ich dann für gut zwei Jahrzehnte jedes Jahr Ende Jänner bei der *Midem*. Es war ein Pflichttermin für alle relevanten Player in der Branche. Zusammen mit meinem Juristen Dr. Bernd Hörmann nahmen wir Termine hauptsächlich mit Verlegern aus aller Welt wahr, um die Vermarktung von „L=L" zu forcieren. Wir schlossen temporäre Deals zum Beispiel mit *Universal Deutschland*, *Scorpio France* oder *Omsa Argentinien* ab, die meist nach drei Jahren ausliefen oder auch verlängert wurden. Je nach Angebot. Songrechte sind ein Wirtschaftsgut mit Wert. Ein wenig auch mit Aktien vergleichbar. Dabei lernten wir auch Dr. Rolf Budde vom gleichnamigen Berliner Verlag kennen, der nach einigen Jahren und mehrmaligen Treffen fragte, wann wir endlich einen Deal zusammen machen würden. Die Betonung lag auf *wir*!

Budde Music ist ein Familienunternehmen, das Rolfs Vater 1947 gegründet hatte, sein Bruder Andreas war der Produzent von *Alphaville* („Forever Young", „Big In Japan"), die er im hauseigenen kleinen Studio aufnahm. Der Verlag mit etwa vierzig MitarbeiterInnen besticht durch seine zuverlässige Verwaltung, den persönlichen Service, zielgerichtetem Song-Marketing und einem jungen und aktiven A&R-Team. (Wir erinnern uns: *A&R* steht für Artist & Repertoire.) A&Rs sind jene Menschen bei Musikverlegern und Plattenfirmen, die sich um das Finden und den Aufbau von Künstlern, Künstlerinnen und entsprechendem Songmaterial kümmern. Und, ebenso nicht unwichtig, verfügt *Budde Music* seit Jahren über ein hervorragendes, weltweites Netz von kleineren und größeren Sub-Verlagen in den wichtigsten Märkten. Ich war nach den Jahren des Abcheckens bereit für diesen Deal und seit Anfang der 2000er haben wir diese richtig gut funktionierende und einträgliche Kooperation mit unserem Administrationsverlag *Budde Music*. Mittlerweile führt Benny Budde, der Sohn, den Verlag erfolgreich weiter, da Rolf vor einigen Jahren, ebenso wie sein Bruder Andreas, leider viel zu jung verstorben ist.

Die Anfragen für Werbespots, Filme und Coverversionen, die teilweise bei uns über Mails eintreffen, aber Großteils von den vielen Sub-Verlegern an die Zentrale in Berlin gehen, werden weiter zu mir zur Freigabe geschickt. Unser Verlag *Opus Music Publishing* wird von mir verwaltet, da ich als Schreiber, im Branchenjargon *Urheber*, des Welthits „L=L" die größten Anteile an dem Song besitze und der Titel mehr als 95 Prozent der Verlagseinnahmen lukriert. Mittlerweile wurden mit unserem Hit hunderte Deals gemacht. Es war früher schon interessant zu sehen, welche Angebote wir bekamen und abschlossen, aber seit etwa 15 Jahren sind die Deals in immensem Ausmaß bedeutender geworden. Etwa bei Filmen wie dem Hollywood Movie *Take Me Home Tonight*, bei Emmy-Gewinner *Ted Lasso* (Apple TV) oder *Der junge Papst* mit Jude Law, um nur ein paar internationale Vergaben zu nennen.

Ein Riesenerfolg im deutschen Sprachraum waren *Die Spätzünder 1 und 2*, Regie Wolfgang Murnberger (Wiederholungen laufen heute noch), deren Drehbuchbuchautor Uli Brée (*Vorstadtweiber, Biester*, acht *Tatorte* und über zweihundert weitere Filme) wir durch diese Produktion kennenlernten. Wir sind seither befreundet, da Paul, Kurt Gober und ich bereits zwei Österreichtourneen mit seinem Adventsprogramm *Zimt-Stern-Hagel-Voll* musikalisch begleitet haben. Ein überraschender

Anruf kam eines Tages von Produzent Kurt Stocker (*Dor Film*), der erzählte, dass von *Spätzünder 1* für China (!) eine eigene Version freigegeben wurde!

Die Spätzünder 1 mit Jan Josef Liefers, Hans-Michael Rehberg, Bibiane Zeller, Blacky Fuchsberger und Ursula Strauss.

Bei den Commercials, also Werbungen, gab es in letzter Zeit einen irren Adidas-Spot mit Messi bei der Fußball-WM in Katar oder einen von *Bavaria Bier* mit einem lustigen Spot über die fiktive Entstehungsgeschichte von „L=L". Auch *Booking.com*, *Pepsi Mexico* oder *Samsung* und so viele mehr haben bereits mit „L=L" ihre Produkte beworben. Nach wie vor kommen viele Anfragen, auch für kleinere Independent-Film-Projekte oder Benefiz-Wünsche, die ich, wenn die Parameter passen, sehr gern freigebe. Darunter ist zum Beispiel ein österreichweites Projekt mit Flashmob und Tanzvideo von Schulkindern zum Stopp von Kinderarbeit 2025. Einige große Kampagnen wurden aber mit Einverständnis meiner Kollegen auch schon abgelehnt: Die französische Atomkraftwerks-Lobby wollte mit „L=L" in Großbritannien werben. Wir haben abgelehnt! Eine amerikanische Lebensversicherung fragte für eine Soldatenversicherung in den Kriegsgebieten an. Ebenfalls abgelehnt! Der weltweit größte Nahrungsmittelhersteller aus der Schweiz wollte mit „L=L" Wasser in Spanien verkaufen. Keine Frage: abgelehnt!

Allein seit 2016 haben wir über hundert „L=L"-Deals für Filme und Commercials geschlossen.

Darunter waren unter anderem folgende Freigaben für Werbespots mit „L=L" (Auszug): *Billa (Österreich, 2025), La Foret (Frankreich, 2006 bis 2025), Magenta (Österreich, 2024), Argos (UK, 2020 bis 2022), Copa America (Lateinamerika, 2022), Pepsi (Mexiko, 2021), Claro (Argentinien, 2021), Samsung (Südkorea, 2021), Jazztel (Spanien, 2020 bis 2022), Insurance Belair (Kanada, 2021), HSBC Bank (Mexiko, Argentinien, Brasilien, 2019), Windex (USA, Australien, Ägypten, 2019 bis 2021), Nokia (Skandinavien, 2018), Basler (Schweiz, 2017), Dreamworks (USA, 2017), Isuzu (Südafrika, 2017), Bavaria (Holland, 2017), Hyundai (Israel, 2017), Disney (USA, 2016), Caribbean Guardian Group (Karibik, 2016), …*

Freigaben für Filme mit „L=L" (Auszug): *Diva Futura (Italien, 2024), Sarò con te (Italien, 2024), Leeuwin (Belgien, 2022), Live Is Life (Spanien, 2021), Ted Lasso (Apple TV, 2020), Maradona Doku (Amazon Prime Mexiko, 2020), Bezness (Deutschland, 2019) Being Born (Deutschland, Österreich, Schweiz), Judy & Punch (Australien, 2018), White Gold (Netflix Serie, 2018), The Young Pope (Netflix, 2016), Die Spätzünder 2 (Deutschland, Österreich, Schweiz, 2013), Take Me Home Tonight (USA, 2011), Live Is Life – Die Spätzünder (Deutschland, Österreich, Schweiz, 2010), Der Knochenmann (Deutschland, Österreich, Schweiz, 2008), …*

Diese Aufzählung zeigt schön, welche positive Energie in einem Song stecken kann, sodass sowohl Filmschaffende als auch Werbetreibende die guten Gefühle, die sich bei einem derartigen Titel bei den Hörern und Hörerinnen einstellen, zum Endzweck, also zum Erfolg des Filmes oder des Werbespots, heranziehen. Die Kraft des Songs dynamisiert das Produkt, und das befeuert die Wertschöpfungskette aller Beteiligten.

Coverversionen und Bearbeitungen

„*Eine Coverversion, auch Cover genannt, ist in der Musik die Interpretation eines Musikstücks durch einen anderen als den erstaufführenden Musiker*", erklärt uns Wikipedia, und das sogenannte Covern von Hits ist in der Popmusik gang und gäbe. Es gilt seit jeher das Motto: Ein Hit ist ein Hit und bleibt zumeist einer, egal, in welchem Gewand er daherkommt. Wobei meist das Original unübertrefflbar bleibt, aber nicht immer …

Jedenfalls waren wir sehr überrascht, dass 1985 in Frankreich ein italienisches Projekt namens *Stargo* mit ihrer Version von „L=L" auf Platz zwei in den Charts direkt nach uns gereiht war. Nur der Unterschied war, dass unser „L=L" in Frankreich fast eine Million Vinyl-Singles verkauft hatte und die Tantiemen dieses Covers bekamen ja auch wir, die gesamte Band. Es heißt ja nicht umsonst Musikbusiness, und da zählen Charts, Daten und Fakten für die Erfolgsbilanz, wiewohl das Musikmachen Leidenschaft, Berufung und Beruf ist. Und das Schönste ist, vom selbst Gestalteten leben zu können. Alle, also die gesamte Band samt Familien.

Wie schon früher erwähnt teilten wir von Anfang an die Kompositionstantiemen aller Opus-Songs durch uns fünf (später nach Ausscheiden von Niki Gruber durch vier) und der Text-Anteil blieb beim Autor. Dieser Aufteilungsschlüssel war für unsere lange Karriere und den Zusammenhalt in der Band sehr wichtig, da anfangs jeder von uns komponierte und sich alle fünf beim Erarbeiten der Songs kreativ beteiligten! Aber ich hatte halt das Glück, dass mir die Hits einfielen, trotzdem habe ich nie bereut, mit den anderen zu teilen, oder wäre auf die Idee gekommen, diese Abmachung zu hinterfragen. Bei den Lizenzeinnahmen durch die Verkäufe der Plattenfirmen, mittlerweile des Streamings (früher der Downloads), sind alle Opusse gleich beteiligt.

Daher die Erklärung, dass auch alle Coverversionen von „L=L" Tantiemen für die Original-Autoren bringen, denn wer auch immer auf die Lyrics und/oder Komposition von einem Song zugreift oder diese verarbeitet, muss die Tantiemen an die Urheber abliefern.

Eine sehr spezielle Coverversion kam 1987 von der slowenischen Band *Laibach*, die eigentlich die positive Stimmung des Liedes in eine bedrohliche und dystopische umkehrte. Das war nicht unser Geschmack und trotz der Tatsache, dass sie uns nicht wegen einer Freigabe kontaktiert hatten, wollten wir die Version auch nicht verhindern. Man muss wissen, dass sobald bei einem Cover entscheidende Abänderungen gemacht werden, unbedingt eine Freigabe bei den Urhebern eingeholt werden muss. Es handelt sich nämlich um geschütztes geistiges Eigentum. Die Veröffentlichung von *Laibach* geschah auf dem britischen Independent-Label *Mute Records*, dessen Chef Daniel Miller ich Jahre später auf der Midem vorgestellt bekam. Ich sprach ihn auch darauf an, doch er wich bei dem Thema sofort aus.

Ein weiteres erfolgreiches Cover unseres Hits veröffentlichten *DJ Ötzi* und die *Hermes House Band* im Jahr 2002. Verkaufsmäßig kam diese Version dem Original am nächsten. Darunter weltweite Charts-Platzierungen, sogar in Australien, was wir mit Opus ursprünglich nicht schafften, eine Goldene in Belgien und ebenfalls eine in Frankreich. Der damalige Manager von *DJ Ötzi*, Herbert Fechter, verriet mir schon vorher den wichtigsten Deal für diesen Erfolg. Die französische Rugby-Nationalmannschaft entschied sich bei der Rugby-WM 2003 in Australien für diese Version als Hymne, was in Frankreich wieder wochenlange Top-Ten-Platzierungen in den Charts zur Folge hatte und für über 500.000 verkaufte Singles sorgte.

2016 erschien eine interessante Abwandlung von „L=L" von der Sängerin Sofia Carson, eines bei vielen Kids weltweit bekannten Disney-Starlets. Der englische Erfolgsproducer Steve Mac hatte unseren Song hergenommen und einen neuen Teil dazukomponiert, mit „Love Is The Name" einen neuen Titel erfunden, Ina Wroldsen, eine schwedische Musikerin und Texterin hat zusätzlich kreativ mitgearbeitet, den Text geschrieben und dann über *Budde* angefragt: Natürlich waren wir gern bereit, diese Interpolation, wie eine solche Art von Zusammenarbeit genannt wird, mit einer entsprechenden Beteiligung freizugeben. Diese Variante von „L=L" inklusive der Remixes von *J Balvin* war in den USA und Lateinamerika megaerfolgreich und in diversen Billboard Charts vertreten, auf YouTube hat ihr Video bereits 216 Millionen Aufrufe! Das Billboard-Magazin, von dem hier die Rede ist, ist die US-Musikbranchenzeitschrift. Gegründet 1894 bringt das Heft die heißen Branchen-News und ist – vor allem – das Blatt, in dem die Charts abgedruckt sind. Also entsprechend wichtig für alle, die in den USA im Musikbusiness tätig sind.

Eine aktuelle französische Version von Willy William, der in seiner Heimat ein großer Star ist, wird seit der Veröffentlichung im Herbst 2023 mit an die 400 Radio-Einsätzen pro Tag weltweit gespielt. Nettes Detail am Rande: Das dazugehörende Video hat er auf Mauritius gedreht, dort, wo uns unsere gemeinsame Opus-Abschlussreise hinführte.

Seit der ersten Veröffentlichung Ende November 1984 bei uns in Österreich sind Hunderte neue Abwandlungen unserer Hymne erschienen, deren komplette Aufzählung schlicht unmöglich ist. Viele Versionen in anderen Sprachen, auf Deutsch, Französisch, Italienisch, Spanisch, Griechisch, Ukrainisch oder Russisch. Viele in anderen Genres und mit Bearbeitungen für Klavier, Blasmusik, Bigband, Orchester, für Chöre, für Kinder und Schulen, selbst im Schulbuch-Bereich. Selten und somit in der Tat speziell ist auch eine Bearbeitung für Drehleier (!), die uns vor einigen Jahren zur Freigabe geschickt wurde.

Im Sportbereich gibt es Bearbeitungen, die uns große Hochachtung abringen: Der *FC Liverpool* hat zum Beispiel einen speziellen Text zu „L=L" vorgelegt, um den neuen, erfolgreichen Trainer Arne Slot zu würdigen: „Arne Slot – Nana Nanana", was bei den Liverpool-Spielen in den englischen Stadien bereits von tausenden Fans gesungen wird. Denn auch sein Vorgänger Jürgen Klopp erhielt von den Fans eine eigene „L=L"-Variante. Man könnte vermuten, dass die Liverpool-Fans „L=L" ursprünglich für einen deutschen Hitsong hielten!

Sehr viele Covers werden für Partypeople im Après-Ski- und Ballermann-Bereich produziert. Überhaupt sind ein Großteil der Adaptionen DJ-Covers oder DJ-Remixes, die oft viel schneller abgespielt werden und der Disco- und Dance-Szene entsprechend Bassdrum- und Bass-lastig gemischt sind. Motto: Hauptsache, die Hütte bebt und die Tanzfläche bleibt voll. Und die Story geht weiter, denn wirklich jeden Monat, jedes Jahr, kommen Neue hinzu ... Wie gesagt: Ein Hit bleibt ein Hit, egal, in welchem Gewand er daherkommt.

Hier eine kurze Auswahl von „L=L"-Coverversionen: *Geolier „Sarò con te" (italienisch) 2024, Willy William „Live Is Life – (C'est la vie)" (französisch) 2023, Orry Jackson 2022, André Rieu 2022, Gigi D'Agostino 2020, Harris & Ford (feat. Ena) (deutsch) 2018, Pavlos Linardos (griechisch) 2012, Giovanni Zarrella „Bella Ciao" (italienisch) 2021, Kirin J Callinan (Australien) 2019, Sofia Carson „Love Is The Name" (USA) 2016, J.B.O. „Death Is Death" 2014, Waterloo & Robinson „Na Naa. Nanana Live Is Life" 2002, DJ Ötzi & Hermes House Band 2002, Münchner Zwietracht 1999, Laibach 1987, James Last 1985, Stargo 1985, PSB „Heute Live" (deutsch) 1985, ...*

Allein auf *Discogs.com* findet man Hunderte „L=L"-Covers ...

Willy William veröffentlichte 2023 eine sehr erfolgreiche französische Version von „L=L".

Der Erfolg von
Live Is Life heute

Ich habe nun viel über die Geschichte von „L=L" geschrieben. Wie der Song entstand, sich entwickelte, wie er bis heute quer über den Globus wandert und welche Bedeutung er für Opus und für mich dabei bekommen hat. Der Untertitel des Buches heißt nicht umsonst „Mein Leben mit einem Welthit".

Heute, mit siebzig Jahren Lebenserfahrung, drehe ich mich um und staune nur noch. Es ist wirklich unglaublich, dass selbst nach vierzig Jahren die Popularität von „Live Is Life" noch immer ungebrochen ist.

Die am häufigsten gestreamte Version des Songs hat derzeit über 266 Millionen Zugriffe auf Spotify, auf YouTube werden die beliebtesten „Live Is Life"-Videos in Summe täglich bis zu 3 Millionen Mal gespielt. Knapp 700.000 Videos sind auf der Plattform TikTok mit den drei beliebtesten Versionen hinterlegt, und auch im Radio werden weltweit durchschnittlich 700 Radioeinsätze pro Tag verzeichnet.

Während der großen Sportevents im vorigen Sommer war „L=L" erneut ein beliebter musikalischer Faktor, Treibstoff für gute Laune und Spaß an der Sache, wie bei den Übertragungen und den Reaktionen des Publikums vor Ort zu erkennen war. Wie beim EM-Eröffnungsspiel der Deutschen Nationalelf gegen Schottland, oder bei den Spielen von Argentinien während der Copa América sowie im Volleyball bei den Olympischen Sommerspielen in Paris. Im März bei der Eishockey-WM war „L=L" bereits Goalsong der Kanadischen Mannschaft. Gerade im Eishockey ist unsere Hymne sehr beliebt: Als Goal-Song von *Tappara*, dem vielfachen finnischen Eishockey-Meister seit den 80ern und bis heute, in Amerika bei den *Dallas Stars* 2020, den *New York Islanders* 2010 oder in Kanada bei den *Toronto Maple Leafs*. Aber auch beim Fußball: *Fenerbahçe Istanbul* verwendet ihn als Torjubel bereits seit den 1980ern!

Es vergeht kaum eine Woche, in der ich nicht ein Video oder irgendeine Mitteilung über ein aktuelles Ereignis mit „L=L" bekomme. Freunde, Bekannte, aber auch Fremde beschicken mich mit Mails oder Facebook-Links, wo mir „L=L" entgegenschallt. Oft gefilmt in einem Fußballstadion, bei einem Konzert oder auf Partys, bei denen es hoch hergeht, oder anderen privaten Erlebnissen:

Brigitte Xander, die leider auch schon verstorbene Ö3-Moderatorin erzählte mir dereinst ihre persönliche „L=L"-Geschichte: Sie war auf Urlaub in Sri Lanka und saß am Meer, als ein kleines Ruderboot mit einheimischen Burschen daherkam. Zum Rudern sangen die Jungs unser „L=L", worauf die davon überraschte Brigitte sie fragte, ob sie denn wüssten, woher das Lied komme. Wie aus der Pistole geschossen antworteten sie: Aus New York City, aus der Bronx! Na bitte: Ollersdorf, die Süd-Bronx des Burgenlandes. Wenn das nix bedeutet, dann weiß ich es auch nicht!

Andere berichteten mir von einer Besteigung des Kilimandscharo, wo sie im Basislager eine Band hörten, die „L=L" spielte. Und immer wieder erreichen uns „L=L"-Begegnungen aus allen möglichen Ecken unserer Erde …

Allerdings gibt es selbst mit einem so positiven Song auch negative Erlebnisse: Der nicaraguanische Despot, ursprünglich ein sandinistischer Revoluzzer, jetzt Diktator, nämlich Präsident Daniel Ortega, setzte bei den Präsidentenwahlen 2021 ein sehr aufwendig produziertes Musikvideo unter Verwendung von „L=L" mit einem spanischen, auf seine Wahlpropaganda zugeschnittenen Text ein. Aufgenommen wurde es mit einer Sängerin und ihrer Band auf einem Riesenplatz in Nicaragua-City mit zehntausenden Leuten und zeigte auch immer wieder den 79-jährigen Herrscher mit seiner Frau.

Das Video lief im nationalen TV und auf vielen Internetportalen und obwohl wir einen Anwalt mit einer Klagedrohung und Unterlassungserklärung beauftragten, fruchtete das nicht. Im Gegenteil: Die Botschafterin von Nicaragua in Wien nahm zweimal Kontakt mit mir auf, um die Sache zu besprechen. Aber da gab es nichts zu verhandeln –

sie hatten unerlaubt unseren Hit für ihre Wahlwerbung verwendet und wir mussten das stoppen! Was allerdings nur zum Teil gelang, bei der Suche online wird man immer noch fündig. Das ärgert uns sehr, denn in diesem Dunstkreis hat unser Lied nichts verloren.

Aber solche Erlebnisse sind nicht neu für uns. Politik spielt dabei immer wieder eine unrühmliche Rolle. Auch Jörg Haider verwendete „L=L" bereits in den 80ern, ohne uns zu fragen, für eine Radiowerbung! Wir nahmen uns einen Anwalt, der schrieb monatelang Briefe, drohte mit einer Klage. Die Briefe gingen hin und her und irgendwann bekamen wir 500 Schilling … Nur zur Feststellung: Es ging uns dabei nie ums Geld. Unser Lied sollte einfach nicht in Zusammenhang mit Politik, Parteien und populistischen Botschaften gebracht und missbraucht werden. Das eine hat mit dem anderen schlichtweg nichts zu tun.

Nicht anders als Jörg Haider verhielt sich sein Nachfolger Hans Christian Strache vor einigen Jahren, der einfach frech bei der Präsentation seiner neuen Partei – auch wieder, ohne zu fragen – „L=L" einsetzte und nach Einschaltung unseres Rechtsanwalts bereits 2.000 Euro bezahlen musste.

Um es auch hier noch einmal deutlich zu wiederholen: Wir würden niemals Parteiwerbung mit „L=L" erlauben, und so mit Sicherheit auch nicht der FPÖ. Selbst während der Corona-Pandemie wurde bei sehr vielen Demos ohne unser Einverständnis „L=L" gespielt, mitunter war auch Herbert Kickl, Corona-Leugner und Pferde-Entwurmungsmittel-Empfehler dabei einer der Redner. Damals erhielten wir viele Anrufe, ob wir das denn nicht verhindern könnten. Das wäre aber sicher kontraproduktiv gewesen. Die Stimmung war zu der Zeit derart aufgeheizt, dass ein Zurück an die Grundlinie, ein Sich-Austauschen von Standpunkt zu Standpunkt, unmöglich gewesen wäre. So blieb mir nur, über Facebook die Erklärung auszurichten, dass das Singen von „L=L" nicht unbedingt vor Corona-Erkrankungen schützt …

Bei allem Für und Wider, die positiven Erlebnisse im Zusammenhang mit „L=L" überwiegen bei Weitem. Mit den Negativen muss man leben, selbst wenn es manchmal schwerfällt.

In Graz kann es schon vorkommen, dass ich beim Weg zum Einkaufen von einem Auto überholt werde, das langsamer wird und dessen Insassen das Fenster runterfahren und „Nana Nanana" singen. Oder letztens, es war auch in Graz, blieb neben mir und Andrea auf der Straße ein Auto stehen und der Fahrer sagte, er müsse mir schnell seine „L=L"-Geschichte erzählen: Er war in den 80ern in NYC, nahm ein Taxi und unterhielt sich mit dem Fahrer, der aus den Philippinen stammte. Auf dessen Frage, wo er herkomme, antwortete er, aus Österreich. Daraufhin griff er sofort in sein Kassettenarchiv im Beifahrerfach, holte eine Kassette heraus, legte sie ein, spielte „L=L" und sagte: *„That's the biggest hit from Austria!"*

Wie weit die Erfolge von „L=L" auch geografisch reichen, zeigt die folgende Geschichte bezüglich Mauritius, die eigentlich bei den Commercials erwähnt gehört hätte. Anfang der 20er-Jahre kam eine Anfrage der *Attitude*-Hotelkette von dieser Insel, ob sie ein „L=L"-Werbevideo machen dürften und was das koste. Ich dachte, das wäre doch die ideale Opus-Abschlussreise, und so handelte ich einen speziellen Preis für unseren zweiwöchigen Aufenthalt von insgesamt 27 Personen über Silvester 2022 aus. Wir hatten eine tolle Zeit da, drehten auch zwei großartige Videos und sagten uns: Irgendwann kommen wir wieder, zurück auf diese gastfreundliche Insel …

Noch eine Geschichte ist erwähnenswert, als vor einigen Wochen ein Video eines amerikanischen Fans namens Mike aus New Orleans kam, denn dort im *Cafe Beignet* spielte das automatische Piano eine wohlbekannte Melodie – natürlich die von „L=L"!

So ein Leben mit einem Welthit, das ist wie ein nicht enden wollendes Erlebnis-Mosaik. Da kommt immer wieder ein neuer Stein dazu, der irgendeinen der Erzählstränge wieder in eine andere Richtung führt. Am Ende treffen sich die einzelnen Stränge wieder, laufen zusammen, und was bleibt, ist dieses „Nana Nanana" und was es wann, wo und bei wem ausgelöst hat …

Für mich persönlich steht dabei die Erkenntnis, dass nichts unmöglich erscheint. Ich dachte, irgendwann werde ich mich über nichts mehr wundern. Dem ist nicht so und das ist auf seine Art irgendwie schön. „L=L" ist wie ein ewiger Adventkalender. Mit jedem Tag ein neues Fenster mit einer neuen Überraschung.

Outro

Ich bin sehr froh und stolz darüber, was wir als heimische Band mit unserer Musik geschafft haben. Bei uns in Österreich und auch über die Grenzen hinweg. Wir haben mit unseren Songs und den unzähligen Konzerten vielen Menschen glückliche Momente beschert und einen Hit landen können, der bis heute den Leuten ein „Nana Nanana" entlockt und ein Lächeln auf die Lippen zaubert. Ich weiß, es gehörte neben Begabung und Durchhaltevermögen auch einiges an Glück dazu, um unseren damaligen Plan, mit englischen Songs international zu reüssieren, tatsächlich zu verwirklichen. Wir haben daran geglaubt, uns nicht von wohlgemeinten Ratschlägen abbringen lassen und durchgehalten. Wie gesagt, Begabung, plus der Wille, die eigenen Vorstellungen umzusetzen, harte Arbeit nicht zu scheuen und die Glückssterne in der richtigen Konstellation zu haben. Dazu sollte man die passenden Menschen finden, die gemeinsam etwas durchziehen wollen. In meinem Fall die Opus-Kollegen, die Freunde fürs Leben geworden sind, mit denen selbst nach so vielen Jahrzehnten alle Geburtstage und sonstige Festivitäten gefeiert und gemeinsame Urlaube verbracht werden!

Aber auch die äußeren Umstände, die Zeit, muss passen. Die 80er waren bei uns dafür genau das ideale Jahrzehnt. All das ergab eine perfekte Kombination. Bei so vielen, ja Tausenden sehr begabten Musikern in Österreich weiß ich es in aller Demut und Dankbarkeit zu schätzen, dass es gerade mir gegönnt war, so eine Karriere zu machen. Jedenfalls möchte ich mich hier erneut bei allen jenen herzlich dafür bedanken, die unseren Karriereweg begleitet, unterstützt und an uns geglaubt haben!

Die goldene Zeit der Vinyls und Musikkassetten, in der ich groß geworden bin und in der wir millionenfach Singles und Alben verkaufen konnten, war sehr wichtig und entscheidend für unseren Erfolg.

Allein in Lateinamerika waren damals hunderttausende von Audio-Kassetten neben den Vinyl-Singles für die vorderen Plätze in den Charts ausschlaggebend. Andererseits waren wir in der Türkei die Nummer 1 in den Hitparaden, obwohl unsere Plattenfirma *Polydor* dort kein einziges (!) Exemplar verkauft hatte. Es waren alles Raubkopien, also gefälschte Kassetten und Platten, die da über die Ladentische gingen. In Russland lief das nicht anders ...

So waren die 80er! So lief es in verschiedenen Ecken der Welt in der Blütezeit der Pop- und Rockmusik. Ein Hit macht eben nicht vor Landesgrenzen halt. Der zieht seine Runden kreuz und quer über den Globus und kümmert sich nicht um irgendwelche Rechte und Urhebergeschichten. Music Business. Ob legal oder illegal. Hauptsache den Menschen taugt, was sie hören!

Zumindest in den westlichen Staaten, dort, wo Urheberrechtsgesellschaften ein Auge darauf haben, bekamen wir auch das Geld für die Verkäufe und natürlich die wichtigen Tantiemen, die in Lateinamerika oder in Russland bis heute nicht richtig fließen ...

Auf Vinyl und Kassetten folgte die erste digitale Phase: Die CD begann ihren Siegeszug mit all dem, was das mit sich brachte. Riesige Umsätze und dabei auch die vielen Milliarden, welche sich die Platten-Multis vom Brutto abzogen, bei der aber auch wir unsere (weit geringeren) Einnahmen hatten.

Und nun erleben wir in der Streamingphase ein ähnliches Spiel, und das zum Leidwesen der jungen, begabten KünstlerInnen-Generation: Die drei verbliebenen Multis im Musikbusiness feiern gerade eine neue Hochblüte im Geschäft, aber vor allem für neue Acts ist da beim Streaming gar nichts zu holen. Bei etablierten großen Hits wie unserem „L=L" schaut es schon besser aus, da bei den millionenfachen Zugriffen auch finanziell ordentlich was rauskommt. Deshalb können auch die fünf Familien der Opusse weiterhin gut davon leben.

Ist „L=L" ein One-Hit-Wonder? Selbst wenn manche das so sehen, verweise ich gern auf eine Reihe von weiteren Hits, die wir vor allem in Deutschland, der Schweiz und natürlich in Österreich vorweisen können. Hits wie „Eleven", „Flyin' High", „Whiteland" oder „Gimme Love" haben allesamt die Charts gestürmt und die Fans begeistert. Auch wenn diese im ferneren Ausland nicht so bekannt wurden, hatten wir doch bei vielen Auftritten dort die Gelegenheit, zu zeigen, dass wir zahlreiche tolle Titel auf der Bühne bei Live-Konzerten bieten können. Abgesehen davon habe ich über 200 Songs komponiert oder daran mitgeschrieben, wovon einige auch von anderen namhaften Acts gesungen wurden: etwa von Gerd Steinbäcker, Carl Peyer, Gazebo, *KGB*, Falco, Anna F., Wolfgang Ambros, den *Schick Sisters*, Monika Ballwein und einigen mehr.

Anbei in meiner Discographie erfahrt ihr mehr darüber, und die zeigt ganz deutlich, dass mir mein Tun unglaublich viel Spaß macht. Es ist mein Leben, und siebzig Jahre davon liegen jetzt hinter mir.

Daher treffe ich auch immer wieder auf Leute, die mich fragen, ob ich denn nicht schon in Pension bin. Mit siebzig ist dieser Gedanke nicht so abwegig.

Meine Antwort lautet dann folgendermaßen: Nicht ich, sondern Opus ist mit Ende 2021 nach den Auftritten in der Oper Graz in Pension gegangen. Der Hauptgrund dafür war Herwigs schwere Herz-Operation. Die *Schick Sisters* haben dann dafür gesorgt, dass die Band nun mit ihnen weiterspielt, weil wir alle diese Zusammenarbeit einfach großartig finden. Ich selbst werde nie in Pension gehen, denn ich habe durch die Musik so ein ausgefülltes Leben, das mir so viele schöne Erlebnisse beschert hat und immer noch beschert. Das *Recorder Studio* ist ein, mein ganz toller Arbeitsplatz, den ich nicht missen will und wo ich, solange ich kann (gesundheitlich hoffentlich noch gaaanz lange), mit neuen Kompositionen und Produktionen und vor allem mit vielen interessanten „L=L"-Anfragen und -Vergaben zu tun haben werde.

Hier schließt sich auch der Kreis dieses Buches. Live Is Life – jetzt einmal wieder ausgeschrieben – gilt für mich wortwörtlich. Mein Leben mit einem Welthit, der mich, wie im Titel auch schön mitschwingt, mein ganzes Leben lang immer weiter beschäftigt. In diesem, meinem Leben ist schlichtweg kein Platz für Pension. Gesund bleiben und die eine oder andere Segelreise unternehmen, so könnte es noch lange weiter gehen …

Meine Diskographie

Als Musiker, Künstler, Songwriter und Producer ist die Diskografie so etwas wie der Stammbaum der eigenen Karriere. Wie man sehen kann, ist da schon einiges zusammengekommen und manchmal bin ich selbst baff, wie die Zeit vergangen ist und was da alles entstand. Wo ich überall mitgewirkt habe. Es ist auch ein Spiegel der Geschichte der Popularmusik. Wenn man so will, auch eine Zeitreise, die mittlerweile durch mehr als vier Jahrzehnte führt.

Opus

1980 DAYDREAMS (produziert von Peter Janda) „My Style"
1981 ELEVEN (produziert von Peter Müller) „Eleven", „Flyin' High"
1982 OPUSITION (produziert von Peter Müller) „Best Thing", „The Opusition"
1983 „Angie" (Single)
1984 UP AND DOWN (produziert von Peter Müller) „Positive", „Vivian"
1984 LIVE IS LIFE (Live aus dem Oberwarter Stadion, produziert von Opus und Peter Müller) „Live Is Life", „Flyin' High"
1985 BEST OF OPUS (Compilation)
1985 SOLO (produziert von Peter Müller und Opus) „Idolater", „Rock On The Rocks"
1987 OPUS (produziert von Eddy Offord, Peter Müller und Opus) „Givin' A Gift" – Duett mit Judy Cheeks, „Whiteland", „Faster And Faster", „Will You Ever Know Me"
1990 MAGICAL TOUCH (produziert von Erwin Musper) „When The Night Comes", „A Night In Vienna"
1992 WALKIN' ON AIR (produziert von Ewald Pfleger) „Gimme Love", „Walkin' On Air", „Crazy World"
1993 JUBILEE (Live aus dem Orpheum Graz, produziert von Ewald Pfleger) „Starshine", „In The End", „Flyin' High" feat. Falco, „Whiteland" feat. Christian Kolonovits, „Eleven" feat. Günter Timischl & Schiffkowitz (S.T.S.), „Somewhere Somehow" feat. Robby Musenbichler
1994 „The Power Of Live Is Life" Opus feat. The Bingo Boys (produziert von den Bingo Boys)
1996 LOVE GOD AND RADIO (produziert von Ewald Pfleger) „Just For Fun", „When I Met You"
1997 „Hands In The Air" (Single Neuaufnahme)
1998 „Viva Austria" (Sporthilfe Charity) (produziert von Ewald Pfleger)
2004 THE BEAT GOES ON (produziert von Tato Gomez und Opus)
2008 „Live Is Life" 2008 Reggaeversion (produziert von Fritz „Jerry" Jerey) „Live Is Life" 2008 Rockversion (produziert von Ewald Pfleger und Bernhard Thurner)
2008 BACK TO FUTURE („Best of" produziert von Ewald Pfleger und Bernhard Thurner) inkl. „Before Life Is Gone", „Touch The Sky"
2009 TONIGHT AT THE OPERA (CD/DVD live aus der Oper Graz; produziert von Ewald Pfleger, DVD von Rudi Dolezal) „You Can Count On Me", „Can You Hear It" feat. Paul Pfleger
2011 „Live Is Life" (digitally remixed & remastered)
2013 OPUS & FRIENDS – GRAZ LIEBENAU 1985 (CD/DVD Live Album; produziert von Ewald Pfleger &

Opus, DVD von Rudi Dolezal) - „Flyin' High", „Rock Me Amadeus" feat. Falco - „Gezeichnet fürs Leben", „Hand in Hand" feat. Wolfgang Ambros - „Fürstenfeld", „Kalt & Kälter" feat. S.T.S. - „Südwind", „Telefonterror / Blue Suede Shoes" feat. Wilfried - „Motorboat" feat. KGB - „Eleven", „Viecher" feat. Maria Bill - „Geh Opa mach kan Zirkus" (Opus Pocus), „Go Karli Go" feat. EAV - „L=L" Allstar Version - „Austria für Afrika" Allstar Version & Ulli Bäer, Peter Cornelius & Hansi Dujmic

2014 „Live Is Life"-Lipdub Kapfenberg, World-record-Version (produziert von Ewald Pfleger)
2020 OPUS MAGNUM (produziert von Ewald Pfleger & Opus), „Halfway Done", „Made My Day", „We Made It"
2022 THE LAST NOTE (Live aus der Oper Graz), CD / Blu-ray (produziert von Ewald Pfleger & Opus, Video von Helmut Gürtl / ORF Steiermark), „Desperado", „Hands In The Air"

- „Video Life","Desperado" feat. Bilgeri
- „I Mecht Landen" feat. Maria Bill
- „Another Day", „When The Night Comes" feat. Corry
- „Whiteland", „Keep Your Mind" feat. Inez
- „Großvater" feat. Gert Steinbäcker
- „Fürstenfeld" feat. S.T.S.
- „Feuer" feat. Willy Resetarits
- „Walk Of Fame" feat. Michi Vatter
- „Flyin' High" feat. Schick Sisters und Robby Musenbichler
- „Route 66" feat. Johnny Silberschneider, Robby Musenbichler
- „The Beat Goes On", „Live Is Life", „Follow Me" feat. Studio Percussion
- „In The End" feat. Paul Pfleger
- „Bye Bye" Allstar Version

Ewald Pfleger

1982 KGB „Take it auf die leichte Schulter" / „Rien Nöö Waa Plüü"
1984 Falco „Junge Roemer" (Vocals)
1984 KGB – STRENG VERTRAULICH (produziert von Ewald Pfleger) „Motorboot", „Es war nix"
1985 KGB – AN DER WAND (produziert von Ewald Pfleger) „Kaugummi", „Pepi", „Wenn i bei dir bin"
1985 Austria für Afrika „Warum" (Vocals & Gitarre)
1988 Various Artists „Hand in Hand" (Gitarre)
1988 Michael Red – PAINT IT RED (produziert von Ewald Pfleger) „Paint It Red", „Who Knows"
1989 Carl Peyer „I hol dir die Stern" (komponiert von Ewald Pfleger)
1990 Carl Peyer „Von Amsterdam nach Athen" (Gitarre)
1990 Schubert „Universe Of Fantasy" (Gitarre)
1992 Gaugeler & Band „Wo san die Kinder" (Gitarre)
1992 Jay Gottfried „Ryhthm Of Our Times" (komponiert von Ewald Pfleger)
1996 EAV „Tu Felix Austria" (Vocals)
1998 Vollgas „Power Of Black & White" (Vocals & Gitarre)
2002 Xtraordinary „Free Falling" (Gitarre)
2005 Facelift „My Playground Pet Hate", „It's A New Life, A New Beginning" (komponiert von Ewald Pfleger)
2008 Sunny Pfleger SKYLAND (produziert von Ewald Pfleger & Bernhard Thurner)

- „A Oida Freund" feat. Wolfgang Ambros
- „Nur du allein" feat. Gert Steinbäcker
- „Obviously" feat. Gazebo & Christian Eigner (Depeche Mode)
- „More Than Eternal" feat. Monika Ballwein

- „Shaka Shaka" feat. Hans Theessink & Aaron Thier (Schlagzeug)
- „Red River", „Skyland" feat. Christian Eigner & Erich Buchebner
- „Touch The Sky" feat. Opus
- „Exploded" feat. Robby Musenbichler
- „Can Your Hear It" feat. Paul Pfleger
- „Snow In The Desert" feat. Andie Gabauer
- „Enjoy This ..." feat. Peter & Michelle Wolf

2008 Gazebo „The Syndrone" (Gitarre)
2009 Facelift „Don't Worry About ..." (produziert von Ewald Pfleger)
2009 Anna F. „I Don't Like You" (Musik und Text teilweise)
2010 Miss Bliss „Over The Moon" (produziert von Ewald Pfleger)
2011 Miss Bliss „Would You", „What We Are", „Together Alone" (produziert von Ewald Pfleger)
2015 Stan Dart „The Dark Spot" (Gitarre)
2015 Peter Janda – „Sara" Niki List Filmsong für „Der Schatten des Schreibers" (produziert von Peter Janda & Ewald Pfleger)
2016 Sunny Pfleger – TIME FLIES... (produziert von Ewald Pfleger & Ernst Gottschmann)

- „Time Flies..." feat. Paul Pfleger
- „All Night Long" feat. Eva Moreno & Aaron Thier (Schlagzeug)
- „Allez Allez!" feat. Monika Ballwein
- „Ganz nah" feat. Gert Steinbäcker & Aaron Thier (Schlagzeug)
- „Dark Spot" feat. Stan Dart
- „You Are My Life" feat. Corry
- „End Of The Day" feat. Inez
- „First Time" +7 weitere Titel feat. Christian Eigner (Depeche Mode)
- „Lost + Found" feat. Opus & Kurt Pfleger
- „My Ordinary Life" feat. Kurt Gober

2016 Corry Gass „Take Your Chance", „You'll Be There" (Gitarre)
2017 Brofaction „Love Is Magic" (komponiert und produziert von Ewald Pfleger)
2017 Kelsey Cowie „The Boy That I Once Loved" (produziert von Ewald Pfleger)
2017 Babsea „Treasure Cabinet" (produziert von Ewald Pfleger)
2017 Paul Haas „Du lachst mich an" (produziert von Ewald Pfleger)
2017 Lisa Wiesinger „Dancing In Your Footsteps" (komponiert & produziert von Ewald Pfleger)
2018 Inka Bause „Allez Allez" (komponiert von Ewald Pfleger)
2018 Sebastian Grandits – BERGAUF, BERGAB! (produziert von Ewald Pfleger)
2019 No Bros, Klaus Schubert & Friends „Mia san Österreich" (Vocals)
2019 No Bros „Thousands Of Years Of Austro-Rock" (Gitarre)
2019 Schubert in Rock „Commander Of Pain" (Gitarre)
2019 „Steiermark" – Gert Steinbäcker Allstarversion mit S.T.S., Opus, Boris Bukowski, KGB, Stefanie Werger, Joy, Carl Peyer, Goldie Ens, Thomas Spitzer / EAV, Robby Musenbichler, Alex Rehak, Granada, Lemo, Pizzera & Jaus; Benefiz für Licht ins Dunkel (produziert von Ewald Pfleger)
2021 Superfeucht „Jerusalem" (Gitarre)
2022 Schick Sisters & Opus Band – WE ARE ONE (produziert von Ewald Pfleger & Schick Sisters) „Good Or Bad", „So Simple", „Hold My Hand", „One"
2023 „We Are" Allstar Version mit den Schick Sisters, Opus Band, Kernölamazonen, Simone Kopmajer, Poxrucker Sisters, Virginia Ernst, Die Mayerin, Verena Doublier, Birgit Denk, Monika Ballwein, Tini Kainrath, Karin Bachner, Zelda Weber, Sabine Stieger, Corry Gass, freekind., Inez, Paul Pizzera, Norbert Schneider, Sunny Pfleger, Paul Pfleger, Herwig Rüdisser, Thomas Stipsits

2024 Schick Sisters & Opus Band – SCHICK SISTERS CELEBRATE OPUS live aus dem Orpheum Graz (produziert von Ewald Pfleger & Schick Sisters) „The Beat Goes On", „Live Is Life – Catch The Spirit 2024"

2024 Schick Sisters Weihnachtssong „Over The Mountains" (Gitarre)

2024 Schick Sisters & Opus Band „No Saint" / „Kein Heiliger sein" (Mystical Wolf!) (produziert von Ewald Pfleger)

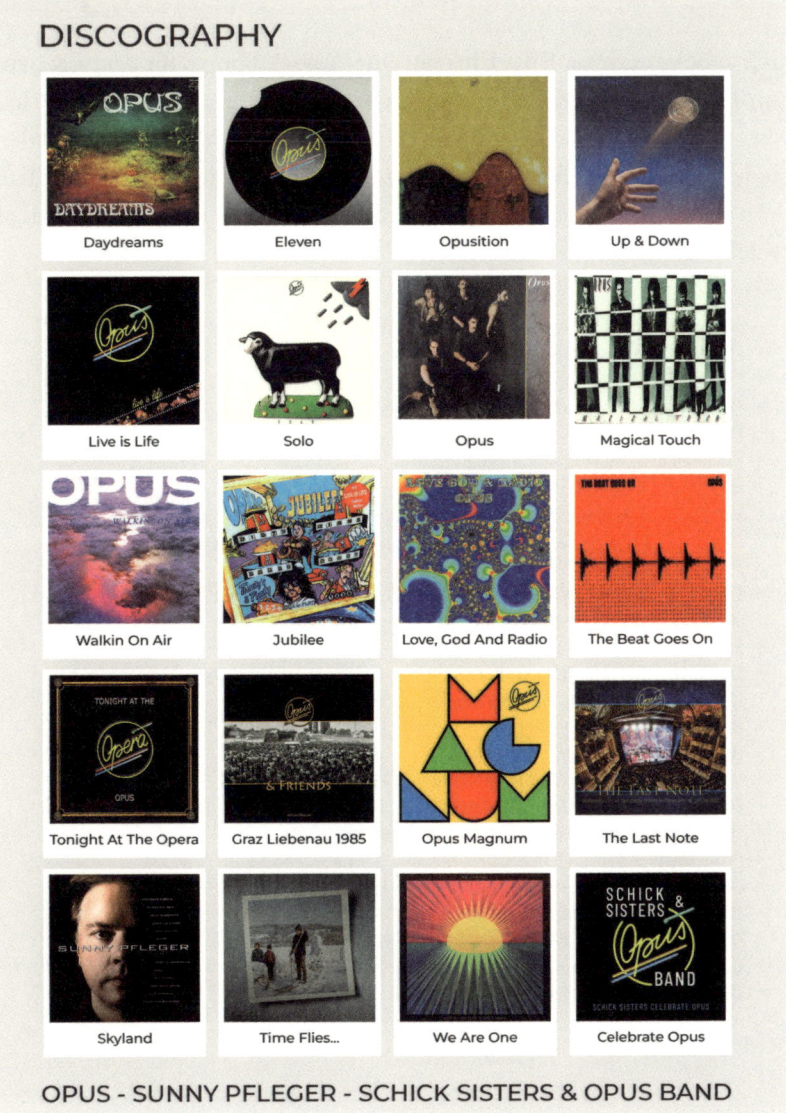

DISCOGRAPHY

Daydreams	Eleven	Opusition	Up & Down
Live is Life	Solo	Opus	Magical Touch
Walkin On Air	Jubilee	Love, God And Radio	The Beat Goes On
Tonight At The Opera	Graz Liebenau 1985	Opus Magnum	The Last Note
Skyland	Time Flies...	We Are One	Celebrate Opus

OPUS - SUNNY PFLEGER - SCHICK SISTERS & OPUS BAND

Gold, Platin und andere Auszeichnungen

Ich gebe es gern zu. Eine Ehrung, eine Auszeichnung, für das, was man im Laufe seines Lebens, seiner Karriere, geleistet hat, tut mir gut. Ich freute und freue mich jedes Mal sehr darüber, wenn wir geehrt wurden. Jeder Award, jede Auszeichnung, zeigt für mich, dass das eigene Tun von anderen beachtet wurde und etwas Positives ausgelöst hat. Macht mich das auch stolz? Eh klar!

- Eleven (Album): Gold in Österreich 1981
- Eleven (Album): Österreichischer Journalistenpreis 1982
- Der Bronzene Löwe, Radio Luxemburg 1985
- Die Goldene Europa, Saarländischer Rundfunk 1985
- Kristallellipse, TV Frankreich 1985
- MIDEM Trophée, Frankreich 1985
- Eurotipsheet, Holland Newcomer of the year 1985
- Live Is Life (Album): Gold in Österreich, Schweiz, Mexiko und Spanien; Platin in Österreich 1985
- Live Is Life (Single): Silber in UK, Gold in Österreich, Schweiz, BRD, Frankreich, Belgien, Italien, Spanien und Schweden 1985
- Solo (Album): Gold in Österreich 1985
- Live Is Life (Single): Platin in Kanada, Doppelplatin in Kanada 1986
- Distincion del publico, Viña Del Mar – Chile 1986
- Juno Award, Kanada 1986
- Opus (Album): Gold in Österreich 1987
- Viva Austria (Single): Gold in Österreich 1998
- Ewald Pfleger & Kurt René Plisnier: Großes Ehrenzeichen des Landes Burgenland 2004
- Opus: Großes Ehrenzeichen des Landes Steiermark 2009
- Opus: Wirtschafts- und Tourismuspreis der Stadt Kapfenberg für den „L=L"-Lipdub 2015
- Opus: Amadeus Austrian Music Award fürs Lebenswerk 2021
- Opus: Amadeus Austrian Music Award Live-Act des Jahres 2021
- Opus: Kleine Zeitung Köpfe des Jahres „Lebenswerk" 2021
- Opus: Kulturpreis der Stadt Nizza, Frankreich 2022
- Opus: Goldenes Ehrenzeichen der Republik Österreich 2022

Goldenes Ehrenzeichen der Republik Österreich 2022, von links: Corry Gass,
Inez Griesshofer, Gabrielle Grasmuck, Günter „Mucky" Grasmuck, Andrea Pfleger,
ich, Vize-LH Anton Lang, LH Hermann Schützenhöfer, Herwig Rüdisser,
Dagi Niederdorfer, Kurt „Kusche" Plisnier, Gudrun Strobl, Erich Buchebner.

Bildnachweis

S. 14, 18, 20, 24, 32, 36, 48, 60, 77, 81, 82, 97, 102, 109, 115, 118, 120, 123 oben u. unten, 136, 141, 145, 157 oben, 162, 169, 173, 174, 190, 191, 194, 210, 237: Privatarchiv Ewald Pfleger | Opus

S. 39, 42: Foto Pongratz

S. 44: Branko Lenart

S. 51: Baumann

S. 52: Kurt Mikula

S. 54: Peter Müller

S. 63: Josef Lang

S. 68: Ladislaus Lonyai

S. 72, 130: Andreas Fabianek

S. 86: Josef Pail

S. 148: Karl Schrotter Photograph

S. 154: Peter Melbinger

S. 157 unten: Christian Jungwirth

S. 180: Edith Strobl

S. 184: Marco Mitterböck

S. 187: G. Koch privat

S. 203: Edith Strobl

S. 207: Rauchensteiner | dpa Picture Alliance | picturedesk.com

S. 215: ML Marketing | Michael Schneider

S. 220: Dor Film | Petro Domenigg | FILMSTILLS.AT

S. 225: Scorpio Publishing Paris

S. 239: Foto Fischer